忠诚与反叛

日本转型期的精神史状况

［日］丸山真男 著
路平 译

忠誠と反逆
転形期日本の精神史の位相

eons
艺文志

上海文艺出版社
Shanghai Literature & Art Publishing House

目录

忠诚与反叛   1

幕末认识方式的变革   113
以佐久间象山为例

开国   155

日本近代思想史中的国家理性问题   197

日本思想史中的问答体谱系   229
中江兆民《三醉人经纶问答》的位置

福泽谕吉、冈仓天心、内村鉴三   267
西欧化与知识分子

* * *

历史意识的"古层"   289

关于思想史的思考方法   353
类型、范围、对象

后记   385
解说(川崎修)   397
译后记   409

忠诚与反叛

一、问题的界限　　　　　　　　　　　　3

二、作为传统概念的忠诚与反叛　　　　5

三、维新前后的忠诚相克　　　　　　　26

四、自由民权论中的抵抗与反叛　　　　44

五、信徒与臣民　　　　　　　　　　　58

六、忠诚的"集中"与反叛的集中　　　77

一、问题的界限

为避免这一主题牵扯太多内容，以致无法收尾，本文首先对"忠诚与反叛"问题的切入视角及对象做一些限制。本卷（《近代日本思想史讲座》第六卷《自我与环境》）在整体上关注的是近代日本中自我与不同社会环境之间的适应、对决及异化等关系，并着重探讨明治以来，日本人是如何在思想上理解和把握这种关系的。因此，本文的忠诚或反叛也首先被把握为以自我为中心的行为，也就是自我在面对超越自我的客观原理，或其所从属的上级、集团和制度时的行为。如果将忠诚（loyalty）概念扩大来理解，它还包含了对自己的忠诚，也就是对自我的真诚，但正如上面所言，这并非本文的直接考察对象。并且，尽管本文涉及了与客观原理或集团的关系，但不会直接讨论国家或社会体制赖以成立的思想，或触发反体制运动的思想和动向，关于这类问题的实质性讨论，不如让位给本讲座系列的《正统与异端》（第二卷）和《指导者与大众》（第五卷）。因此，本文只有在牵扯到自我忠诚对象的相克或转移这个维度时，才会讨论各种不同性质的"正统的"或"异端的"

意识形态的历史展开。

在这样的视角下，本文的主题也就自然集中到下述三个问题上来了。第一，作为思维范畴或说思维框架的忠诚与反叛，在日本思想史上有着怎样的意义与功能；第二，忠诚或反叛对象——对什么表示忠诚、反叛的是什么——的转移和相克情况；第三，对以自觉的形式表现出来的忠诚与反叛的"哲学"或"理论"的探讨。[1]

在此补充一个观点。自不待言，忠诚与反叛虽然是一对相反的概念（contraries），但并不是一对相互否定的概念（contradictions）。不忠诚的人未必就是反叛者，反叛是不忠诚的一种表现形态。不过，如果集团或原理的思想凝聚性原本就很强，抑或在一定情况下，例如在政治的高度紧张下变强了，忠诚与反叛之间的缓冲地带便会缩小，不忠诚会直接意味着反叛。像这样，因为反叛是不忠诚的极端形态，所以特定文化圈中的忠诚范式的特征或个人的忠诚观，反而可以通过该文化圈对反叛的通用定义而鲜明地浮现出来。

尤其从个人角度来看，忠诚往往会在下述情况下引起人内在的高度紧张：即当一个人在面临多元的忠诚选择时，对其中

---

[1] 尽管这里列了三条线，但具体的思想史资料当然不会专属于一个问题，大部分资料都会涉及两个甚至三个问题。因此，本文也不会以这三条线为章节，分别叙述它们的历史展开。在叙述上，本文将以时代顺序展开论述，同时不断透过这三个视角来剖析问题。总的来说，想要在不牺牲历史丰富性的基础上书写问题史是困难的，而进一步，想要从日本近代史那本就稀缺的反叛资料里提取意识结构层面的问题，分析其中的历史关联，更是一份我力所难及的工作。不过，像这样先整理出几个主线，或许能为今后读者在考察相关问题时提供一些线索，而下文满是漏洞的叙述，也就能逐步为后人所补充了。

一种原理、人格或集团表示忠诚，便意味着对其他对象的反叛。本文的叙述乍看上去，比起忠诚似乎更注重对反叛的考察，便与此有关。[1]

二、作为传统概念的忠诚与反叛

在我们对具体现象做一般判断时，所谓的思维范畴或多或少充当了我们的给定条件。人在任何情况下都并非从零开始思考或行动，而总是在一定的历史、社会条件下进行思考或展开行动。这些历史条件不仅有他所身处的社会环境，还包括在先于他的历史时间里形成的各种思维范式，这些思维范式渗透到了主体内部。正如戴眼镜的人看东西时意识不到有眼镜一样，我们也几乎是无意识地凭借这些范式来应对问题。任何时代里的任何人都无法从这种意义上的"传统"范式中获得彻底的自由。因此，这与日本是否有实质的教义或教条传统的问题，是两个不同的问题。日本历史从古至今几乎没有经历过由民族迁徙或异族入侵带来的文明大转变，体制转型（革命）的分界线也并不十分明显。因此，前述意义上那种潜意识或下意识的思维范式的给定性，在吸纳新的知识内容时就显得非常关键。当然，就一般性常识而言，无论从哪个时代下笔，如果不对其先

---

[1] 因为本卷（《近代日本思想史讲座》第六卷《自我与环境》）另有文章专门就"家"的问题展开论述，所以本文有意识地排除了"家"这个初级群体的反叛问题。

行的历史背景做最基本的说明，读者都无法获得充分的历史理解。但就本文的主题而言，重访日本的传统概念，对于评估明治以后思维类型的延续与突破，更是一个不可或缺的课题。西奥多·帕克（Theodore Parker）曾说过："我们美国人的全部历史就是反叛……我们的信条是对正统教会的无信仰。我们的宪法是对母国英国的背叛。"（Morton Grodzins, *The Loyal and the Disloyal*, 1956, pp.16-17）有着这种"传统"的美国跟以王政复古为起点的"近代"日本相比，无论两者在此后的历史进程里面临怎样共通的境况，两者在思想上的应对范式也不可能是一样的。在这个意义上，在明治维新这一空前的大变动里，给定的忠诚与反叛的观念构成了国民行动的出发点，而本文也将首先对它们的传统定义展开考察。

作为法范畴的反叛

反叛当然是一种社会事实，但反叛的诸形态，例如谋反、背叛、通敌、叛乱等类型间的关系与区别，一般是通过法的概念，尤其是刑法概念被明确地定义出来。这不意味着刑法上关于罪的规定创造了这种区别。不如说这是时代或社会中占统治地位的价值体系反映到刑法上的结果。通常情况下，是遭到反叛的一方而并非反叛者，需要对"反叛"做出一般性定义。在这个意义上，我想先来回顾一下反叛在日本传统法中的位置。

众所周知，在明治维新前，绝大多数情况下是中国法充当了日本法制的外来原型。"大宝律令"（701年）和"养老律令"（718年制定，757年实施）划时代地整理了日本的法制，与武家法一起构成了古代法的两大源泉。这两部法典毫无疑问是基于"唐律"制定的,反叛的法范畴也发源于此。"养老律令"把"唐律"第一篇开头的"十恶"(谋反、谋大逆、谋叛、恶逆、不道、大不敬、不孝、不睦、不义、内乱)整理成"八虐"(谋反、谋大逆、谋叛、恶逆、不道、大不敬、不孝、不义),并视其为重罪中的重罪。下面将对与本文主题有关的罪行做一个简要说明:首先,"谋反"即"谋危社稷",也就是"臣下将图逆节,而有无君之心,不敢指斥尊号,故托云社稷"(《律疏残篇》);相对的,"谋大逆"指"谋毁宗庙、山陵及宫阙",而"谋叛"指"谋背国从伪",也就是"有人谋背本朝,将投蕃国,或欲翻城从伪,或欲以地外奔"(同上)的罪行。[1]

其中最值得注意的是,"谋反"和"谋叛"这两个范畴被明确地加以区别。正如上文所示,"谋反"指对君主(这里指"天皇")施加或企图施加伤害的行为,而"谋叛"指公然或暗中勾结、支持外国或"伪政权"以谋取利益的行为。尽管后世的一般资料并未严格区分"反"与"叛"[2],但早在8世纪初,深受大陆文化影响的日本统治阶级和知识阶层就知道了这两种反叛类型,还是很耐人寻味。在欧洲,大逆罪(Hochverrat)和叛国罪(Landesverrat)于近世左右被从普通法固定到了刑法典中,最终还被纳入了日本刑法,而"谋反"和"谋叛"可以

---

[1] 在"八虐"中,除了上述三种罪行外,杀害、殴打或控告尊亲属及尊长,毁坏宗庙神社,杀害长官等也属于广义的不忠之罪。但为了避免议论过于繁杂,这里省略了这些类型。谨慎起见,再补充一点:唐律"十恶"中的"内乱",不同于今日的内乱,指的是近亲相奸。

[2] 下文中,笔者也没有严格区分"反"与"叛",而是按照引文进行。——后注

说即是这两个有区别的观念的东洋原型。一般来说，无论是东洋还是西洋，当帝国的官僚化（包括家产官僚化）程度越来越高时，不仅政治组织有了抽象的、非人格特征，作为最高主权者君主的人格尊严也会从政治组织中独立出来，被单独视为一个应当受到保护的重大法益，上述两个范畴的区别便由此孕育而来。而律令体制正是古代天皇制首次大规模的官僚制化。因此，当明治维新从法系统上剔除了与古代法相异的武家法后，反叛的这种原始定义也经乔装打扮在明治天皇制中卷土而来。

在法律上，北条泰时的《御成败式目》（即所谓的《贞永式目》，1232年）象征着武家政治时代的开幕，其中与反叛有关的条文仅有"谋叛人事"一条："右式目之趣兼日难定欤，且任先例且依时议，可被行之"。镰仓时代的守护只有在涉及"大犯三条"时，才有权进入其本所[1]领内开展追捕，而其中一条便与"谋叛"有关，可见"谋叛"显然被视为重罪。尽管如此，这还是与律令的体系性构成了显著对照。有贺长雄[2]对此给出了如下解释："这是与大宝律令相比变动最大的地方，十分耐人寻味。……究其原因，时值战乱，人们很难明确甄别出哪些行为是谋叛，哪些又不是，更有甚者，有的情况虽然在朝廷看来是一种谋叛，但在幕府看来则不然。"（《日本古代法释义》，明治四十一年[1908]）有贺的这一解释，不仅能说明承久之变

---

1 本所：大贵族大领主的庄园内部。——译注
2 有贺长雄（1860—1921）：明治大正时期的社会学者、国际法学者。1882年毕业于东京大学文学部，后留学欧洲学习国际法学。——译注

或南北朝内乱中著名的"天皇御谋叛"[1]一词，还能说明后述幕末维新期的忠诚与反叛观念的混乱。但是，不限于《贞永式目》，一般意义上的封建法里有关谋叛罪的条文都很简单，多数情况下都必须根据具体情景来进行判断。这不仅因为战乱的时局让类型的甄别变得困难，除了这个消极因素外，还与武士结合的本质有关。武士结合的本质在于主人与侍从间一以贯之的具体的、诉诸感觉的人格性关系；忠诚与反叛也不能脱离这种直接的人格性关系，被把握为与"抽象的"制度或国家的关系。[2] 即使主公在其他价值体系下蒙受了"逆贼"或"朝敌"

---

[1] 天皇御谋叛：上皇或天皇利用武力夺取权力的行为。在承久之变中与镰仓幕府的执权北条义时争权的后鸟羽上皇，和南北朝内乱初期试图推翻镰仓幕府的后醍醐天皇，都被视为谋反者并受到了处置。——译注

[2] 为了便于比较，这里将对欧洲反叛的法范畴的历史发展做个最基本的介绍。"不敬"和"大逆"被统称为 lese majesty (lèsemajesté)，这个范畴最初发源于罗马法中的 perduellio（对国家或共同体的敌对抑或公开的反叛行为），后来发展为 crimen majestatis populi romani imminutae。该观念最初指侵犯平民（plebs）基本权的行为，后来逐渐囊括了侵犯罗马人民的名誉与尊严的行为。在共和国转换为帝国后，这一观念也转而成为 crimen laesae majestatis，被认为是侵犯了与国家一体化了的皇帝的人格与利益的罪行，该传统后为近世的君主国所继承。

在日耳曼法中，Verrat 代表对共同体忠诚（Treue）的侵犯，尤其指代共同体成员的通敌行为，背叛者不受法律保护。在封建法中，对忠诚的侵犯不仅适用于臣下，还适用于君主，如果君主做了有损忠诚之事，臣下就必须进行抵抗。这种抵抗与其说是一种权利，不如说是臣下的义务。随着王权的扩大和罗马法的渗透，在以法兰克王国为首的国家里，王逐渐被看成共同体的人格象征，对王或王族施加危害的行为开始被纳入 Hochverrat（high treason）的范畴。随着大陆专制主义的形成，crimen laesae majestatis 和 Hochverrat 的观念发生了融合，专制君主往往基于财政上的利益而滥用该罪行（没收反叛者或不敬者的财产）。然而，随着18世纪理性主义哲学和"主权"观念的发展，人们逐渐认识到"对君主的侵犯行为"和"危害了国家对外安全的背叛行为"是两个不同的范畴，大逆（Hochverrat）最终也被理解为两种类型（a）对君主、皇族个人的伤害；（b）通过非合法手段改变皇位继承顺序，或是变革其他国家基本体制（大致相当于日本的"朝宪紊乱"）。

的污名，也要毫不犹豫地奔赴给予"圣恩"的主公麾下，敢于与其同为"反叛者"，在主公家道中落时敢于与其命运与共，这便是执弓矢者之"习"，亦是其名誉观所在（可参见承久之变或镰仓幕末灭亡时家臣们的态度）。尽管与欧洲封建制相比，这种"圣恩"与"侍奉"的相互报偿关系的确更强调侍从的"侍奉"，且侍从在主人违信背约时不能行使日耳曼式的抵抗权，但这里有一个无须"训诫""规范"的社会共识，即如果主人忘了"情谊"与"慈悲"，便无法获得家臣的真诚侍奉。在另一方面，侍从的通敌和叛变会被直接视为对忠诚关系的破坏，对主人人格的侵犯。因此，这当然不需要创造出大逆、谋叛、不敬等反叛的法类型。律令体制的优势在于其"公"的特质，忠诚也正是基于这一"普天率土"的思想走向了表面化和形式化；与之相反，"私"的、同伴式的武士忠诚观，则因为本质上难以被抽象为一般规范，反倒孕育了旺盛的生命力，制服了公家。

这种直接的个人性忠诚是武士集团的基本范式，到了江户

（接上页注）
不过，因为反叛的法范畴的发展，与诸国家的历史发展密切相关，所以西欧诸国的刑法在罪的划分上也不尽相同。比如英国法和法国法对 Hochverrat 和 Landesverrat 的划分就不如德国法那样明确。特别是在英国法中，大逆罪和叛国罪一般都被理解为 high treason，且侵犯的客体往往是国王一个人（并且在英国古代法中，还有一个范畴是 petit treason，与 high treason 相对，指对夫妻、主仆等具体忠诚关系的破坏，比如谋杀等。这象征了罗马法系所缺失的忠诚关系的社会多样性。当然，到了后世，petit treason 被包含在了一般的杀人罪中）。

美国法尤为有趣。在美国法中，treason 专指叛国。《美利坚合众国宪法》第三条第三项对叛逆罪的适用范围做了严格的规定："合众国的叛国罪只限于同合众国作战，抑或依附其敌人，给予其敌人以帮助和鼓励（shall consist only in……）。任何人除非有两个证人对同一行为作证或本人在公开法庭进行供认，都不得被定为叛国罪。"无须赘言，这与美国的建国历史是密切相关的。

时代，尽管武士的社会存在形态有了很大改变，但这一基本范式还是得以延续下来。众所周知，自战国时代以来，德川氏便以三河武士的联合为核心，借助与其谱代的主从关系布局全国，最终确立起对全国的统治。幕藩体制在全国范围内的确立，带来了统治关系的全盘制度化，其规模在武家政治的历史上可谓空前，但成文法中与反叛有关的条文却不可思议地简单。在最初的《武家诸法度》（1615年）中，与反叛直接有关的条文只有第4条："诸国大小名、给人及其属下士卒，若获有叛逆杀人之告发，应速追捕法办"。即使是《公事方御定书》（其下卷即是所谓的《御定书百条》），也只有第15条、19条规定了对"逆罪者"的处置，还是与纵火犯、盗贼等其他罪行等而述之的；以及第79条在说明需要张贴通缉令的犯罪类型时，简单列举了"对公仪图谋不轨""杀主""杀亲""突破关所"等罪行。然而，连外样大小名[1]都被德川幕府纳入滴水不漏的等级支配关系里，"反叛"的法范畴却如此简练，这一现象成立的秘密与其说在于武家法的传统，不如说在于下述两个契机[2]：其一，儒教的三纲五常作为体制的正统道德，广泛而深刻地规范了统治关系，弥补了法约束的简约。其二，武士和庶民（农、工、商）无论在社会身份上，还是在空间距

---

[1] 外样大名，指在关原之战后归顺德川家的大名。谱代大名，指关原之战前一直追随德川家的大名。亲藩是与德川家有血缘关系的藩领。这三者代表了与幕府不同的亲疏关系。——译注
[2] 契机源自黑格尔的哲学概念，即 moment，指在事物发展或转化过程中起主导作用的关键环节，是一种连接由量变到质变的契机。文中会灵活翻译成契机、环节、因素这几种表述。——译注

离，抑或一般性生活的方式上，都被明确地加以区分；与之相对应，庶民的徒党、逃散、强诉、捣毁等"反叛"行为[1]，与其说被看成了对封建忠诚的破坏，不如说被视为对一般性秩序的扰乱而受到处置（尤其是占绝对多数的农民运动，显然是基于确保租贡收缴的原则而受到处置）。就"近代法"的区别而言，这些行为与其说被看作"大逆"或"叛国"，不如说被视为了"骚扰"。

这两个契机都反映了幕藩体制的形成这同一历史进程，在这个意义上，两者是相互关联的。第一个契机的背景里横亘着如下现实：即武士丧失了在地性，集中在城下町，逐渐蜕变为幕府及诸藩的家产官僚。而这一现实的反面，正因为农、工、商等庶民被视为"知利而不知义"的，也就是基本人伦秩序外的自然存在，不再以战争状态为前提的武士，才能成功找到新的社会存在价值：即通过不断地"教化"庶民，将他们纳入人伦秩序，来维持世间泰平。因此，就一般而言，幕府在处置被称为"百姓一揆"的运动时，除了严惩运动首脑以警示百姓外，对于领主和代官[2]，不仅会从他们未能在事实上收缴租贡等现实理由出发给予处分，还会从他们日常的"教化"工作

---

[1] 江户时代常见的几种民众运动的形态。徒党，百姓基于一定目的而大量聚集在一起。逃散，即农民集体放弃耕作迁往别处，是一种对领主示威的手段。强诉，即农民聚集在一起直接将自己的要求上诉给领主、代官、名主等。捣毁，指特别是社会中下层的农民、町人聚众破坏豪农、米谷商、高利贷主等的房屋、家财等行为。——译注

[2] 代官：在幕府直辖地或诸藩负责行政与治安的地方官。——译注

没有成果这一道义责任出发，施以改易[1]、罢免等处分，并对触发"一揆"的条文予以修改或废除。尽管徒党及强诉是被严令禁止的，但参加"骚扰"的一般农民（或町人）多数情况下都不会受罚，这与其说是出于狭义的政策考虑，不如说是因为人民的"反叛"被当成了一种自然的物理现象。《庆安御触书》（1649年）中的"只要年贡交清，再没有比做百姓更无忧无虑的了"，便从另一面反映了一般庶民的这种社会无责任性。而庶民所谓的"忠诚"或"反叛"（例如商人的"奉公""义理"等典型词汇），不过是武士阶级里通用的规范意识或思维范畴，下降到庶民层得到"应用"罢了。下面我们将离开法范畴，进入更具实质意义的思想范畴展开考察。

"封建忠诚"的思想契机

正如前文所述，封建主从关系是通过主人赏赐封土，给予"圣恩"，侍从相应地提供舍身的"侍奉"而成立的。溯其本原，是在一般性法秩序出现松弛的背景下，由为维系以对主公的人格性忠诚为核心的私党团结，维护武士集团的利益与安全发展而来。因此，无论从战斗的非日常性来看，还是从生死与共的命运共同体的实感来看，武士的精神气质（ethos）不如说在本质上都是非理性的，其流通范围也仅局限在自己能感到有归属感的集团内部。从思想史来看，封建制的组织化和扩大，便是这种原始的精神气质得到合理化的过程，而其中也

---

[1] 改易：指没收武士的领地、家产、俸禄，并开除士籍的惩罚。——译注

自然会有君臣之"义""分"等儒教范畴的浸透。从"执弓矢者之习"到武士道，再到德川时代"士道"的发展，一言以蔽之：随着武士社会存在形态的历史改变，日常的行动方式逐渐凌驾于非常事态下的行动方式，而最初的情谊结合逐渐升华为壮大化的封建家臣团的一般性伦理规范。

然而，尽管武士转而成为"文治的"家产官僚，封建主从关系的原始性质却保留到了最后，这在好坏两种意义上制约了武士精神气质的"合理化"。在这个意义上，日本"封建忠诚"的基本范式是由两个并不一致的谱系化合而成的：一个是基于非理性的主从誓约的团结，这是自然形成的习俗；一个是"以义而合"的君臣关系，这是更为自觉的意识形态。如果只有第一个谱系，那么忠诚与反叛就不会从具体的人格性关系被抽象为原理问题。然而，如果没有武士本来的非理性精神气质做基础，"天下为公""君臣之别"等客观规范便只能止步于自上或自外灌输的"说教"，这样一来，无疑会迅速流于形式，成为空洞的口号。"封建忠诚"正是这两个谱系密不可分的化合物，并且，这两个谱系内部间的组合关系，会随着历史形势的改变而变化，正是这一点使封建忠诚发展出了特有的能动性。这里无法详细介绍忠诚观的历史展开，下面将主要考察与后述内容有关的若干问题。

A 封建忠诚里非理性的情谊契机，随着主从关系的传统化，发挥着越来越大的作用。尽管主公之"恩"总是建立在领地的分封或"恩赏"等物质层面上，但随着它日渐积累成了"谱代相传"的恩典或"累世"之恩时，其既得权的特性会越来越突出，以至于个别主公不能任意收回；在另一方面，"侍奉"亦超越了双边契约意识，开始与对传统的忠诚结合在一起。后世的笹川临风[1]曾提过这样一个有趣的"原则"："谋叛者需要有一定资格。不是任谁都可以谋叛，例如外样可以谋叛，谱代则不可谋叛。"（田冈岭云：《明治叛臣传·谋叛论》之序）在做出不可谋叛这一应然判断前，本来的"谱代"主从关系里就内含了事实上不能谋叛的心理倾向性，正如前文所示，德川氏便巧妙地利用了这一倾向性。不过在另一方面，人格性忠诚与对传统的忠诚的结合，始终需要以自我对"圣恩"的实感为基础，不会凌驾于实感，在时间和空间上恣意扩张。封建忠诚之所以不能原封不动地顺利过渡到明治时代的天皇制忠诚，一大根据便在于此。一位佐幕论者针对强调"三千年之皇恩"的幕末志士，曾发出过这样的愤慨："三百年之恩者，父祖生育于其间而至我者也，其恩近而大，三千年之恩者，悠久所不可知之元祖生育于其间者也，其恩远而小……党悠久所不可知之元祖欤……呜呼，彼之悖逆如此"（《顺天录》，收录于 1865 年的《新闻荟丛》）。从这个背景来看，他用以痛斥尊皇志士的"逻辑"不如说显得非常自然。

B 中国古典中"忠"的观念，正如有名的"为人谋而不忠乎"（《论语·学而》）所示，本来被广泛地应用在人际道德上。当它被应用在政治上时，正如《左传·桓公六年》的"所谓道，忠于民而信于神也。上思利民，忠也"，或宋朝王应麟

---

[1] 笹川临风（1870—1949）：明治到昭和时代前期的历史家、评论家，毕业于东京帝国大学国史科。——译注

的"君之于民亦曰忠……圣贤言忠,不专于事君"(《困学纪闻·六》)所着力强调的那样,绝不仅仅意味着臣下对君主的单向忠诚。然而,当这个词在日本的封建主从关系中扎根后,却转而成为几乎专指侍从单方面舍身侍奉的词汇。"君虽不君,臣不可不臣"所代表的观念,始终占据主导地位。与此同时,比起合乎目的的筹措或呈现在外部的结果,信念的纯粹性越来越多地被当成忠诚的证据;比起道德义务,它越来越像一种宗教行为,我们不难由此一窥传统忠诚非理性的一面。

然而,从上述事实出发,认为"封建忠诚"的观念里只有对权威的被动依存和对主公的消极恭顺,却未必就是正确的历史理解。不如说,跟中国的家产官僚即读书人"理性的"生活信条(庄重的礼仪主义、提高古典学素养、维持天下秩序的平衡)的静态特性相比,身为战斗者的武士的行动方式在本质上是动态的,这使他们的忠诚的表现方式具有很强的能动性和"临机应变"性。当然,比如战国时代"豪杰"身上的英雄主义和"个人主义",或许只是战斗这一非日常状态变得日常化,且忠诚对象的选择也极为自由的这一特殊历史时期的插曲。尽管如此,前文那种"君虽不君,臣不可以不臣"的观念,绝非与这种能动性无缘。如果静态地把握这一观念,那么的确只能导出极为卑躬屈膝的态度:无论面对怎样的暴君都必须唯唯诺诺地服从命令。但是,"臣不可不臣"这一至高命题,却可以在一定的社会背景下,被把握为通过无限的忠诚行动让"君主"成为"真君主"的动态过程。在这里,因为放弃了"君若不君,则去"这一淡泊的——在这一点上也是无责任的——

行动原则，萌生出一种人格内部的张力，这张力恰恰基于对主公的执念，反倒成了激烈行动的动机。那么它的必然归结就不是绝对服从，而是谏诤。

在社会的固化和礼仪化深深影响了武士生活方式的享保年间（1716—1736），山本常朝满怀对战国时代辉煌武士道的无限乡愁写下了《叶隐》（尽管文章暗藏的色彩歪曲了战国武士的开放性与活力）。即便以《叶隐》为例，它所强调的对主公纯粹的忠诚与"献身"，也绝非对权威的消极恭顺，不如说这里有一种对"众人皆畏惧权力，在权力面前卑躬屈膝"的卑屈的官员本性和"见风使舵"的随大流主义的生理上的厌恶，它所强调的忠诚包含了拒绝静态享受学问、教养的行动能量，贯穿了一种非中庸的"过度"，非谦让的"大高傲"，亦即"既不需要体力也不需要才智，只要有一个人背负家族的意志就足够了。人没有优劣之分。一切修行，如果缺少大高傲之心，就不会有效果"的非理性的主体性精神气质。在这里，御家的"安泰"不在于维持既有的"和"，而是一种行动目标。尤其是当这一点为集团的危机感所触发时，便会迸发出很强的能量。忠诚越是真挚而热烈，安守"本分"的静态忠诚，与紧急的非常事态下超出本分为"家"而战的动态忠诚，就越会在一个灵魂的内部发生撕裂般的相克。

德川三百年的"文治"主义和"天下泰平"的确极大推进了武士的家产官僚化，到了江户时代后期，正如福泽谕吉所猛烈抨击的那样："封建时代大名的家臣，表面上都装成忠臣的模样，看他的外表，好像是在恪遵君臣上下的名分，其行为举止也像是奉公守法一丝不苟。主君死后，就去守灵……他们的口头禅是'贫者士之常，尽忠报国''食其禄者死其事'，振振有辞，仿佛马上就准备为君效死，因此一般人很容易受到他们的欺骗。可是从另一方面来看，他们就是上面所述的伪君子……最明显的例子就是监工人员向工匠要求分成，理财人员向往来的商人索取礼物，这些事情，在三百诸侯的家里习以为常，已成惯例。声言决心为主人效死的忠臣义士，竟在经办采购事务时抽头自肥，成何事体？这可以叫作镀金的伪君子"[1]（《劝学篇》第十一篇），这带来了忠诚的形式化和伪善化。尽管如此，幕末的动乱和迫切的对外危机意识，最终唤醒了"封建忠诚"里潜在的名誉和责任感，获得了焕发前文那种"行动主义"的最后机会。如果说过激派浪士的行动方式再现了战国乱世里"豪杰"的气概与奔放性，那么在另一方面，比如吉田松阴身上"忘我的"忠诚与主体的自律性、绝对皈依的感情与强烈实践性的悖论性结合，就明显散发着"叶隐"精神气质的传统。

C 如前所述，随着武士存在形态的变质与封建等级制在全国的体系化，社会结合的纽带不再满足于停留在主从之"契"或"情谊"等直接的人格性关系上，而从客观基础来看，"诸侯""士大夫""士"等源于古代中国的组织范畴开始大规模登场，五伦五常也被逐渐推广为体制伦理。尽管如此，正如

---

[1] 译文采用商务印书馆1984年版群力译《劝学篇》，本书所引《劝学篇》译文皆出自此译本，后文不再另注。——译注

武士的精神气质不会完全为家产官僚精神所吸收一样，在另一方面，儒教世界图景的渗透也绝非只推动了"封建忠诚"的静态化和固定化。不如说就一般而言，在日本思想史上，既与对人或集团的忠诚有关，又教育人们效忠于与之相区别的原理的，恰恰是中国传统范畴里的"道"或"天道"观念。至于佛教的"法"观念，从本来的世界宗教本质来说，它本应比儒教更能有效地强化人们对普遍主义原理的忠诚，但因为佛教哲学本身很难说是一种积极的社会伦理，尤其是考虑到日本佛教的传统特性，它对人的行动的规范性约束力谈不上很大。[1] 神"道"、佛"道"都或显或晦地摄取了"圣人之道"，通过与"圣人之道"相结合的方式扮演着一种人伦原理。

天道或天命观念在政治原理上表现为德治主义思想，无须赘述，这在特定条件下能导出著名的"闻诛一夫纣矣，未闻弑君也"（《孟子》）的暴君放伐"革命"论。在日本，虽然自古便有对传统权威或尊长的事实上的"反叛"；但可以说，在传统思想中，只有这个天道观念采用了以对原理的忠诚为依托，

---

[1] 日本佛教和忠诚观的内在关联，不在于其普世的规范性上，而是体现在佛陀的"慈悲"和对这"慈悲"的"感谢""报恩"观念，通过现代化转移到主从、亲子关系这点上。如果要分类的话，那么绝对皈依的感情，抑或对广阔无边的佛恩的无限报恩观念，就是前述那种忠诚行动能量的非理性来源。比如"除了坚守主从契约，其他的事一概不考虑。即使是释迦、孔子或天照大神出面劝说，也毫不动摇。因此，下地狱也好，遭神罚也罢，他只会一心想着效忠君主"（《叶隐》）的绝对忠诚，与"只相信老师法然的那句话，'专心念佛，让阿弥陀普度吧'，此外别无任何理由。实际上，念佛到底是往生净土的善因呢？还是下地狱的恶因呢？这些我都不知道。哪怕受法然大人的骗，念佛下狱，我都不会有一点后悔"（《叹异抄》[译文采用文津出版社1994年版毛丹青译《叹异抄》]）的专一念佛的态度（不是作为教义，而是作为"生"的感情）是有相通之处的。

在社会和政治上正当化"反叛"的逻辑。前文曾提到，在"承久之变"中，关东武士之所以争相投奔北条，是以直接的人格性情谊为核心的武士忠诚的必然结果。但在这个过程中，北条义时和北条泰时等高层指导者或说知识阶层，也似乎已经开始利用仁政安民的原理来正当化对朝廷的反抗。这点可从《吾妻镜》里"非义之纶旨"的表述，或《明惠上人传记》所记述的北条义时对周武王、汉高祖的举证上略窥一二。当然，在日本，易姓革命思想多数情况下都只适用于"武家栋梁"的更替和推移，无论是在现实上还是逻辑上，都无法撼动天皇的世袭地位。这点无须国体论者的宣言，本就是一个显著特征。佐藤直方、三宅尚斋[1]这些儒者，有意识地把对天道原理的忠诚一以贯之地凌驾于对包括天皇在内的具体人格的忠诚，不如说是个例外。不过，"天下为公""天下乃天下人之天下"等观念，凌驾于政治形态的历史变迁和具体的统治关系，作为规范性约束在暗中发挥着作用，也同样是个不争的事实。当"君臣主从之义"这一"理性主义"范畴渗透到封建等级制的所有层面时，这绝非仅在强调臣下单方面的恭顺义务，人们也逐渐认识到"君"亦为看不见的自然法规范所制约。

那么，天道的原理超越性契机，在德川时代的思想中是如何发挥作用的？在此不打算从思想家的学说出发进行一般性论述，下文将以赖山阳的史论为例，梳理具体历史现象中忠诚与

---

[1] 佐藤直方（1650—1719）、三宅尚斋（1662—1741）为江户中期的儒者，师从山崎暗斋，两人与浅见䌷斋并称为崎门三杰。——译注

反叛的传统范式，并简要考察这些范式是如何与天道这一原理性思考相关联的。本文之所以把山阳的史论视为典型，主要有以下两个理由：第一，山阳的史论一方面深深扎根于幕藩体制的教义体系中，另一方面，正如周知的那样，还极大影响了幕末维新大义名分论的兴起。在这个意义上，可以认为它占据了一个过渡性的位置，将本文的主题引向明治以后。第二，山阳的史论从历史事例中提取了关于反叛的一般看法，这点也值得我们的注意。

赖山阳史论中的天道与反叛

首先，赖山阳把反叛区分为弑逆和背叛两个范畴。他写道，"叛逆，罪也。逆至于弑，大罪也。故行弑逆者，不论而可。可论遭弑逆者之所以速之。"（《日本政记·后花园天皇》，以下引文皆同）换言之，杀害君主的"弑逆"是反叛的极端态（《大日本史》里的用法也是相通的，在《大日本史》的列传里，"叛臣"和"逆臣"是分开的）。具体地来看，赖山阳认为"弑逆"的典型是杀害崇峻天皇的苏我马子[1]，平将门的天庆之乱[2]则开了"背叛"的先河。不过，在赖山阳的分析中，最值得我们注意的是，他着眼于封建主从关系，展开了反叛的政治学（当然是站在主公的立场上）。

比如他在"驾驭天下之群雄，使其为我用而不我叛者，何

---

[1] 592 年 11 月，与崇峻天皇对立的大臣苏我马子，派人暗杀了崇峻天皇。——译注
[2] 指承平、天庆两个年号期间发生的平将门之乱。10 世纪，关东的豪族平将门对京都朝廷发动的叛乱。——译注

以致之乎"的设问之下，展开了如下的政治技术论：并非一味慷慨地赏赐土地金箔（利益），授予高爵显位（名誉），臣下就不会背叛。群雄对利益的欲望是无限的，而主公能给予的恩赏却有限，这种做法势必陷入僵局。并且，爵位本是"虚器"，正因为不会随意授予他人，人们才会想要得到，如果广泛地授予爵位，其价值就会降低。那么，为什么丰臣秀吉能够成功控制群雄，而元弘和建武之政却没能保住诸将忠诚呢[1]？其原因不在于分配财富与名誉这一做法本身。秀吉对价值的赐予和剥夺极为灵活，"有及时辄予者，有未当与而与者，有当与而不与者，有既夺而大与者，有分与而斗之者"。但秀吉多元的施与中始终贯穿了两个要点：其一，中其意；其二，出其意之外。中其意的施与能让臣下"感喜"，出其意之外的施与则让他们"畏服"。这两个相反要素的甄别使用，无疑正是群雄"所以肯尽为其用，而不敢叛者"的关键所在。因此，问题的关键在于用"土地金帛爵位"做什么，而"非专恃土地金帛爵位也"（《日本政记·正亲町天皇》其五）。

山阳的论述一方面用了让人联想起马基雅维利的心理分析，另一方面也是以下述这种认识为基础的：即"圣恩"与"侍奉"的封建忠诚关系的基础，不在于对"组织"或"规范"的忠诚，而在于私人的主从情谊。山阳还从基本相同的角度来

---

[1] 指元弘之乱（1331—1333年）和建武之乱（1336年）。元弘元年（1331），足利尊氏等幕府势力纷纷"背叛"北条家，响应后醍醐天皇的号召而起兵，最终灭了镰仓幕府，开启了由后醍醐天皇主导的建武新政，这其间发生的一系列战役被称为元弘之乱。建武之乱，指以足利尊氏为首的武家势力再次"背叛"后醍醐天皇，对建武新政发动的叛乱。——译注

解释了明智光秀的反叛。[1]"虽无光秀，而右府（信长）或不能免于祸也。大凡人之感恩，不在其迹而在其意。意诚欲施之，虽不能施，而人感戴之。意非诚欲施之，虽能施，而人不德之，甚则反怨之。况既施而又夺之，其取怨也，甚于未施之前矣。呜呼可不思哉。"（《日本政记·正亲町天皇》其四）从前文忠诚观的脉络来看，山阳注重恩赏之"意"而非"迹"的分析，并非乍看上去那样的"精神主义"，反而意外地十分现实主义。

当然，山阳在讨论忠诚与反叛时，不仅从这种心理倾向性的观点出发，他同时还从规范主义的观点出发，将它们视为价值判断的对象。那么，他从前者的观点切换到后者观点的转换装置在哪里呢？正如秀吉的例子所示，秀吉将忠诚的可能性调至最大，并尽可能降低反叛概率的要点，在于通过恩赏来维持臣下"感喜"与"畏服"的平衡。在这一点上，忠诚与反叛的法则不仅适用于主君，还适用于夫妇："不畏则狎，狎则轻之。轻之之至，心响于外，而疾视其夫。甚则阴毙之，以从其所私者，皆非初不爱其夫者也。不畏之者也。足利氏之将帅皆如骄妇。"（《日本政记·后花园天皇》）不过，让人臣"畏服"的权威来源绝非单纯的事实权力。"曰，所行公则（权威）立，所行私则不立。"尽管足利尊氏慷慨地恩赏将帅，最终还是招致了赤松的反叛。[2] 足利尊氏之所行乃"大私"。尽管"私"的

---

[1] 1582 年，织田信长的家臣明智光秀忽然叛变，发动了本能寺之变，讨伐位于本能寺的织田信长及其后继者。——译注
[2] 指 1441 年，赤松满祐"弑逆"足利义教的嘉吉之乱。室町幕府第六代将军足利义教试图削弱赤松家在关西的势力，却引起了赤松满祐的不满，以此为契机，赤松满祐策划暗杀了将军义教。——译注

前面有个"大"字,终究还是"私",赤松承袭了大私,背叛了足利氏。山阳写道,这证明上天没有原谅足利氏对建武政治的反叛。[1]像这样,以权威的"公"的基础为中介,忠诚与反叛问题超越了单纯的私人关系,与此同时,政治心理学也开始向政治伦理学转换。

山阳一方面从天道论和大义名分论出发,做着规范主义的判断,另一方面又做着历史兴亡的因果分析,这两种做法纵横交错。一般而言,这既是山阳史论的魅力,同时也是其史论的问题所在。比如他在论述源平之盛衰[2]时,采取了这样的态度:"赖襄曰,平源之事,其名分逆顺姑置可也。至其兴废之数,攻守胜负之势,请得而论之"(《日本政记·安德天皇》),但在论述承久之变时,有这样一段话:"承久之事,以陪臣放流天子,天地反覆。论者皆曰,'后鸟羽上皇之非举,自取祸败。北条义时不得已而犯阙,废无道之君,以安天下'。噫!假使此事(后鸟羽上皇的企图)克乎,则必曰,'王师东伐,强藩伏诛,盛德大业,光前垂后'。故彼因成败论事者,必颠倒天下之是非,不可以不辨"(《日本政记·九条废帝》),顺逆的名分论判断又凌驾于结果的成败。可是,做出此等悖逆之举的镰仓幕府为何还能持续九代?为了不将其单纯解释为追认事实的"时势之变",又要避免规范主义的判断变得过于超越、过于非历史,就不得不借助既内在于历史,又超越具体政治现实的原

---

1 指足利尊氏反叛后醍醐天皇的建武之乱,见22页注1。——译注
2 指平安时代末期,源氏与平氏两大武家集团的政权争夺。最后平氏政权崩溃,源氏在关东成立了镰仓幕府。——译注

理。于是，以天道思想为基础的民本主义理念得以介入其中。

北条氏虽为"悖逆无比之贼"，却延续了九代，其原因在于："有天道故也。天之立君，为民也，非为君也"。官爵本是名，权利（权力和利益）是实。"名出于朝廷而实出于天。"（《日本政记·伏见天皇》）北条氏只做到执权[1]，不贪"名"。并且他在政治上行仁政，符合天道，有"实"。如果朝廷以这样的"实"为敌，企图夺权，便无法得到天助。也正因如此，当北条高时失政时，马上就有了天诛。于是，从这个角度来看南北朝内乱，便是："南朝与足利氏，其失于道，而不能服人心者，莫能大相异者。其胜败相持，五十余年者，以此"（《日本政记·后醍醐天皇》其六）。像这样，山阳通过"名"与"实"的关系来把握构成规范主义的两个侧面——大义名分论和天道论，由此揭开了从一个角度看是"悖理"，从另一个角度看却又"合理"的这一历史之谜。

本居宣长一贯强调以血统连续性为核心的正统性，这与德治主义思想在逻辑上是不兼容的。从宣长的国学立场来看，山阳的史论或许有些折中主义的嫌疑。然而不能忽视的是，宣长的非理性忠诚的"逻辑"，不仅没有《叶隐》那种无条件忠诚与行动主义的悖论性结合，反而如"当今之世要尊敬并服从当下的法律和命令，不要随便违背"（《玉年百首》）所示，表现为一种对时下权威被动服从的态度。在这个意义上，不如说因

---

1 执权：辅佐将军统辖政务的官职。镰仓幕府的执权取代了将军在实际上掌握着政务实权，镰仓幕府的初代执权为北条时政。——译注

与宣长论争而出名的市川鹤鸣的思考方式——"如果君主行恶，臣下必须谏诤。像武烈、阳成那样的君主，如果听了谏诤，臣下也不会把他们赶下君位。……古人也认为，臣下不必听从君主的私心，君主须将天之心视作自己的心，臣下也要将天之心视作自己的心，这才是正道。……不论君主的善恶，一味敬畏君主，不过是妇人之道"（《末贺能比礼》），才是封建忠诚的基本范式。就事实上驱动幕末志士的尊王论和大义名分论思想而言，无论是赖山阳的史论，还是藤田幽谷、藤田东湖父子，抑或会泽正志斋等后期水户学的思想中，超越的天道理念依然在薪火相传、熠熠生辉，并未完全被具体的天皇人格或皇祖皇宗的血统连续性所吸收。幕藩体制在儒教原理下得到了正当化，却带来了一把双刃剑，最终当幕府或藩"失政"时，对原理的忠诚便会从对组织的忠诚中独立出来。与尊王论并称为幕末维新两大潮流的"公议舆论"思想，无疑正是"天下为公"这一传统观念在新的形势和知识下不断自我更新的一个中间过程。

三、维新前后的忠诚相克

忠诚意识的混乱

从"王政复古"到西南战争这段波涛汹涌的社会、政治过程，在忠诚与反叛在人格内部引起的紧张和冲突这点上，亦达到了日本历史上从未有过的规模与高度。在个人的社会行为里，忠诚与反叛的范式所占的比重，大致与生活关系的连续性和安定性成反比。随着传统生活关系的动摇与激变，自我丧失了对一直以来委身其中的集团或价值的归属感，此时自然会产生一种痛切的异化意识。以这样的异化意识为契机，就会出现反叛，抑或发生既有忠诚对象的转移。然而，归属感的减退和异化意识的出现，不会自动催生这类行动方式。如果异化感采取了消极的表现形态，不如说会表现为隐遁。只有当它与积极的目标意识结合时，才会转化为基于"原理"的反叛，抑或对象征目标的权威人格的狂热皈依与忠诚。当然，异化感究竟是表现为这类行动性，还是从忠诚与反叛双方"隐遁"而去，这不仅取决于个人的性格和孕育他的文化环境，还与时代的政治、社会紧张在个人生活方式内部的渗透程度息息相关。生活环境越被"政治化"，积极的忠诚与积极的反叛之间的中间地带也就越小，此时，忠诚对象的转移，就不仅只是一个政治信条或宗教信条发生改变的问题，它会带来生活关系的全盘激变。

从幕末到明治一〇年代，下级武士和豪农[1]采取了高度自觉的政治行动。这个群体相对集中了前文提到的所有条件。他们的名誉感和自主意识——豪农是武士的精神气质渗透得最深的庶民阶层，同时从整体上看，他们还未发生寄生地主化，有着作为村落代表者抑或生产责任者的自尊心——与环境剧变带来的挫败感，抑或期待感的丧失相碰撞，擦出了各种行动的火花。因此，这个阶层理所当然地会深刻意识到忠诚的相克

---

[1] 豪农：既有土地、财产，又在地方社会中有一定影响力的上层农民。——译注

与反叛问题。

如果把"王政复古"和明治天皇制的形成视为一个忠诚问题,它在表面上就表现为,复数的相重叠的封建忠诚通过"政令归一",集中到作为国民统一象征的天皇身上的过程。然而,这绝不简单地是对藩的忠诚在空间上扩大到国家,抑或忠诚的人格对象从藩主转移到天皇。与现实复杂的社会、政治过程一样,就算这个过程被把握为一个忠诚与反叛问题,它也是一个极为错综复杂且充满了矛盾与混乱的过程。结合第二章探讨的传统忠诚概念的结构,这个过程里主要有以下三个环节:(1)家产官僚化了的"士"因为战国乱世的再来,重新转化为"武士"(至少是其中的积极部分),与此同时,私人的情谊结合、强烈的名誉感带来的自我意识、谏诤精神等武士精神气质的本来面貌被重新"唤醒"的过程(等级组织的涣散带来了忠诚水平的下降);(2)天道的超越性在新形势下被重新确认的过程(原理从组织中分离出来);(3)在国际危机感的刺激下,忠诚对象上升或扩大的过程。这三个环节相互交织,一边摩擦,一边合流,带动了时代的漩涡。

在德川时代三百年里扎根的价值体系,不会因为幕末的动乱就在旦夕之间土崩瓦解。就算会背负扰乱君臣主从之分的污名,也决意反叛权威——要做出这样的决定,自我内部势必得经历一场痛苦的纠结。吉村明道编纂的《近世太平记》(上卷,1876年)曾这样记述了参与伏击井伊大老[1]的水户家臣莲

---

[1] 指1860年3月,幕府的大老井伊直弼在樱田门外遭到暗杀的樱田门外之变。——译注

田一五郎在评定所[1]接受审讯的情况（在这里，重要的不是史料记载是否属实，而是史料中流露出的当时的社会共识）：面对池田播州守"尊奉主君之命而死才是名义所在……"的讯问，莲田先是说，"谁都知道尊奉君命而死乃人臣常道""我也只是一介臣下"，然后展开反驳，"名义这东西，也会有在当时看起来似乎名不正，日后方才显现大义的情况，不一而足。你们把此次行动称为不义之举，但当尊王攘夷的大义昭然于天下之时，岂敢再说这是不义的？"只要幕府的统治权是以朝廷授权的形式来合法化的，那么名分论就会被等级秩序用来维护自身，而与之对抗的"大义"，就算到了万延年间（1860—1861年），仍需要建立在"日后方才显现大义……"这种对"未来历史"的信仰之上。"呜呼，天下之生民，今日所生者，幕府生之也。今日所存者，幕府存之也。夫奚可不思此大恩哉。况诸侯之于幕府，君臣之分定已久……然今匹夫浅识不度己分，乳臭未消，才阅数卷经史，则自以为才足经管一世，矫正时弊，而庙议微有不合己意，辄以仇敌视之，欲拥天子覆之。"（《顺天录》）志士和脱藩浪士正是在这样盛气凌人的叱责中展开行动。乳臭未干的黄口小儿，只读了两三本历史书，便妄想议论天下国家，真是贻笑大方——我们不难从这个口吻中看到幕末教养主义士大夫的"保守主义"，与"一人肩负御家（御国！）"的"大高傲"精神（参见本书第17页）之间的分裂。在山县太华的明伦馆与吉田松阴的松下村塾的对立基底

---

[1] 评定所相当于江户时代的最高司法机关。——译注

里，也贯穿着这一分裂。[1]

并且，从文治官僚的礼仪性中获得解放、重新恢复了野性的武士精神气质，其实是一把双刃剑。比如在五稜郭炮击[2]时，尤其是旧历（1869年）五月十一日函馆总攻击的局面过于悲

---

[1] 安政三年（1856），吉田松阴以幽囚之身写给僧人默霖的信中提道："我乃毛利家之臣子，日夜侍奉毛利家。毛利家乃天子之臣，日夜侍奉天子。我等为国主尽忠勤，即是为天子尽忠勤……然六百年来，我主却经常不能为天子尽忠勤……今日正是偿还我主六百年来欠下的忠勤之时。"这充分体现了本来的封建忠诚与转移到天皇的忠诚，是如何在一个灵魂里纠葛而令人苦恼的。（对松阴来说，转移到天皇的忠诚，正如"虽说本朝的君臣之义非外国所能比拟。但天子是云上人而非人间之种的这种认识，并非古来就有"[《讲孟余话》]所示，始终都被他"体验"为鲜活的个人忠诚，也正因如此，忠诚的相克才能够被松阴内化》。松阴一方面反驳默霖的讨幕论：身为藩主不努力"规谏"幕府，而去"请天子下讨伐幕府"，这是不行的；一方面又说：如果幕府实在不听规谏，则可"与深知这样做有罪的诸大名们一同奏请朝廷，并尊奉敕令行事。此便可正当地将东边的幕府视为桀纣"，肯定了放伐论。在这个过程里始终贯穿着封建忠诚的核心，即"谏诤"的观念。并且，面对"三谏不从则去之""隐耕山林"的"支那人之风"，松阴始终强调"臣不可不臣"，而这也必然会孕育出富含能量的行动性。这便典型体现了，对宗教绝对者的忘我的信仰，与"该由谁来点燃今日之逆焰，非我辈莫属。若无我辈，此逆焰过了千年也无可立……义不是鬼不在的时候，当成茶喝下去的东西。若我辈屏息，逆焰也会屏息，当我辈再次崛起时，逆焰也必会再次熊熊燃起，无论何时都是如此"（安政六年[1859]正月，于野山狱，与某书）的强烈自我意识的悖论性的结合。
在此无法逐一叙述维新志士们都是如何利用"封建忠诚"的内在能量来点燃"实践"之烈焰的。松阴的例子当然是一个典型，但这绝不会是一个孤例。比如桂小五郎在安政二年（1855）写给吉田松阴的信中的"我虽身在当君麾下，但两百年来一直受禄于毛利家，纵令这违反了当君之圣意，也绝不能坐视不管"正是从"五郎生而毛利氏之臣，死而毛利氏之鬼"（安政元年，与秋良敦之书）的立场出发而来的，当这个逻辑为外来的危机触发时，就是"坐观当今之势，不知中夷会在何时来犯我朝，恐怕届时，幕府定会携全国屈膝投降。当这个时刻来临时，一味对幕府言听计从，无法做决断的人，便是尊氏中之尊氏，犯了天下之大不忠，绝不是人臣之忍秋"，忠诚便会与"决断"相结合，而不是家产官僚式的"忍秋"，或对共同体的顺从（参见《木户孝允文书》卷一）。

[2] 五稜郭炮击，指1869年榎本武扬率领旧幕府军与新政府军在箱馆周边进行的箱馆战争。榎本军的据点在五稜郭。——译注

惨，官军医院派出使者提出议和，该劝告书上写道："五稜郭和辩天台上的英勇奋战，就士道而言着实令人钦佩，但为全士道顽抗仁慈之天朝，使市民饱受涂炭之苦，实为不可……虽然你们抱着必死的觉悟，可天朝绝不愿看到这种事发生，圣上宽大仁厚，希望事情能得到平稳解决。"（最后议和被拒绝了）此时，讨幕派已拿到代表天皇的锦之御旗，事情到了戊辰战争的最后阶段。劝告书里的"令人钦佩"，未必就是官军的口头应酬，这无疑是建立在当时的社会共识之上的真实感受。哪怕背负逆贼的污名，也毅然决然地跟从直接的情谊结合奋勇杀敌，时人对这种在一党没落之际毫不畏怯的精神有着发自内心的共情，甚至在西南战争爆发之时，大多数士族之间仍暗涌着这种共鸣。以这样的士族意识为背景，著名的"军人敕谕"中的"欲求守信重义。必先审思事之能成与否……古者尝有守小节之信义，而误大纲之顺逆，或惑于公道之是非者，此殊不可。英雄豪杰每因重私情之信义，而遭杀身之祸，以致遗臭万年者，亦复不少。可不戒哉"，亦有了生动的现实意义。并且，西南战争的悖论在于：西乡隆盛的势力唯以萨摩武士的精神气质和团结为支柱，但恰恰是西乡本人自幕末以来的行动轨迹，相继无视甚至践踏了"封建忠诚"（至少是其中的重要因素）。即使在维新后，在对承载封建忠诚的社会堡垒的解体有着深远影响的废藩置县和征兵制等政策的制定实施中，西乡就算没有掌握主导权，却也作为明治政府的最高首脑而参与其中。西乡所属旧藩的国父岛津久光，在西南战争时曾说："西乡之智勇胜过世人，是个心胸宽广又能忍耐的大丈夫，实属当代豪杰。

但于君臣之大义上却多有失节之处。包括跟随他的壮士,都忘了对久光的君臣之情,做了数不清的无礼之举……连有累世恩情的旧主都这般不放在眼里,当其心感不满之时将剑锋转向朝廷也就不足为奇了"(《久光公记》)。这段话象征性地表现了"封建忠诚"这一复合体充满矛盾的解体过程。

如果名分论只是单纯分裂为幕藩体制的名分与朝廷的名分,那么事情还不会这样复杂。朝廷名分本身的承担者,在从文久二年(1862)的坂下门外之变,到蛤御门之变、长州征伐,再到鸟羽伏见之战的过程中,也不断地发生改变,甚至是逆转。[1]并且,在堂上、亲藩、外样等各势力的内部,多元忠诚间的相克不断升级,他们互相给对手扣上逆贼、奸臣的帽子,乃至随着形势的改变,昨日的逆贼很快成了今日之忠臣,曾经的王师摇身一变就成了朝敌。上至朝廷、幕府、诸藩,下至个人,各个层级都上演着激烈的忠诚抢夺与骤变,"胜者为官军,败者为贼军"[2]的谚语便充分体现了那种感受。连"御一新"与"文明开化"的暖风也无法轻易驱散这种感触。更有甚者,在维新政府中担任耀眼的司法卿,制定了"改定律例"的

---

[1] 坂下门外之变:1862 年,推动公武合体与和宫下嫁的老中安藤信正,在江户城坂下门外遭到以水户浪士为中心的尊王攘夷派袭击。蛤御门之变:1864 年 7 月,尊攘派长州军与以会津、萨摩藩为中心的公武合体派在京都御所的蛤御门发生的武力冲突,也称禁门之变。长州征伐:指在 1864 年和 1866 年幕府对长州藩发动的二次武力制裁。鸟羽伏见之战:1868 年 1 月,新政府军和旧幕府势力在京都郊外的鸟羽和伏见发生冲突,标志着戊辰战争的开始。——译注

[2] 据《故事俗信ことわざ大辞典》,这句谚语在明治维新后才开始出现。森铣三的《明治东京逸闻史》中记载,这句谚语在西南战争中最流行,而且是在贼军(西乡)中流传最广。——译注

江藤新平，一朝在佐贺之乱[1]中被捕，就立即在曾经的下属河野敏镰临时裁判长——"此人有违朝宪，假托征韩之名，私募党羽，收集火器，违抗官军，逆反之意昭然若揭，依照律例当除族并枭首"——的判决下，被处以死刑中的最高刑枭首[2]，即日执行。

西南战争的局面则更加悲惨。"观此次大战，萨士之间可谓在亲戚相杀、骨肉相食，着实令人悲叹。以大山岩少将为例，西乡隆盛是其表兄，其弟与侄子也尽数投靠贼军。其他将士也多有类似的状况。还有更糟糕的，其子是炮兵士官，其父为贼党……不难察其心境之无奈。实乃人生至难。即使是保元之乱也不曾有这等令人悲叹之事。"（川口宗昌编：《鹿儿岛征讨录》二篇下，明治十年[1877]）"在负责检验首级[3]的

---

1 江藤新平（1834—1874）：佐贺人，1871年担任大政官左院副议长，从事民法典编纂的相关工作。1872年成为司法省司法卿，翌年制定出了"改定律例"。随后在征韩论政变中因主张征韩而下野。1874年2月，被佐贺征韩党推为党首，与忧国党汇合，发动了反对明治政府的佐贺之乱。——译注

2 早在明治元年（1868），明治政府便设置了刑法事务局，同年10月的行政官布告规定："在新律发布前，沿用以前朝廷委任给旧幕府的刑律，其中，磔刑的对象仅限杀害君父之大逆。"明治三年（1870），明治政府以从大宝律令到江户时代的传统法制为基础，制定了"新律纲领"。江藤司法卿参照欧美诸国的刑法，对其进行了补充编纂，得到了"改定律例"（明治六年[1873]六月）。据穗积陈重的《法窗夜话》记载，副岛种臣参议看到"新律纲领"草案中的"谋反大逆"条款，大声呵斥道：在日本这样皇统连绵的国家，没有人会觊觎社稷，没必要设置这种不祥的条款，并下命删除。暂且不论这个记载的真伪，无论是"新律纲领"还是"改定律例"，都没有前述"律令"制八虐中的谋反、谋大逆、谋叛三罪，这象征了维新动乱期忠诚对象（顺逆）的混乱。直到旧刑法（明治十三年[1880]颁布）的制定，大逆罪、内乱罪、通敌罪等才得到了体系化。

3 在日本前近代的战争中，大将或重臣在战争结束后，会通过检验武士斩获的首级确定敌方身份来论功行赏。——译注

将校中，有的与贼人是青梅竹马的朋友，有的是或远或近的亲戚……有的是在维新之际一同栉风沐雨、共度艰难的友人。谚语有云，差之毫厘谬以千里。一朝走错了方向，便被蔑视为逆贼，伤害了众多良民，最后曝尸荒野。虽说他们是自愿而为，但想到他们悲惨的最后，还是不禁心生恻隐，仰天长叹。"（吉村明道：《近世太平记·卷之上》四篇，卷之下，明治十二年[1879]）《西南记传》（中卷一）曾写道："西南战争既是维新以来最大且最后一个内乱，也是日本近世史上最大的悲剧。"从忠诚相克的角度来看，我们同样可以说，时至今日，近代日本再不曾体验过规模如此广泛、紧张程度如此之高的忠诚相克。正如后文将要提到的那样，日本的"近代化"一方面瓦解了"封建忠诚"及其基础，同时也弱化了其中蕴含的"反叛"能量。

可以说，明治时代的"第一代"人，无论是政治家，还是实业家或教育者，或多或少都在前述那种应接不暇的敌友关系的转变与忠诚的冲突中饱受磨砺，他们见证了数不清的"大义灭亲"的现实，在这样的体验之下形塑了人生观。不过，从这些体验中汲取思想意义，将忠诚与反叛等传统范畴加以理性审视的尝试，还有待于近代最初的知识集团明六社的诞生。明六社成员几乎都是旧幕臣，抑或出身于西南雄藩外的小藩，这些身份在这里便有着特殊的意义。其中比较有代表性的文章首先是西村茂树[1]的《贼说》。

---

[1] 西村茂树（1828—1902）：明治时代的道德运动家、教育家。佐仓藩士，幕末跟随佐久间象山学习洋学，1873年加入明六社进行启蒙活动。与此同时，西村茂树还热衷于弘扬仁义、忠孝，企图维持"国民道德"。——译注

西村茂树的《贼说》

西村在这篇文章（《明六杂志》33号，明治八年[1875]三月）里强调的是："将朝敌称为贼，就像把外国称为夷狄一样，是智识狭隘的表现"。为了论证这一点，他首先考证了语源：据《广韵》《集韵》《韵会》所载，"贼"即是盗，《书经》的传将杀人者称为"贼"。《左传》的注里将"贼"记为伤害。这些都是古义，后来中国将"与天子为敌的人统称为贼，这是人君独裁国的风俗，是源于对人主的过度尊敬的陋语"。在日本，"贼"字本来没有训读。比如《平家物语》或《太平记》虽然将与天子敌对的势力称为朝敌，却从未用过"贼"字。然而后世却沾染了中国的"恶习"，开始将朝敌冠之以"贼"。《日本外史》之流也为这个陋习所毒害。西村说："在与天子为敌的人中，有该被称为贼的，也有不该被称为贼的。欲与天子争权夺势的，试图扼制人君暴政，拯救人君于苦难中的，又或因意见不合而试图抵抗政府的，都不该被叫作贼。只有盗人钱财，杀害无辜者，成为民患的该被称为贼。因此，与天子为敌的人中有不该被视为贼的，而帮助天子的人中有该被称为贼的。"按照日本人的逻辑，美国反抗英国而独立，抑或近来美国南部诸州的叛乱，都是国贼所为。然而英国的历史书却将美国"逆民"记为美国人，美国的史书也只是将南部诸州记为联盟，都没有把他们看作盗贼。这难道不是很公平吗？正如事实已经证明的那样，将外国称为"夷狄"是野蛮的，如果今后史书的执笔者不再将朝敌曲笔为贼，"实乃国人智识之一大进步"。

这个结论诚然符合明六社的启蒙主义。不过，西村在此全力强调的主张，脱胎于他在幕末维新内乱中的切肤感受；同时代的人，尤其那些顺时代潮流而上的人，未必能有相同看法。不仅如此，后来，当西村茂树成立了日本讲道会（以后更名为弘道会），历任宫中顾问官、华族女校校长，成了公认的保守主义思想家时，他的这一议论非但没有成为近代日本的常识，他所批判的"国贼"用语反而遭到了滥用，不仅被用来描述政治上的反叛者，还被滥用在所有批判权力的人身上。反观此时的议论，其思想程度之高不得不令人叹服。很久以后，在"九一八"事变（1931年）后的长野县诹访郡，一个寻常小学校的六年级儿童[1]，就当时报纸上流行的"匪贼"一词写了如下作文：

> 一说匪贼，仿佛就是恶人，但他们真的是恶人吗？在日本，无论什么事都讲究忠君爱国，所以说到匪贼，因为是贼，那就是恶人。大概也是因为报刊杂志上这样写了。但是，试看被日本人叫作贼的例子，首先是神武天皇忽然来到我国，不论自身的善恶，只要有人与天皇为敌，便称其为贼，因为自己这方的武器更先进，就把他们全给制服了。今日也是同样，反对日本有钱人的人被冠之以贼，就这样把我的兄弟给杀害了……

负责教育这个儿童的教员，因为与日本劳动组合全国协议

---

[1] 寻常小学校是日本的一种旧制小学校，对年满六岁的儿童实施初等普通教育。六年级学生一般是十二岁。——译注

会[1]的教育劳动部及新兴教育同盟准备会的长野支部有关，成了昭和八年（1933）二月后被集体检举（即长野县教员赤化事件）的131人之一。这篇作文被当局当成了无产阶级教育"可怕"影响的证据（文部省学生部：《无产阶级教育的教材》，昭和九年[1934]）。暂且不论文章表现的稚嫩和朴素的"激进性"，其底层的批判方式与明治初年西村茂树的议论是一脉相承的。日本所谓"惊人的进步"究竟是什么？

福泽的名分论批判与谋叛论

西村的议论尽管是划时代的，却仅仅停留在对字词传统用法的分析层面，未能对忠诚问题的传统思考方式展开实质性批判。在这一点上，是福泽谕吉从正面对基于大义名分论的"顺逆"逻辑做了鞭辟入里的分析，揭示了它的意识形态性。这里不打算从福泽久负盛名的初期作品入手，抽象地一般地讨论这个问题。明治十年（1877）十月，西南战争的硝烟还未完全消散，报纸上到处是针对西乡隆盛、桐野利秋等人的"骂言诽谤"，福泽在这样的氛围里，从"保存日本国民抵抗之精神，不能让此精神的气脉断绝"的立场出发，暗自写下了《丁丑公论》（直到明治三十四年[1901]，才和《瘠我慢之说》作为合集公开出版）。本文将着重分析《丁丑公论》，并结合该文章的视角，酌情引用其他相关著作。《丁丑公论》不是单纯的时事

---

1 日本劳动组合全国协议会：简称"全协"，1928年在日本共产党的指导下结成的左翼劳动组合。——译注

评论，它不仅真实还原了福泽在维新期里目睹的忠诚与反叛的混乱，还内在贯彻了福泽的基本立意（下文若无特殊说明，引文皆出自《丁丑公论》）。

福泽首先强调，要否定建立在名分论基础上的忠臣与逆臣的先验区别，或自然法上的区别。"宛如只要有了政府之名便不得颠覆，颠覆的人就是永远的国贼，如果真是这样，那古今世界没有哪个时代没有国贼。近来就有特别突出的例子，现政府的达官在十年前与西乡隆盛一同推翻了旧幕府这一日本国政府，其国贼之污名可谓过了千年也无法雪洗。但为什么世人却称之为义而非贼呢？因为人人都认识到，旧政府徒有政治之名，却无保护事物秩序抑或推进人民幸福之实。这证明，颠覆公认的有名无实之政府并非背信弃义。"关于后半段的这个主张，我们稍后再谈。

虽然正如周知的那样，福泽对"维新"的评价在废藩置县后发生了一百八十度的转变，但是，至少否定政权先天正统性的"相对主义"和"现实主义"认识，早在幕臣谕吉的身上就已经明确有所体现。他在著名的《关于再征长州的建白书》（庆应二年[1866]）里的论述便是一例："所谓的名义皆取决于兵力，光秀刚杀了信长，便马上就被封为将军，而当秀吉成功杀了光秀，天下又立即变成丰臣家的天下……此次长贼与官军苦战，万一长贼取得胜利，反过来讨伐京都，其朝敌之名恐怕会变为勤王，官军反而会被称为朝敌。因此，朝敌也好，勤王也罢，听起来似乎名正言顺，其实都取决于兵力的强弱。所谓敕命，与罗马教皇的命令一样，都是在按照兵力分配名分罢了。"并且，福泽关于顺逆相对性的认识，直到晚年也不曾改变。《福翁百余话》里的这番论述便是一例："古来几多战争内乱，虽然其名义多种多样，但敌我双方无不是忠臣义士。就像是忠义与忠义的冲突，如果观察其人之心，便会发现本是同源，孰正孰邪不过取决于最终的胜败。'胜者为官军，败者为贼军'，这句谚语道出了真相，忠臣义士与乱臣贼子本就没有区别。"（"独立之忠"篇）

福泽从这种相对性认识出发，毫不留情地暴露了传统忠诚观——无论是朝廷的，还是"封建的"——的意识形态性。这种意识形态性最终会粉饰并美化"强权即正义"这一难以否定的现实。不过，"胜者为官军"的相对主义，始终被福泽用来暴露先验名分论的伪善和虚妄，扮演的是一个反例的角色，在这个意义上，这不过是大义名分论批判消极的一面。它既不能充当忠诚对象的选择原理，也不能提出历史价值判断的标准。福泽将政府的选择原理抑或历史判断的积极标准，寄托在前文引用中提到的是否"推进了人民幸福"这一"功利主义"的价值上。福泽一方面一贯地否定以朝廷的合法性来解释维新变革的"俗论"，同时又以上述这种积极标准来肯定幕藩体制瓦解的必然性。其结果，动机论或说个人道德论的部分，首先被从名分论忠诚观中剔除了出去。

"应该说大义名分与道德品行没有关系。虽说西乡今日举兵有违大义名分，但这大义名分是针对当今政府的大义名分……官军自称为义而战，贼军也自称为义而死，其心之所向，没有丝毫不同之处，若以谁更决死冒难地争权夺利为标准来称赞人的勇气，那不如说西乡一方更有勇德。"比起信念的纯粹性，福泽把价值判断的中心放在了是否做出了贡献这一业绩上,这个立场无疑也贯穿了由《劝学篇》的第七篇所引发的著名的"楠公权助"议论(这个表达可能有些不太准确)。与此同时,福泽还基于这一立场猛烈抨击了以"宗谱""门第"为尺度裁定顺逆的历史观。

"足利尊氏当上将军时可谓混账至极,但过了一两百年,侵犯足利尊氏子孙的人又被史家视作第二个混账而加以口诛笔伐,他们十分不满织田信长得权的经过,却又将愚弄织田信雄而得志的丰臣秀吉称为奸人……真是没完没了,在我辈看来,这种史论并非治乱的历史,实是围绕'宗谱'的吵架,而且这吵架是非常容易被遗忘的吵架……毕竟史家没有独立自由的思想,混淆了天下国家的治安与人的身份门第……正因为是非得失论的标准偏重了名义,才会陷入这般困境。"(《福翁百话》史论)福泽在这里嘲讽的显然是《日本外史》《大日本史》等史书。诚然,因为在幕末维新时期,这类史书正统论的一面被过度放大了,所以它们一般会被当成"偏重名义"的史论典型。不过至少从前文的讨论来看,赖山阳的史论并没有表现出那样严重的观念论。在山阳的史论里,判断"是非得失"的标准除了名分论外,还有天道论贯穿在名与实的关系中。福泽的批判指出了"宗谱"史观与"仁政安民"的标准这一二元对立的矛盾,这一点也是切中要害的。不过,他这一"颠覆公认的有名无实之政府并非背信弃义"的立场,不正是将传统忠诚观中内在的原理超越性部分,从私人忠诚里抽离出来,并彻底地加以客观化而得来的吗?按照福泽的说法,"出自孔子春秋"的大义名分论是"混同公私的不通论",归根结底,评判"公"即"天下国家"

的客观标准，必须是人民的安宁与幸福，而非"道德品行"或"门第"。那么，"大义名分在公在官方，廉耻节义在私在个人"，从"公"的原理中分离出来的"私"——廉耻节义，又该如何定位呢？到了这里，我们终于要触及福泽谋叛论的核心。

王臣与逆贼的范畴，是如何随着时代的推移在一夜之间发生逆转的？对福泽来说，这绝不是一个抽象的"理论"问题，而是眼之所见的切身观察。不过，他在幕末到维新历史巨变的漩涡中看到的，不仅仅是昨日之贼军成了今日之官军，抑或今日之义士成了明日之奸臣这类宏观事实。在痛切的感慨中，福泽所凝视的，是人在动荡不安的变动中适应社会的各种姿态，是社会常规被一举打破后，一大群人在洪流中浮浮沉沉，拼命摸索自我生活方式和托身之所的情景。一方面是"数万的幕臣，有的在静冈自缢于沟渎，有的在东京路旁乞食，他们的田产被没收，半数成了王臣的安居之所，他们的家族坟墓荒废，转眼间成了狐狸的巢窟，凄惨的光景目不忍视。岂止只有幕臣不顺利，东北诸藩也因所谓走错了方向，主从上下多苦不堪言"，另一方面又有"当初被称赞为佐幕第一流的忠臣也逐渐发生变节，不少人转身做了王臣。不仅出于保全首级而成为王臣，他们中转变最颖敏神速、最急剧的，在很早便被接纳为政府官员，成了朝廷御用"。并且，那些曾经一时愤慨，放言"与其做舍义的王臣，不如做个不忘恩的遗臣，索性饿死，更加痛快"的"东海无数的伯夷叔齐"，一旦从首阳山上下来，就惊于周遭光景的变化——"呜呼。彼一时一梦，此亦一时一梦。昨非今是，不该忌惮改正。打破超然脱身之梦，从首阳之眠中醒来……昔日无数的夷齐成了今日无数的柳下惠……在大义所在处出仕,从名分所存处领俸禄,唯恐失去出仕之所……可谓是绝奇绝妙之变化。"虽然这里断断续续的引用,不能充分展现福泽滔滔不绝的严辞厉语里带有的辛辣,但至少我们可以清楚地看到,福泽正是把忠诚转移的问题看成一个转向问题,并从自我内部追踪溯源。

"天下之大势"的客观法则不过是法则,"胜者为官军"的事实也不过是事实。然而福泽不能容忍的是,这些法则和事实却被当成了自我维度上忠诚转移的依据和借口。如果绝对名分论能够彻底地内化,那么它尽管是"盲目"且"愚钝"的,也不会引发这样来势汹涌的转向潮流。这样看来,"今之所谓大义名分,唯默默听命于政府也"。因此,万一西乡的谋划成功了,那么现在将西乡判为逆贼的官员,恐怕"无须待智者指出,便会神速地倒戈","且,新闻记者之流最擅倒戈,也最无负担,所以定会将笔锋倒转过来,转而称赞正三位陆军大将西乡隆盛公之盛举"。"事实上就人民的活力而言,出现第二个西乡才该为国庆祝,但很遗憾,现在已经不可能了。我辈该为此感到惋惜。"无须赘述,这一立场与福泽日后在《瘠我慢之说》[1]里展开

---

[1] 瘠我慢:原义为"硬挺、硬撑",有"虚张声势,打肿脸充胖子"之意。在《瘠我慢之说》中被福泽谕吉奉为立国根本、武士美德的"瘠我慢"精神,指的是一种"知其不可为而为之"的精神。在该文中福泽指出,三河武士正是基于这样的"瘠我慢精神",最终力挽狂澜、扭转乾坤,建立起德川家的统治。在幕末,胜海舟身为幕府重臣,不做任何抵抗,只管求和,虽然保护了民众的生命财产,但损害了立国之根本。榎本武扬在幕府败局已定的情况下,坚持与新政府军苦战到底,彰显了武士的"瘠我慢精神";但当榎本武扬被新政府释放后,却很快发生"转向",转而为新政府谋事,这有愧于在五稜郭共进退的部下,有损武士精神。——译注

的猛烈批判是一脉相承的。在那里，福泽痛斥胜海舟与榎本武扬的行动"不仅有违三河武士之精神，还打破了日本国民固有的瘠我慢之大主义，涣散了立国之根本士气"。

经常有人指出，福泽的"瘠我慢"精神与"文明"精神、"士魂"与"功利主义"是矛盾的或二元对立的。如果把它们当成两种抽象的"主义"，那么的确如此。不过思想史的悖论和趣味恰恰在于，抽象维度上互不兼容的两种"主义"，在应对具体形势抛出的"问题性"时，反而可以相互结合。面对幕末的动乱，武士身上的家产官僚成分与战斗者成分分裂开来，与之相照应，忠诚对象的混乱也让"封建忠诚"这一复合体的矛盾一举爆发了出来。君臣之"大义"通过家产官僚精神被吸纳到对秩序的恭顺中，不堪一击地现出了丑陋的原型。并且，具有讽刺意味的是，这同一个"对秩序的恭顺"，不正化身成了"自上"或"外来"的文明开化精神而继续存在着吗？在福泽的批判对象里，其实就有这种矛盾物的结合，福泽基于"察近来日本之景况，为文明虚说蒙骗，抵抗精神日渐衰颓"的形势判断，通过逆转前文那种"封建性"与"近代性"的结合——也就是，通过把被家产官僚式的大义名分论所异化的、游离在现实主从关系之外的廉耻节义和三河（战国！）武士之魂，当成个人维度上的行动能量——来从客观上推进文明精神（对内之自由和对外之独立）。就这样，《丁丑公论》里强调的"抵抗精神"与《劝学篇》《文明论之概略》里提倡的"人民独立之气象"，在福泽的这种立场上，被紧密地关联在了一起。

福泽的确从根本上推进了"封建忠诚"的瓦解,但他所做的工作并非简单地以"近代的"内容替换"封建的"内容,福泽利用现实里正在进行的解体,转换了其中的构成要素所扮演的角色。不如将封建忠诚的外化倾向给彻底化,将其升华为公共的内容,这样一来,私人的、情感的契机也许就能在个人内部沉淀下来——这便是福泽给维新后"集体转向"的现实开出的苦口良药。《叶隐》的非理性忠诚吊诡地孕育出了强烈的自我能动性,与之相对应,福泽则反过来将合理价值的实现,寄托在非理性的"士魂"能量上。如果说《叶隐》的能动性在于"无忠节者亦终无叛意",那么反过来,我们是否还能期待,连谋反都不会的"无气无力"之人民,会真正对国家(nation)心怀忠诚?这便是在观察了幕末以来十余年激荡的人心推移后,回旋在福泽心底的"问题"。

四、自由民权论中的抵抗与反叛

众所周知,自由民权运动从初期的"士族民权",发展到明治十七年(1884)以后运动激化期的"贫农民权",该运动的社会承担者囊括了广泛的社会阶层。但从整体上看,构成运动主导权的主要是士族和豪农、中农,尤其是在以国会开设请愿运动为顶点的全国运动高涨期里,他们的主导作用更加明显。自由民权运动的历史命运及其在思想史上的独特作用,都要通过这个特殊的过渡性中间层基础来加以把握。[1]

　　从明治六、七年（1874）到明治十二、十三年（1880），下级武士阶层在政治过程中扮演的角色与幕末有着极大的不同。民权运动的导火索是由所谓的"不平"士族所点燃的，但我们应当注意的是，那里有两种性质不同的"不平"合流在了一起。一种是在维新之际积极参与变革的群体。他们把维新"精神"理解为尊王攘夷，抑或更多地理解为"万机公论"，作为积极分子在活动；但无论是基于哪种理解，维新后的情况——即由"有司专制"主导的自上而下的"文明开化"——无疑都是对他们维新精神的背叛。因为他们对变革的大义名分的主观赞同度很高，所以当认识到历史进程背离了大义名分时，曾经的参与热情直接转化为了对变革的现实推动者的强烈愤怒与攻击（这一点在部分前共产主义者和托洛茨基主义者身上也能看到）。于是，这种革命的挫败意识成了"不平"的一个源泉。另一个群体原本是旧幕臣，抑或隶属于佐幕派或中立诸藩，他们为变革的浪潮所翻弄，基于一种"遗臣"意识始终对西南雄藩的主导权心怀怨恨，这些分子的"不平"构成了另一个源泉。维新政府相继推行的废藩置县、废刀令、秩禄处分等政策，使士族失去了生活基础，损害了他们的名誉感，以此为契机，这两种"不平"自动地开始了合流。

---

[1] 本章不打算讨论自由民权运动的历史阶段分期，抑或深入分析其意识形态。民权论的忠诚与反叛构想和传统构想之间有着怎样的关联？这种关联的社会基础是什么？这些问题的背后，隐藏了关乎此后历史展开的重要伏笔，因此本章将就这些问题进行最基本的讨论。

正如前文所述，维新政府采用的大量官员、军人、警察和教员，几乎百分之八十以上都来自士族阶层，且采用时不问出身，既有佐幕派的也有勤王派的。于是，幕末的敌我关系被重新洗牌，出现了新的斗争队伍，在野的"不平士族"在这暴风雨般的转换期里，转而成为"新贫（new poor）"（埃里克·霍弗的用语[1]）投身到民权运动中。

最后，在主干道上或驿站附近的名望家，也因铁道、通信的开设或县厅的设置而失去了过往繁华，成为"新贫"的一员；而政府的殖产兴业政策没有惠及的地方商人、手工制造业者、自耕农等，亦陆续加入"新贫"的队伍。与之相对，"平民"中的部分地方豪农或中农，在西南战争后的通货膨胀和米价、地价的高涨中改善了生活条件，蜕变为商品生产者，他们亦在府县会[2]的开设和报刊杂志的影响下，带着减轻地租和地方自治的诉求登上了政治舞台。如果前者是"新贫（new poor）"，那么他们就是"新富（new rich）"或"即将致富的（about-to-be rich）"。在这个阶段里，他们与受明治政府特殊

---

1 E. Hoffer, *The True Believer*, 1951, p.25. 在贫民窟的赤贫层，抑或在停滞生活环境里生活贫困的阶层里，反倒不易出现群众运动。近来变得贫困，比如由于社会原因忽然失去本就不多的财产和地位的人，对迅速壮大的群众运动有着最为敏感的反应。霍弗将他们称为"新贫（new poor）"。与之相反，摆脱了长期停滞的生活条件，即将有所作为的阶层——"即将致富的（about-to-be rich）"——也会做出有力的行动。"人的不满程度，看来跟他和他热切渴望的目的之间的距离成反比。这一点，不管是在我们正接近一个目标，还是远离一个目标的情况下都适用"（*ibid.*, p.28）。终于能够看到期许之地的人，和刚从期许之地跌落却还能看到那片土地仍然充满希望的人——在这个上限与下限之间，集中了强烈的社会不满情绪。

2 府县会：即地方公选议会。基于1878年发布的"府县会规则"，各府县在1879年2、3月依次开设了公选议会，府县会主要有对地方税的预算进行审议等权限。——译注

保护的"政商"资本或官僚显然是对立的，并最终被卷入松方财政的"整理"风暴[1]中。总而言之，"新富"与"新贫"的群体在上升与下降的过程中几度交错，共同构成了有活力的中间层。[2]此外，他们还是国民基础中知性与活力的代表。因为旧武士阶层家产官僚的一面快速地为天皇政府的官员所吸收，他们忧愤、自主与骨气的精神气质也不得不向"下"层沉淀。关于地方豪农、中农的情况，可以参见竹越与三郎[3]的下述观察。

"埃德蒙·柏克（Edmund Burke）曾称赞过的绅士品格维持了中世的活力，这品格岂是英国绅士所独有，日本的乡绅其实也有。……如果没有乡绅，日本的町村都邑等也许都会在封建大名的压迫下，宛如卵子为大石所碾压一般被破坏殆尽，即使是大圣人也无法修复这些败坏的碎片。而日本国民之所以能一呼吸到自主自由的精神，便马上行动起来，就是因为这些乡绅对町村都邑的保护。因此，所谓的自由主义运动，只有等这些身为町村市邑保护者的乡绅加入，才能改变其阶级属性，转

---

1 松方财政：1881年10月松方正义大藏卿上台后展开的以纸币整理为中心的财政金融政策。明治政府在初期的政策推行中发行了大量的国债和不兑换纸币，松方正义上台后大力回收不兑换纸币，引发了严重的通货紧缩，导致大量的农民和士族的破产。——译注
2 英国15、16世纪的自耕农（yeomanry），1832年英国议会改革前后的"中产阶级"，魏玛共和国在纳粹运动高涨期活跃的下层中产阶级等，都属于这类能动的中间层。与之相对，马克思痛斥的法国大革命后的小自耕农，19世纪德国的"中小型企业（mittelstand）"，高度完善的资本主义体制下的政府机关，和大企业里相对安定的工薪阶级，则属于静态的中间层。当然，从这些例子也可看出，在不同的社会条件下，他们能动的政治作用也是多样的，不一定都是"进步的"。
3 竹越与三郎（1865—1950）：明治、大正、昭和战前的新闻记者、政治家。驰骋于明治、大正、昭和战前的言论界，亦做过政友会代议士、枢密顾问官。曾在福泽谕吉的庆应义塾学习，与立宪改进党有很多交集。——译注

而变成国民性的运动。所以，观察时下兴起的天下改革党时，不能只看到其中的士族，也不能只看到豪农。那里其实有两个群体中的精英合流在一起，我们正迎来了一个社会变迁的大时代。"（《新日本史》中，明治二十五年[1892]）就算竹越的观察偏重了改进党[1]，就算他将日本乡绅与英国绅士做类比的方法是有问题的，但无法否认的是，只要这些有活力的中间层在面对国家权力时代表了"国民"，保持了自主性，那么仅就这个期间而言，民权运动的确有着现实的社会基础。

"立于天地之间，被称为人民者，并非借助国家之力才成其为人民。人民本来就是自然的人民，所以人民的权利也无须借助国家之力，这权利是人民固有的权利，每个人民都可以自由行使。"（儿岛彰二：《民权问答》，明治十年[1877]）只要这种人民及其权利是自然存在的主张，是建立在"我拥有的田地和房屋即是我的田地和房屋，绝非君主的田地和房屋，我购得的衣食即是我的衣食，绝非君主的衣食"（同上）这样的生活手段固有性的真实感触之上，它就绝不仅仅是舶来的意识形态。无论这类主张是从"夺回"失去的固有权出发，还是从"拥护"已获得的财产出发，都势必会孕育出基于统治体、社会二元论的"抵抗"构想。尽管自由民权运动中还有国家即共同体的认识，上述这种意识未必贯穿了整个运动，但明治一〇年代仍然是日本近代史上抵抗权观念流传最广的时代。当

---

[1] 即立宪改进党。1882年，在明治十四年政变中被政府放逐的官僚，与嘤鸣社、小野梓的势力合流，在大隈重信这一党首下成立了立宪改进党。——译注

然，"革命"的思想与运动在之后的时代才正式兴起，但不如说"抵抗"抑或"反叛"的构想在整体上是不断衰减的。这其中的秘密，便与前述意义上的中间层存在形态的改变有着很大的关联。

围绕忠诚与反叛定义的斗争

天皇制作为"国体"的思想正统性，在进入明治二〇年代后才基本得到确立，明治前期可以说是政治、军事、财政、教育等各领域致力于基础制度建设的时代。尽管如此，一方面，维新是在重回神武创业之古昔、实现天皇亲政的观念下得以展开的，尤其是"拥戴"年幼天皇的寡头政府，是以"普天率土"的意识形态，来合理化政治权力的高速集中与所有的"文明开化"政策；而另一方面，明治政府在很早便颁布了诽谤律和新闻纸条例[1]，把对"官大人"的侮辱或反抗等同于对"天子大人"的侮辱或反抗，因此，民权论者几乎从一开始便不得不与对"国体"的忠诚论进行对峙。当《评论新闻》的总编辑关新吾因《国政转变论及评语》一文受到迫害时，他在大阪裁判所与所长进行了如下争辩（收录于《评论新闻》第84号，明治九年[1876]，该新闻转载自《大阪日报》）。

清冈裁判所长指控："你张开眼睛看看，我国可是帝国，就不该在我国说什么人民共有政府之类的话。我政府官员，上

---

[1] 诽谤律和新闻纸条例：1875年6月，明治政府颁布的言论统治令和报刊取缔法。——译注

至太政大臣，下至十五等出仕，皆为朝廷官员，不是人民所能自由支配的。不得不说你痴迷西洋之学……是忘了我日本之国体的恶逆者。"对此关新吾反问道：推翻德川政府的难道不是"作为日本人民一部分的贵族勤王辈"吗？清冈说："开设今日自由政府的是朝廷，岂是贵族辈之所为。"关接着反问：那么就算将来政府成了污吏巢穴，爱行苛法，聚敛财富，使人民饱受涂炭之苦，人民也绝不能抵抗，"只能唯命是从吗？"清冈强势地反驳："是的，身为帝国人民本该如此。"在这里，立场对立的关与清冈，都把"朝廷"与"贵族勤王辈"视为二元的存在，并争论维新变革的主导者到底是谁。虽然这点也值得我们的注意，但暂且先不讨论，在清冈强硬且干脆的结论里我们可以看到，明治政府已然摘下了"公议舆论"的面纱，在建设专制主义官僚国家的道路上越走越远了。

面对权力一方的这种"逻辑"，民权论者不得不去思考"忠诚到底是什么"这一根源性问题。而他们也正是通过重新定义忠诚与反叛来展开斗争的。第一，他们首先把对国家（nation）的忠诚，与对君主和上级的忠诚，在范畴上加以区分。"不是我不爱凯撒，而是我更爱罗马"，普鲁塔克的这一逻辑在这里终于不再只是启蒙学者的学说，转而成为一种运动家意识登上了舞台。这样的例子不胜枚举，其中一个典型便是植木枝盛的《论人民对国家的精神》（《爱国新志》第13—16号，明治十三年[1880]十一月十二日—十二月五日）。

"……身为人民者，其精神主体上只有君，没有国，亦没有自己。谓为君奉公，谓为君尽忠义，谓尊王，谓勤王……

无论是自己的事，还是国家的事，都要归结到君主身上，就好像除了尊重君主、服从君主外，什么都不知道一样。这是人民对国家的第一阶段精神。待人民逐渐开智了，便会了解到一些国家政理……第一阶段的精神逐渐有了变化……他们的精神主体上开始有了国的印记，昔日的尽忠转而成了今日的报国、爱国，为君云云变成为国云云，所谓的服从君主转而成了服从国法，所谓的为君尽力转而成了服从国家义务，他们尽忠的对象变得稍大，涉及的事情稍广了。这是人民对国家的第二阶段精神。"（着重点为原文所加）植木在文章里接着写道：待文明更进一步，便会萌生出第三阶段精神，"身为人民者成了完全的人民"，开始说"我们人民如何，我们身为人民如何"之类的话，其精神主体有了"我们人民"。像这样，他展望了从国家（nation）意识中再分化出政府（state）意识和国民（people）意识的阶段。即使不如植木这般彻底，几乎所有的民权论者也都强调政府的首长或代表者，与国家（nation）本身是有区别的。

第二，他们把对忠诚与反叛的定义当成武器，颠倒了反叛的方向性，抑或把人民对政府的单向反叛，扩大为双方都适用的反叛。"贪取民之直耕，施之于民，这是仁吗？这是逆贼"（安藤昌益），德川时代"被遗忘了的思想家"的构想，到了这里终于有了继承者。

据《评论新闻》第 34 号的社论所载：所谓的名分论者把人民对政府的反抗称为谋反，却不把政府对人民的背叛称为谋反，岂不谬哉。本来，"以正诛不正，谓伐罪，以不正敌正，谓谋反"。因此，美国十三州的人民对英王发下独立檄文，就不是谋反；相反，约翰王率领法国军对抗贵族军，则该被称为英王谋反。"谋反伐罪一词对上对下都适用，理应如此。"刊登于《中外评论》的《逆臣论》（第 10 号，明治九年[1876]）里也有类似的言论："逆臣是什么？执掌一国政权者逞奸谋，舞邪术，上蛊惑君主视听，下限制人民自由，以爱憎断赏罚，姑息政令……甘受外国之凌蔑，忘国家之耻辱，日日因循苟安，最终必举全国走向衰亡者，即是逆臣。"（着重点为原文所加）

然而，对忠诚与反叛的这种再定义，并非民权论者直接从欧洲的历史与思想中继承而来的。正如民权论者对卢梭、密尔、斯宾塞等人的理解，是以传统范畴为引子接引而来的一样，他们对忠诚与反叛的再定义亦是如此。在把对国家（nation）的忠诚从对具体人格或官府的忠诚中剥离出来，并加以"抽象化"的过程中，充当这个引子的是"天下为公"观念——"无须赘述，天下乃天下人之天下，非官府之私有。故不分官民，国家需要全国人民一起维护"（《国会论》，《爱国新志》第 2 号，明治十三年[1880]），而通过这个引子接引而来的内容，在前述植木的第三阶段精神即人民主权阶段的"精神"中也有所体现："只有人民才是国家的主人，换言之，人民只需考虑一己之便，没有义务去顾忌政府的情况……只有在以前的封建时代，那里的君臣关系不同于今日，举国上下尽为一君之私有，人民皆是一君之奴隶，而人民，不，臣仆则必须事事配合君主。但在今日，天下乃天下人之天下，人民乃

人民之人民的道理已经昭然若揭，为什么还要效法以前呢？"（《论人民对国家的精神》）

前文第二个定义，即"政治权力对人民的谋叛"这一构想，亦依托于"政府不是人民之天，人民当以正理为天"（《爱国新志》第9号，明治十三年[1880]），或"从道者兴，逆道者亡"（明治十五年[1882]四月柳沼龟吉于福岛县三春演讲会上的演讲题目，家永、庄司编：《自由民权思想》青木文库版，中，244页）的天或天道观念。民权派开设国会的要求，与维新指导观念之一的"公议舆论"思想是一脉相承的，而"万机公论"本身又与天道观密不可分，所以这一"接引"亦是理所当然的。不如说民权论者正是以兑现维新之"约定"的形式，强硬地提出他们的要求："明治初年，圣明的天皇陛下下达了贯彻万机公论的诏书，不仅如此，还下达了太政大臣每四年更换一次的敕谕。然而直到今年，即明治十五年，仍未更换太政大臣，天皇陛下可真是健忘。因此，我冈野知庄决意替诸位听众，前去忠告天皇陛下，啊不，说错了，是禀告天皇陛下。"（同上书，265页）这里也燃烧着吉田松阴的忠义之"逆焰"。

对民权论中"封建精神"的否定与肯定

民权运动中的"士族"或"封建"的意识形态早已由先学所反复指出，但这一点本身是无伤大雅的。不如说应该去分析其中"资产阶级民主主义"的要素与"封建"要素的比重，以这样的二元视角重新审视民权运动的封建精神，才能够帮助我们理解思想史的脉络。对于那种笼统地指出民权论者的"身份意识"或"愚民观"的做法，同样也可以这么说。这类提出问题的方法，一方面在士族意识或身份意识的观念上是非常暧昧的，另一方面，还似乎把欧洲的"资产阶级民主主义"不恰当地给单纯化了。[1]

不过，在此不打算抽象地讨论这类一般性问题。下文将尝试正面检讨自由民权论者所表述的忠诚或反叛构想，与他们自觉的封建精神论之间有着怎样的关联。其中一个典型便是《为何不爱封建世之精神》（《爱国新志》第14、15号，明治十三年[1880]）。

议论者（可能是植木枝盛）在文章里逐一反驳了"士族非良民""不平士族之害"等士族抨击，进而展开了他的"良民"论："良民到底指什么？凿井饮水，耕田吃饭，无智无识，服从帝规的就是良民吗？虽不知在尧舜之世是如何，但在今日之世，

---

[1] 如果说只要指责或大骂民众的愚昧、无智或无活力，就是"愚民观"的话，那么可以说从路德到卢梭、从马基雅维利到马克思，欧洲近世史上的著名思想家们，乃至"民主主义者"或"社会主义者"，无一例外都持有"愚民观"。
并且，即使在欧洲，中世自不必说，就算是宗教改革时期的抵抗权理论，不管是旧教系还是新教系，都始终不承认人民自身的"直接"行动，他们都认为，必须由"监督者"或"中间审级（Mittelinstanzen）"代表人民发动抵抗权。即使是被誉为近世社会契约论中的人民主权说"鼻祖"的阿尔图休斯（Johannes Althusius），他提出的契约当事者的Gemeinde，也多少带有一些共同体要素。有些有影响力的研究（例如Herbert v. Borch, *Obrigkeit und Widerstand*, 1954）还证明：当这些有着具体身份基础和承担者、规定了具体行使程序的抵抗权理论，在法国1791年宪法中转而成了一般的抽象的"人民"抵抗权时，反而让抵抗权的实质内容变得空洞，更容易出现人民投出独裁者的情况。当然，如果在近代国家里直接使用欧洲传统抵抗权思想中的二元结构，那么与近代国家的构成原理的确是矛盾的，为了活用这种传统，则必须对其进行某种形式的功能转换。尽管如此，直到现在，抵抗思想与体制革命思想间的紧张关系，与立宪主义、民主主义之间的关系都仍是一个棘手的问题，我们不能简单地说，前者在后者的发展中得到了"扬弃"。

这实属无神经之辈。……有知识,有活力,有独立自主之精神,有爱国忠诚之心,有该有之权利,尽应尽之义务,无愧于天地者,才该叫作良民。今之士族固非完全之良民,但较之平民更像良民。"那么,平民的现实又是怎样的呢?"平民自古便全不参与国事,缺乏知识、活力和辨别是非的能力,所以,尽管他们会因为涉及自身的地租等事而发动一揆,却不会因全国之社稷奋起,更不要说发动大乱反抗政府。"议论者指出:对公共事务的日常性关心,与为了公共事务的反抗是互相照应的;与之相对,对公共事务的日常性冷漠,则与非日常性的"一揆"相互照应。

虽然议论者首先说,因为在封建社会,"士族与平民在制度上有着不同的权利,所以士族对平民略微有些残酷",但我们不难从前文士族与平民的对比中看到议论者本人的偏颇。尽管如此,他还是把封建制必将解体、"士族"这一特殊社会存在必将消亡作为议论的整体前提;不如说正因如此,他才能以戏谑的口吻提倡去爱、去保存"封建世之精神"。这不禁让人联想起前文提到的福泽谕吉的《瘠我慢之说》。议论者对"四民平等"会使全体国民同质化为"有着专制政府满意之性格的良民"的畏惧,与福泽"如果地方仅有良民,就没办法增加全国之力。良民即是所谓的老实人。美国的兴盛不在老实人之多,而在有冲劲、有活力的人之多"(《觉书》,明治八—十一年 [1878])的这番认识正相呼应。

前文植木在讨论"人民对国家的精神"时,将"从前的封建时代"定义为"人民,不,臣仆"是"一君之奴隶"的时代。这一定义与"爱封建世之精神"的立场,又是如何关联的?如果要说两者是矛盾的，那么不得不说这是扎根在身兼家产官僚与战斗者这两种身份的武士阶级的历史来源里的矛盾。尽管同为身份意识，但一方是恪守"本分"，将对上的恭顺与对下的傲慢像凹凸镜一样相组合的家长意识；另一方则是基于"恒产"的持续性和固有性的名誉感与独立的"恒心"意识。当地位被妖魔化后，既会产生依附于地位的被动意识，也会产生与"贵族即是义务"这一职能观相结合的能动的功绩主义。这两种意识的界限在现实中非常暧昧，同样的界限暧昧还存在于"民主意识"或说"平等意识"中（比如把"质"的等级制在"量"上平均化，抑或用人民与权力的合一神话把体制妖魔化）。

对于民权运动的社会基础或其精神上的"士族"或"乡绅"要素，我们不仅要从这些要素的"制约性"出发，看到它尽管有进步性却是"封建的"，同时还要看到，正因为它是"封建的"，才成为抵抗的能量来源。只要明治政府在官僚制的高速构筑过程中，如"论及其家（福岛县三岛通庸的家），与旧幕府时代的大名家一般无二，府内一共六十三人，连府中的传信之人都成了八九等的属官。这些人虽为属官，却只在三岛府内传信办事，无法前往县厅办公，一众县官几乎如同三岛家的奴隶"（花香恭次郎关于福岛事件的陈述《福岛事件高等法院公判录》[1]）所陈述的那样，就不可避免地会调动起与近代专

---

[1] 明治十五年（1882），福岛县令三岛通庸不顾当地居民的反对，在会津的喜多方建设连接栃木、新潟、山形县的道路，并针对反对派居民在福岛县内自由党员的指导下开展的抗议行动，相继逮捕了指导运动的自由党员和当地居民。花香恭次郎即是被逮捕的自由党员之一，后被处以颠覆政府罪，成了"国事犯"。——译注

门官僚制相去甚远的、字面意义上的"家产"精神，那么与之做抵抗的民权运动，把从体制中分离出来的另一种"封建世之精神"作为据点，从政治运动的能动性上看，未必就是"反动的"。[1] 不如说进一步来看，在德川幕藩体制下，本来的封建特质（不只是武士阶级，寺院、商人、商会、邑村的乡绅等多元中间势力的广泛分散和独立性）已经被极大地削弱，而"身份"或"团体"的抵抗传统的根基也变得很浅，这使得明治政府一君万民的齐平化进程有了相对容易推行的基础。民权运动中的政治主义或集中主义倾向（"今之民撰议院论并非努力扩大人民之权利，不过想分政府之权，与其一同统治罢了"[福泽谕吉：《觉书》]），也与这种自主性团体（Gemeinde）的传统薄弱有关。回顾日本的"近代"发展历程，可以说植木在前述议论的结尾处发出的感叹："士之精神"这一"无双且珍美之物，若不趁着现在保存起来，日后必不可复得，快点意识到这点吧"，实则超出了论者的本意，散发着更为深远的象征意味。[2]

---

[1] 政治过程中的进步与反动，未必与生产方式的历史"发展阶段"论上的进步与反动是一致的。这一问题在丸山的《反动的概念》（《岩波讲座 现代思想》第5卷）中有所触及。

[2] 我们以《西南记传》（下卷一）中的下述故事为例，来一窥在自由民权运动与"士族反动"最纠缠不清的初期阶段里，战场上的"名誉观"有着怎样的表现。熊本民权党中投靠西乡军的协同队败相昭然，队员围绕该自杀还是该互刺争论起来。协同队领袖的崎村常雄重申了一同举兵的目的，他提议：在百战连败的今日，不能白白浪费一兵一卒，"应当效法现今文明诸国里流行的'阵上虏'（指战时俘虏——丸山）……从容就缚，在法庭上陈述自己的志向"，最后向官军投降。后来在法庭上，每当裁判官说道"降伏"或"归顺"时，被告就会异口同声地说，"我们不悔为阵上虏"，并向裁判官解释国际法上的俘虏一词，没有丝毫屈服之意。尽管这个叙述不免有夸张的成分，但这里表现出的"精神"，至少跟东条英机的《战阵训》相比更加"近代"。

五、信徒与臣民

在当今世界上，"国家（nation）"在忠诚市场上即使没有垄断地位，也被公认有着寡头地位。不过，从人类史漫长的发展历程来看，这是个很新的现象，在人类的忠诚对象里，不如说向来是宗教上的绝对者（或其代理人及教理）占有绝对的比重，即便在今日，广泛的"发展中地区"仍是如此。在世界史上，世俗的政治权力与教会的宗教势力围绕忠诚的争夺在各方面都发生过激烈冲突。众所周知，在孕育了国家这一政治体（body politic）原型的欧洲，国家与教会的关系不仅是思想史的，还是广泛贯穿于文化史、政治史的主旋律；并且，直至19世纪，国家忠诚才终于在现实生活中占了绝对优势。当马基雅维利吐露出那句有名的"我爱祖国胜过爱自己的灵魂"时，他还不得不面对同辈人说他犯了渎神之罪的汹汹指责（转引自 Morton Grodzins, *The Loyal and the Disloyal*, 1956：9）。那么，日本的情况又是如何呢？

所谓的神道，无论是作为国家神道，还是作为共同体的民俗信仰，从一开始就并非与世俗权力处在紧张关系中，不如说正因为它在本质上与世俗权力相融合，所以根本不存在世俗权与教权的相克问题。虽然佛教作为世界宗教是彻底的超验信仰，但其舶来的原委或"镇护国家"的传统，使"沙门不敬王者"这一原始佛教要素有了显著的改变，尤其是佛教通过"本地垂迹说"[1]与日本的神佛发生了"习合"。尽管如此，直到战

---

[1] 本地垂迹说：将佛教的佛菩萨信仰与日本古来的神祇信仰加以同化的学说。该学说

国时代，正如法然、亲鸾、日莲等人的法难，北陆、三河的"一向一揆"，还有比叡山、石山本愿寺与信长之间的激战所象征的那样，虽然佛教世俗化了，但它仍然有着一定的对抗政治权力的能量。可是到了德川时代，自从寺院被彻底剥夺了自主性的势力基础，并被置于寺社奉行的掌控下，吸纳为行政机构的末端以后，佛教基本失去了对抗世俗权、与之争夺忠诚的可能性和现实性。即使在日本近代，也只有在幸德事件（大逆事件）、昭和初期的"新兴佛教青年同盟"[1]等极少数的案例中，才能看到从僧门走出的权力反叛者。甚至可以说当基督教的信仰自由成为棘手的问题时，佛教非但没有从宗教的立场出发与其成立统一战线，反倒从对基督教的敌对心出发，多数情况下都主动充当了动员国民向世俗权效忠的角色。于是，在日本近代，宗教忠诚与国家忠诚的问题，或者更直接地说，对神的忠诚和对天皇的忠诚——这两者之间的紧张与相克问题，基本上是围绕基督教展开的。

精神气象的变化与基督教

进入明治二十二、二十三年（1890），政府在对自由民权运动强力镇压的基础上，相继颁布了帝国宪法（1889年）和

（接上页注）
主张，佛教的佛菩萨为了拯救众生，在现世的临时姿态就是日本古来的神祇，佛菩萨是真实的身，神则是临时的身体。——译注
[1] 新兴佛教青年同盟：昭和前期的社会主义佛教运动的组织。1931年，妹尾义郎受到社会主义思想的影响，将佛教与社会主义相结合，成立了新兴佛教青年同盟。该同盟从佛教的立场出发批判资本主义。——译注

"教育敕语"（1890年）、实施了市町村制度（1889年），天皇制的"正统性"在原则上得以确立。差不多从此时开始，"臣民"为日本帝国教义体系所同化的进程得到了社会规模的展开，到了明治三〇年代中期，这一进程姑且算是完成了。在经济上，明治一〇年代的资本原始积累过程无情地摧毁了地方产业的自发性萌芽，进入明治二〇年代，日本的"政商"型资本主义在这个基础上得到了真正意义上的发展。明治二十四年（1891），德富苏峰创办的《国民之友》杂志写道："直至此前，还扼腕切齿地挥舞手杖，穿着高木屐的世之壮士们，也都拎起手提革囊，穿上了新式西装，开始四处吹嘘自己实业家的身份，可见，社会里当真吹起了实业之风。"全体制意义上的日本"近代"，可以说正是从这个时候开始的。

尽管跟其他制度性领域相比，社会意识的连续性更强，但明治二〇年代以后的一般性精神气象，还是在各种层面上都有了很大改变。宫崎滔天回首少年时代，说道："我的亲戚和村中妇老都极力劝我成为兄长那样的人。这个兄长即是我的长兄八郎，他在明治初年主张着自由民权论漂泊四方，最后在明治十年的西乡之乱中战死。因此，我虽不知什么是大将豪杰，却想成为大将豪杰，虽不知什么是自由民权，却总觉得自由民权是好的，我认为所有的官军、官员和袒护官方的都是盗贼恶人，而所谓的贼军或谋叛，则一定是大将豪杰该做之事。"（《三十三年之梦》，大正十五年[1926]）即使还要考虑到熊本的地域条件和宫崎本人的性格，我们仍然可以说，进入明治二〇年代后，从西南战争到自由民权期里弥漫的这种氛围很快淡出了历史舞台。

尽管"国体之精华""冠绝万邦的君臣关系"等观念本身，自"王政复古"以来便一直为人所倡，但在此前，关于哪些具体的政治形态是维新精神的正统实现，哪些是国家忠诚（爱国）的体现，还有很多解释的可能性。正如前文所述，自由民权运动便以此为据点，援引五条御誓文和明治八年（1875）的立宪政体之诏，极力主张明治政府违背"圣意"，背叛了维新。这种"合法性"或说国家忠诚的判定权，在帝国宪法和"教育敕语"颁布后，为政府一方所占有，不仅如此，国家忠诚和对天皇人格的忠诚，也在堂而皇之的"忠君爱国"这一象征下，逐渐融合在了一起（井上哲次郎依然在写于明治二十四年[1891]的《敕语衍义》里使用"共同爱国"一词，便象征了此时正是一个转换期）。

尽管在维新后，以安井息轩的《辩妄》（明治五年[1872]）为首的文章仍在断断续续地对基督教发动着传统的（自近世初期的天主教时代以来的）意识形态攻击，批判基督教"藐视君父"，但从整体来看，截至明治二〇年代初期，教团活动一直十分活跃。尤其是明治一〇年代基督教的发展，无论从其指导者来看，还是从农村的社会基础来看，都与自由民权运动高度重合。并且，民权运动大约在明治十六年（1883）后，陷入了"连续镇压→内部分裂→暴动化"的恶性循环而走向低潮，基督教的发展轨迹则恰好与其交错出剪刀（schere）的形状，"复兴"运动后的基督教得益于欧化主义的浪潮而一路上升。小崎弘道的《政教新论》（明治十九年[1886]）一文，对既有意识形态的勇敢批判及其明亮的色调，便极好地展现了这一阶段中"前卫"基督徒所处的位置以及他们的姿态。该文写道："在未开化的国家里，只有（君主的）权势独大，臣下不过是他的隶属罢了。……所以其风教只有忠之教，没有君主应侍奉臣下的教诲"，然后提出了"随着人民思想的进步，君臣关系转而变为政府与人民的关系，思君之心转而变为主动的忧国之心，忠节之教转而变为爱国之教"这样从忠君到爱国的忠诚进化的主张。与其说这一主张继承了前文植木枝盛等民权论者的逻辑，不如说从它以异质的原理正面抨击"儒教主义"的公式性来看，它与恰好在同时期初露头角的同志社出身的德富苏峰的平民主义非常接近，这无疑代表了"新日本之青年"（德富苏峰于明治二十年 [1887] 发表的文章的标题）昂扬的精神面貌。前文提到的明治二〇年代初期的舞台转换也正是从此时开始。

在作为社会问题的忠诚与反叛上，经常有边际效应的法则在发挥作用。基于昨日的同一信条的同一言论或行动，随着周遭形势的改变（与本人意图无关），在今日迅速沦为社会能够容忍的忠诚范围的底线，到了明日，又被打上不忠诚甚至是反叛的烙印，这种事屡见不鲜。于是，满怀对光明未来的期许一路走来的基督徒们，在某天早上醒来，发现周围泛起了不好的苗头：也就是以著名的内村鉴三不敬事件[1]为契机，迅速成为

---

1 内村鉴三不敬事件：1891 年 1 月，在第一高等中学校的"教育敕语"奉读会上，内村鉴三从基督教信仰出发拒绝向"教育敕语"的天皇署名行礼。随后内村被学校开除，背负着"国贼""不敬汉"的骂名在关西各地流浪。在帝国宪法和"教育敕语"将天皇神权化的初期阶段里，内村事件象征了天皇制与基督教的对决。——译注

舆论焦点的"教育与宗教的冲突"问题。

刚从德国留学归来的"新锐"哲学家、帝国大学教授井上哲次郎，在明治二十四年（1891）出版了半官方性质的教育敕语注释书《敕语衍义》的同时，又在《教育时报》上发表了《帝室与宗教的关系》一文，此后他一直攻击着基督教，以明治二十六年（1893）《教育与宗教的冲突》的出版为最高潮。面对井上的攻击，横井时雄、高桥五郎、植村正久、小崎弘道等基督徒，以及大西祝之流的基督教"支持者"也进行了猛烈回击。关于这场激烈论战的内容、经过及影响已有众多著作介绍，本讲座系列（《近代日本思想史讲座》）也涉及了其中的多个侧面，这里就不做展开了。这个历时数年的盛大论战，无疑并未直接对日本基督教的思想方向产生致命性影响。尽管在井上哲次郎盛气凌人的论调背后，一般意义上的国家主义（相对此前的国民主义而言）风潮在急速抬头，但这个阶段朝野内外的民族主义（nationalism），与甲午战争后的民族主义在很多点上都还有所不同。臣民基于天皇制的同质化，尚还需要一些时日才会在社会范围内得到渗透。

尽管如此，不可否认的是，以这个问题为契机，对待基督徒忠诚问题的态度开始蒙上一层前所未有的阴影，并且这一阴影还在不断加深。当初，针对内村事件发出的声明："如果说皇上是神，要向其行宗教的礼，那我辈不得不拼死抵抗"（押川方义、植村正久、三并良、丸山通一、严本善治：《告于世间有识之士》，《福音周报》第51号），及至针对"冲突论"发出："政治上的君主不得做违背良心的事，不得侵入上帝专属的神圣领域,基督徒作为国民的一员,既有服从政府的义务,也有服从神的义务"(植村正久:《今日之宗教论与德育论》,明治二十六年[1893]),丝毫不回避问题核心,但积极抗争的基督教阵营,也在看不见的社会压力渐重之下,逐渐采取了防守姿态。那些对个别攻击者展开的猛烈回击,最终也不得不改变立论的根据,转而强调基督教与忠孝决不矛盾,或基督教与忠君爱国相一致,正好比在对手的场地上与其争论一样,不断被逼入绝境。而这一趋势直到最后也未能迎来转机。

与平田笃胤所做的工作相反,海老名弹正[1]试图把神道整个地纳入基督教中。就算暂且不谈这个例子,甚至连曾经在《政教新论》一书中明快展开其原则性立场的小崎弘道,到了明治晚年也开始说:"在基督教里,忠君与信仰是不可分割的。想必将来的真正忠臣,成为皇室藩屏的人,也一定是有此信仰之人。"(《基督教与吾国国体》,明治四十四年[1911])始终不忘"顺从神,不顺从人"这一基督教忠诚的核心,坚定地与政治现实做对决的明治基督徒,只有柏木义圆、植村正久,以及后文将要介绍的内村鉴三等极少数的几位。[2] 柏木义圆写道:"现在,是忠孝之名阻碍了思想自由,是忠孝之名压抑着人的

---

1 海老名弹正(1856—1937):明治、大正期的天主教牧师、教育家,毕业于同志社。他将神道与基督教混交合,试图建立"日本的基督教"或说"神道式基督教"。——译注

2 就此而言,在日本的土壤上,德国图宾根学派的所谓自由主义神学的影响,即其对教义的批判,反倒在基督教"日本化"的名义下,带来了基督教与天皇制或"家族主义"的妥协。与之相对,植村、内村、柏木等人所代表的抵抗路线,反而发轫于坚守正统派信仰的集团。这是个耐人寻味的历史悖论。

理性，是忠孝之名充当着伪善者粉饰自身的道具，这些奇怪现象并非只存在于教育社会。借着敕语，它还成了排除凌驾于君父的最上者的工具，这是何等之诡谲。"（香峰生 [柏木义圆的笔名]：《敕语与基督教》，《同志社文学》第 59、60 号，明治二十五年 [1892]）植村正久说："真正的自由就是真正的顺从。人终究无法超越顺从。不顺从神，就得顺从世。……只要侍奉于该顺从的，就能避免屈服于不该顺从的。"（《真正之自由》，《福音新报》437 号，明治三十六年 [1903]）但在过早地发出"基督徒啊，连你也……"此类感叹之前，我们有必要试着去想象：在社会主义运动还未发展壮大的当时，身为天皇制忠诚几乎唯一可能的对手而被孤立的基督徒所肩负的巨大社会压力。在这个意义上，下文将以广津柳浪于明治三十年（1897）发表在《文艺俱乐部》（第 3 卷 1 号）上的短篇小说为例，来一窥当时的精神气象。

广津柳浪的《非国民》

小说的主人公是离牛迂不远的一个教会的长老、二十六七岁的青年箱崎。他还是位新体诗人、小说家、批评家，在报社工作。不甚注重外表，就算穿了两只颜色不同的袜子也无所谓，是社内知名的"独行侠"。他刚与桂操的妹妹花子订了婚。小说的第一个场景发生在桂操的家里，桂操与年满六岁的孩子英雄对话。英雄从"日本的天子最伟大"的联想中，想到曾听主日学校的老师说神创造了世界与人，于是天真地说："父亲，这世界上，天子和神最伟大对吧。"这无心之言令桂操感到不快。最后，当英雄问起，"父亲，天子和神，谁更伟大？"时，桂操再也无法忍受，严厉地叱责了英雄："……只有天子能被称为日本人的神。明白了吗？这种话可不能乱说，这是大不敬"，并禁止英雄再去主日学校。桂操向妻子小夜说起这次对话，仔细叮嘱妻子："……现在给英雄的小脑袋瓜里灌输那样的思想，将来还不知会给他带来什么害处。日本人无论做什么都要讲忠君爱国主义，你也须谨记这点，以此教育英雄……"

场景切换到教会。在教会里，山川牧师和田泽等三位长老因为宫城县海啸的募捐问题，与箱崎发生对立（在作者的设置里，山川等人代表了万事圆满的妥协派基督徒，箱崎则代表了原教旨主义者，但作者并未特别同情箱崎）。箱崎对前来教会的未婚妻花子说："日本定是犯了不义之罪。……以义战为名掠夺人的国，这绝不是义士该做的（无疑指的是甲午战争）。……正如一个人一样，一国也必须接受神的惩罚。此次宫城县海啸即是神罚……若说不幸，宫城县的人民诚然是不幸的。但神绝不是只在惩罚宫城县的人民。……我认为忤逆神的旨意，假装自己是慈善家的，都是伪善之人。"他希望花子能够按照自己的原则行事。花子经过一番犹豫，最终下定了决心。花子回家告诉兄长夫妇，她不捐钱了。桂操很震惊，但他相信，"箱崎之所以会唱起这样的异端邪说，只是因为年纪尚轻，拘泥学理，还不懂得观察真实世界，早晚都会回到正轨"，于是继续推进妹妹的婚事。

之后，在天长节当日，箱崎与花子在教会举行了婚礼，迎来了小说的高潮。箱崎在布道台上讲："我等信主之人要深信，万国的民一起跪拜在唯一神前的时刻终将到来……我等盼望的神的国度一旦来临，必是无君无臣的平等世界，除了拥戴天父，再无须跪拜、侍奉、尽忠义的对象。我等要深信，这样的时代会提早到来。"箱崎说到再临之日，引起了场内的一片喧哗，桂操想到自己竟"被拉到这等大逆之人面前，听这等不合理不合法的宣言"，气得不能动弹。箱崎又继续说起没有征兵、没有"战争等杀人蛮行"的世界，并朗读起坚持绝对的和平主义而拒绝入伍却最终被送入监狱的荷兰青年写给司令官的信，箱崎说道："日本人若不趁现在多庆祝天长节，待神的国度来临之时，可就没有须祝福的君主和国了。你们要谨记这点。"台下响起了"非国民"的呐喊。

台下既有为箱崎的话感动的年轻人，也有叱责箱崎的声音，在满场喧嚣中，一位叫曾我的信徒站起来展开激辩反驳箱崎，桂操也受到鼓舞，从座位上叫了起来："不忠于现世帝王的人，怎能忠于来世的帝王？人既活在世间，必有父子之序……托尔斯泰能打破亲子之序，打破亲子之爱吗？如果不能，那么人也必定无法摆脱尊卑和阶级……托尔斯泰是俄罗斯帝国的非国民……任何在吾国拥护他原则的人，都是日本帝国的非国民。"箱崎试图辩解，却被山川牧师打住，众人开始了祈祷。接着，桂操向山川反对了这门婚事。箱崎颤抖着发问，如果花子偏要当非国民，要怎么办呢？桂操说，如果是这样，便尊重花子的决定。这一切都归结于花子的回答。花子陷入苦闷，然后崩溃："我无法背叛我的国和我的兄弟。我既是日本人，面对我的国与我的爱，我将舍弃这爱。愿主怜悯不幸的我。"随后，因为此事，主日学校失去了学生，半数信徒离开了教会，箱崎也被"教会政治"除名，连报刊上也难见到他的笔墨。不过，花子仍是一如既往地前往教会，热心地做着祷告。

这个"通俗"小说是否有原型就不得而知了。柳浪对箱崎这类布道派的"世界主义"的认识也许是值得商榷的，不过，在明治二〇年代末（小说结尾写着明治二十九年[1896]十二月十三日未定稿），天上的"神"与地上的"神"——这两者之间的忠诚相克，正是这样被一个文学家把握为社会问题的，这一点还是能给我们带来不少思想史上的启示。

内村鉴三眼中的问题所在

说起在日本近代的基督徒中，有哪些思想家始终从信仰的立场出发，与国家的忠诚问题进行正面对决，无疑任谁都会首先想到内村鉴三。他在所谓的"爱国心的噪音几乎淹没国土，却未能孕育出一个爱国者"的氛围里（《病态的爱国心》，《万朝报》，明治三十一年[1898]，原文为英文），始终像个先知一样，集中体现了"为了日本国"的自我与"为了耶稣基督"的自我之间的矛盾紧张。内村的特异性既不在于他仅忠于圣经所命，拒绝向"世间"妥协，也不在于他将柳浪等人所谓的"世界主义"或是对人类的爱凌驾于对祖国的爱（如果只是这样，那么白桦派与内村的差距也就不会如此之大了）。内村既没有将世界把握为纯粹的空间，即包含了诸国家在内的更广阔的领域，也从未把人类看成遥远的存在，而非身边活生生的人。"论及对人类的爱，现在的日本人一定会理解为要去爱外国人。

说，'我们虽说要为了世界，为了人类做些什么，却不能就此舍弃此国与此民'。但是，再没有比这更荒谬的了。……离我们最近的人类即是吾人的同胞，我们首先要去爱包围我们的同胞。也就是说，即使对我们的婢仆也要显示人类的同情。即使是拉我们的车夫，只要并非牛马，而是人类，我们就必须向他们显示人类应有的同情与尊敬。"（《东京都立杂志》第17号，明治三十一年[1898]十二月二十五日）

正因为内村彻底否定了"内"与"外"的远近之别和这种甄别方法，世界与日本、人类与日本人才会始终以重像的方式投影在内村心中。在内村看来，根本就不存在是人类爱还是祖国爱，是世界主义还是国家主义，是国家主义还是个人（人格）主义这样的二选一问题。这些都是伪问题。在任何时候，相互对立的都是日本与日本，是在神的无限恩宠与荣光下恪守天职的日本，与充满腐败、粉饰和伪善的日本，正是自己同时且不可分割地从属于这两个日本的内在意识，孕育了内村忠诚观的辩证法。[1] "难道有人生于日本而不爱日本吗？不过

---

[1] 无须赘述，在人与尘世的政治权威的关系中，既有人为肉体所束缚而无法摆脱强制的一面，也有在神的荣光下享受无限祝福的一面，这两个侧面在实体上构成了难以分割的二元对立，这一点孕育了基督教式忠诚观的能动性。由此，《罗马书》第13章中著名的保罗的顺服之教诲，与由《使徒行传》第5章的"彼得的条约"所象征的不顺服的义务，引发了本质上的内在的忠诚相克。然而，当基督教式的人格的内在性伦理，与日本的精神土壤相结合时，因为大部分思想家和文学者将其运用于，与"世间"在领域上相区分的自我的"私"化方向上，或说是把凌驾于"世间"的"自然"与自我相结合的方向上（或者是两种倾向的结合），所以这种忠诚的相克很难成为自我对社会的能动工作的精神源泉。在这个意义上，就明治二〇年代初期，山路爱山和北村透谷之间著名的"人生相涉"论争而言，尽管两人都是在初期基督教

有人形式地在爱，有人真心地在爱……[1]有人'忠君爱国'地在爱，有人纯粹地在爱罢了。"（《东京都立杂志》第 8 号，明治三十一年 [1898] 九月二十五日）"我辈该为日本国而去爱日本人，不该为了日本人而去爱日本。日本国是有着明确的理想与天职的 nation（不可译为"国家"），正如纯洁无垢的处女一般。与之相反，日本人中还有熊袭八十枭帅的子孙后代，还有阿伊努人、克鲁波克鲁的遗孽，还有大和民族中掠夺者的后裔，他们的目的皆是卑贱的，与日本国的理想相去甚远。他们性喜掠夺，爱好虚名，喜欢夸示仁义，他们谄媚强者，欺压弱者。但我辈也须去爱他们……日本国岂等于萨长政府，我辈该为了我辈的纯净，立即与之保持距离。日本国又岂等于自由党、进步党抑或帝国党，我辈当唾其面，绝不能任由他们来污染我辈视听。也就是说，如果我们明白，日本国即是日本国，是凌驾于政府和政党之上的存在时，我辈自甘奉献所有，供其所用。"（《东京都立杂志》第 46 号，明治三十二年 [1899] 十月十五日，括号和着重点为原文所加）

（接上页注）
新鲜的、充满活力的氛围中长大，且都是因与通俗的功利主义和通俗的反俗（！）主义进行勇敢的两面作战而在思想界中崭露头角，但爱山的行动—业绩价值却与透谷的"内在生命"价值，呈现为两条不相交的平行线，不得不说这是日本近代思想史的一个不祥的"征兆"。

尽管日本封建忠诚的精神气质里既没有彻底的原理超越性，也没有人格的内在性，却有着感情伦理与行动—业绩价值的特殊的结合方式。然而，在其解体后不久渗透而入的"近代"精神里，内在感情的一面，开始表现为有着适当范围的私人空间的"个人主义"；而强调行动—业绩价值的一面（无论是与"成功"和"富国强兵"的象征相结合时，还是和与之对照的"革命"的象征相结合时），则日益发展为基于他人导向型的行动方式的集体主义。

内村从前述那种双重的日本图景出发，开始独自重新定义忠诚与反叛。他首先采取的方法也同样是沿用传统范畴，但重新诠释其内涵。

"成败不是衡量人真正价值的标准，若非如此，楠木正成就成了大逆无道的臣子，足利尊氏则成了圣贤君子。前者之所以是忠臣，因为他抵制世俗且最终失败。后者之所以是国贼，因为他利用时势且谋取了成功。忠臣还是国贼，只关乎正义，无关成败。"（《东京都立杂志》第50号，明治三十二年[1899]十一月二十五日）以"原理"为尺度的判定方法和具体案例，都与前文赖山阳的议论（参见本书第21—26页）不谋而合，不过"大义名分"的含义在这里已经有所改变。跟福泽通过暴露"大义名分"的意识形态作用（对既有体制的追认）与现实对峙的方法正相反，内村通过将"原理"纯粹化来否定那种追认现实式的价值判断。

内村还经常把通用的忠诚观念作为悖论来使用。"对君主的不敬，是举国一起加以斥责，穷追猛打。对民的不敬，则是国民一起沉寂，不加反省"（《万朝报》，明治三十年[1897]九月二日，着重点为原文所加），"当我的爱国心暗自燃起，我就想议论国事……但我议论国事，却要冒着被视为国贼的危险，因此我只能努力压抑自己的爱国心，试着做个顺良忠实的民"（《东京都立杂志》第26号，明治三十二年[1899]三月二十五日）。不过，内村又更进一步，颠倒了忠诚与反叛的价值，试图以此强调谋反的积极意义。"无论在哪个国家，在哪个时代，真正的政治都在政府之外，真正的宗教都在寺院或教会之外。

背叛北条政府的楠木正成，开了皇运中兴之途，背叛西班牙国王腓力二世的威廉一世，奠定了荷兰共和国之基础，开了英美两国普及新制度之端。释迦摩尼被婆罗门教逐出宗门，基督则是犹太教会的谋叛者。尚不知我辈中有不是谋叛者的大改革家、大宗教家、大爱国者。"（《东京都立杂志》第24号，明治三十二年[1899]三月五日）

他仿佛从邻国清帝国戊戌政变中呈现出的国家晚期症状里，看到了忠诚范畴被彻底颠倒的实例。"在海的西面，满洲的顽固党肆虐逞威，革新党或被驱逐，或遭刎首，又或被投入监狱……结果不就导致了国家濒临灭亡，领土行将被瓜分？改革党的贼子，试图保全国家，反被赶下台来；保守党的忠臣，身为亡国者，反而受到追捧。……在海的东面，本愿寺、贵族院这帮保守党相互勾结，或攀附权门，或拥戴势家，看到主张民权之人，便斥为乱臣贼子，在高等教育会议上发布排外决议，又或如石川舜台的檄文一样，在护国拥法的名目下，打击进步的制度和宗教。在海的西面，保守党的跳梁带来了社稷的覆灭。在海的东面，恐怕也会由同一原因带来同样的结果。"（《东京都立杂志》第12号，明治三十一年[1898]十一月五日）

于是，当内村企图扭转忠诚与反叛的这种倒错时，开始有了先知般的激进性："按照东洋的伦理，无论在什么场合下，下位者都没有对抗上位者的权力。政府在上，人民在下……日本人的政治思想需要根本性的革命。若非如此，在不远的将来，宪法政治就会永远从日本绝迹。"（《东京都立杂志》第2号，明治三十一年[1898]六月二十五日）不过，需要注意的是，内村对"根本性革命"的激情，既非来源于理想对现实的抽象对峙，也非来源于对"必然发展"的信仰，它始终发轫于"神之子民"与"自然的人"同时存在的意识——发轫于两者在碰撞中产生的激烈火花。正是这一点，使内村的忠诚观在日本近代史上有了特殊的位置。

基督教与抵抗权

内村与前文的自由民权论者一样，对传统的"封建"伦理给予了否定与肯定的双重评价。他一方面主张所有的东洋伦理都没有"对抗上位者的权力"传统，并基于"西洋伦理"批判了奴隶式的家臣道德，在另一方面，他又自诩为武士之子，作为"代表的日本人"[1]对日莲和西乡隆盛怀有很深的亲近感。他那抵抗明治政府的呼吁与传统的忠诚观相互纠缠，这一点在《起来，佐幕之士》一文中表现得最为明显："给诸子安上贼名，屠戮你们的近亲，将诸子置于三十年也无法排解的忧苦之中的萨长之辈，不正在把日本国民视为满足自己私利的道具吗？如果云井龙雄尚在人世，他们有何颜面面对这等清廉之士。以勤王之名挥动锦旗，最终执掌日本国实权，他们的行动该如何评价？维新改革并非道义之改革，而是利己的掠夺，从今日呈现的结果来看，这不是很明显吗？呜呼，今日当为诸士洗刷贼名。诸士为何还不起来。"（《万朝报》，明治三十年

---

[1] 内村鉴三为了向西欧社会介绍日本的文化、思想，在1894年用英文写了《代表的日本人》。该书主要收录了内村鉴三关于西乡隆盛、上杉鹰山、二宫尊德、中江藤树、日莲等人的评传。——译注

[1897] 四月二十日）

不仅是内村，本多庸一、植村正久、井深梶之助、押川方义等明治初期的基督教指导者们也多是旧幕臣，抑或出身于佐幕诸藩，正如山路爱山早就指出的那样（参见《现代日本教会史论》，明治三十九年[1906]），他们在青少年时代里对"战败者的痛苦""国破山河在的逆境"的体验和对世俗地位的断念，成了他们信仰告白的心理契机。在明治初年，皈依基督教这一行为本身，就要多少伴随着对"世间"的反叛或独立，因此，初期基督徒的行动方式也顺理成章地直接从武士的精神气质里汲取能量。

不过，这里不得不注意的是，尽管从谱系上看，初期基督教的指导者与民权运动的指导者，在社会基础和精神气质上共享着同一个"根"，但这个"根"的实体在数十年的岁月里已经有了很大改变。士族已经不再是独立的社会阶层。那么，和士族一起构成有活力的中间层，支撑着民权运动的"乡村绅士"，在此后又有着怎样的命运呢？我们不妨来看德富苏峰的记述："有的成了町村的官员，开始与郡官、县官直接交涉。……他们很快被官僚化。他们有的成了县议会的议员或常设委员，一年中有一半或若干时间在地方小都会。于是他们很快被城市化。城市化也就是所谓的软化。他们有的成了国会议员，或者是请愿委员，或者是全体代表，被人推荐又或自己主动地来到东京。他们很快被都市化。不，不如说他们正是为了被都市化才上京的。"（《中等阶级的堕落》，《国民之友》第172号，明治二十五年[1892]）换言之，官僚化和都市化这一双重意义上的"近代化"浪潮，早已大幅度削弱了这类中间层的自主性基础，致使他们或是走上"月薪族"、寄生地主之路，或是被集中扫到"车夫马丁"所在的下层社会。因此，在这样的舞台暗转后，明治三〇年代的基督徒即使继续强调"封建精神"，却再也无法唤起民权运动期里那样有活力的反应了。不，在另一种意义上倒是有了反应。明治三十年（1897）前后在思想界初露锋芒的"武士道"热潮正是如此，这显然反映了甲午战争后的国家自负和军国色彩的复古风潮。在这个意义上，像海老名弹正那样，将基督教精神与武士道精神进行直接结合的尝试，不如说在这一阶段里紧紧跟随着体制一方的精神动员路线。这一路线与明治四十五年（1912）的"三教会同"[1]是一脉相连的。前文里内村那种对"佐幕的"抵抗的呼吁，正是在这样微妙的阶段里迸发出来的。

如果冷静地看当时的形势，这里对封建忠诚的强调，只在反动的意义上起了作用，相反，就算与抵抗的构想相结合，也无疑是缺乏社会基础的"荒野"里的呐喊。而内村也一定深谙此道。不过，他看到来自所谓的人道主义或社会主义阵营的"解放"声音，对自我和集团有着太过直接的肯定（反过来说便是内在束缚性的意识很弱），就内村而言，要想唤起社会对天皇制忠诚的抵抗，也只有依靠这个万般无奈的逻辑。于是他的语调自然也会带有近乎自虐的嘲讽。

日本的基督教不可思议地与天皇制快速同化，这不仅牵涉到个别基督徒精神结构的问题，还与明治时期基督教主要社会基础的推移密切相关。明治初期向地方农村积极布道的做法陷

---

[1] 三教会同：由政府所主导的神道、佛教和基督教三教的联合政策。——译注

入了僵局，教会逐渐向大中型都市聚拢，这与前述自主中间层的变化互为因果，推动了"臣民"对"信徒"的吸收。

尽管明治一〇年代的自由民权思想，缺乏对抵抗权发动的构成要件、主体、程序等的考察，但都普遍发现了抵抗权这个一般性构想。在欧洲，抵抗权思想发轫于基督教，其发展历程也与基督教密不可分，相比之下，日本近代的基督教，却连自由民权运动里那样暧昧的抵抗权思想都没有孕育出来，不得不说是个很大的问题。[1] 比如在加尔文看来，权力对信仰自由的侵害无疑是对神的主权的反叛，而对此行使的抵抗权则是要恢复被侵犯的神的主权，是信徒的神圣义务。[2] 侵犯了信仰自由的君主，"连蝼蚁、蛆虫都不如。因为连跳蚤都是神的创造物，相比之下，作为神的代理人，为神所任命却又侮辱了上帝，顶多是个无赖汉"。

---

[1] 当然，除了教会的抵抗权外，欧洲的抵抗权思想还有另一个源流，即前述日耳曼的忠诚（Treue）观念。但后者，即所谓的武力自卫（Fehde）的行使，是一种习惯法，没有明确的路径。只有教会的抵抗权理论明确规定了抵抗权发动的程序和承担者。抵抗权的具体历史、社会基础，当然会因文明和时代而异，但至少抵抗权基础的广狭，与社会结构中家产官僚制要素的强度成反比，这是个一般性"法则"。日本"近代"官僚制正如"官吏服务纪律"所明确体现的那样，它绝不是单纯的功能性权限关系，它还含有全身心地服从天皇与上司的阶层关系，并且，这种范式还在企业等私的官僚制中广泛流传。

[2] 加尔文的理论构成是这样的：神在紧急情况下，可以不通过最高官职，直接通过中间机关的 Magistrate 发动其绝对主权。因此，中间官吏对于君主的独立性非常关键。博尔奇（Herbert von Borch）曾指出，加尔文抵抗权的历史基础在于，复数的自主性社会集团各自分割占有高权的前专制主义的身份制国家（*ibid*, p.190）。
总之，抵抗权无论是在理论上还是实际上，本来在实在法出现前，都是基于为保护作为具体事实的既得权不受权力的侵害这一思考方式而来的，在这个意义上，如果没有身份权（Standesrecht）抑或这种实感，就没有抵抗权（Widerstanderecht）——卡尔·施米特（Carl Schmitt）的这一命题（例如 *Der Leviathan in der Staatslehre des Thomas Hobbes*, 1938：71f.）有着超出语言游戏的深意。当然，这时的"Stand"未必就一定是字面意义上的中世的"身份"。

（*Institutio religionis christianae IV*, 69: 395）即使在各方面都与加尔文主义者很接近的内村，也与这种思考方式有着很大的距离（并非在表现的"过激性"上，而是在思想结构上）。即使是内村鉴三与柏木义圆对"忠君爱国"式忠诚的一贯批判，最终也没能建立在明确的抵抗权基础上。这无疑与两地宗教传统的差异等诸种条件有关。但同时，从日本帝国的顶点向下渗透的近代化进程，以异常的速度和规模瓦解着传统阶层与地方集团的自立性，直接与底层的共同体有了直接联系。其结果，对中间层来说，将其纳入公的和私的（例如企业）官僚编成的牵引力，远远超过了其作为"社会"的代表、与权力持续保持距离的那种力量——我认为如果忽视了这个巨大的社会背景，就没办法讨论上述问题。

六、忠诚的"集中"与反叛的集中

就一般而言，在个人同时从属于不同种类的复数集团，且个人忠诚也被多样分割的社会里，政治权力想要独占国民忠诚，或要在战争等紧急事态下快速集中国民的忠诚，都是困难的。不过另一方面，在这样的社会里——尤其是当其中的多样集团所依据的价值原理和组织原理也是复数的时候——即使个人被集团或其价值原理所异化，抑或归属感发生减退，这种异化和减退也会因个人向他同时从属的其他集团或价值原理投入更多的忠诚，从而得到补偿，因此，在整体上社会的精神安定程度相对较高。与之相对，如果政治权力与宗教权威合为一体，独占了社会忠诚，这反倒会在反面孕育出社会各领域的反叛能量一举向政治核心集中的可能性。这种可能性会在什么时候、以什么形式转换成现实性，自然是由各种客观情况和主体条件所决定的。总而言之，正如19世纪俄国沙皇制度的历史所典型表现的那样，忠诚的政治集中对体制有着雅努斯之头式的双重意义。日本帝国将德川时代还算分散的权力、荣誉、财富和尊敬等各种社会价值，快速地吸收到天皇制金字塔的胎内，相继去除了可能与其竞争忠诚的对手们的威胁，进而又把对国家（nation）的忠诚与对组织（官僚制）的忠诚合而为一，甚至更进一步，把对组织的忠诚与对被神格化了的天皇的忠诚合而为一。于是到了明治末年，当这个过程发展到了一定阶段，由"大逆"事件[1]所象征的反叛的政治集中一举震撼了日本帝国。

那么，尽管如此，明治天皇制与19世纪沙皇制度的命运分歧点在哪里呢？就本文的主题而言，归根结底，天皇制忠诚的集中无论在意识形态上还是社会结构上，都远比沙皇制度更为复杂，天皇制忠诚的"集中"在反面伴随了忠诚的"扩散"，不如说是加了引号的集中。

从象征操作的角度来看，下述动向便直接体现了这一过程：进入明治三〇年代下半段，除国家外，各种集团层面上也开始强调"家族主义"；所谓的"国民道德论"登场；以穗积八束为中心推动的小学校修身教科书的全面改版（明治四十三年[1910]

---

1 "大逆"事件：1910年至1911年，社会主义者、无政府主义者涉嫌计划暗杀明治天皇而遭到检举、处刑的事件。明治政府为了能有效镇压反体制运动，捏造了所谓的明治天皇暗杀计划，企图以"大逆罪"之名一举扑灭社会主义运动。幸德秋水被当成暗杀计划的主谋之一而处以死刑。——译注

改版完成）。在这里，重要的是明治二〇年代以来的局面转换。对于"忠君"与"爱国"的结合，在明治二〇年代，无论是象征的配给者还是接受者，都能比较清醒地认识到问题的关键在于忠诚的政治性筹办；与之相对，自明治三〇年代下半段以来，随着对"忠孝一致""先祖崇拜的传统""家族国家"等的强调，天皇制的忠诚象征逐渐社会化，作为政治装置的国家形象也逐渐退居其共同体形象之后（明治末年，正是在这样的背景下，天皇机关说[1]被穗积八束、上杉慎吉作为国体问题而首次提出）。

并且，这一舞台转换并非只是特定意识形态的"输入"问题，而是有其特殊的社会背景。随着寄生地主制在全国的"完成"，地主作为"国家"与"共同体"的自主性中介的机能逐渐为官僚制所吸收。也正因如此，中坚自耕农的维持与地方自治的"振兴"在明治四十年（1907）左右开始被提上日程。[2]系

---

[1] 天皇机关说：主张统治权在国家法人，天皇是国家法人的最高机关的宪法理论。日俄战争后，政党内阁制在日本国内初步得到确立，美浓部达吉提倡的天皇机关说成为政党内阁的理论支柱，为政治精英广泛接受。但在学界内部，穗积八束和上杉慎吉等人主张天皇主权说，将美浓部达吉的理论批判为"国体的异端邪说"。天皇机关说和天皇主权说之间的争论在这一时期还只是学界内部的争论，进入1930年代开始上升为政治问题，引发了著名的"天皇机关说事件"。——译注

[2] 明治四十一年（1908）八月八日的《东京每日新闻》有一篇《地方政务的现状》介绍了记者在东北地区的见闻："近日所到之处……例如红十字社、爱国妇人会、武德会、体育会等与政务无关的事业的发展，无不有着地方官的训导，实际上已经超出了训导，呈干涉之势……相反，各地方几乎见不到直接服务于自治体进步发展的事业"，文章讲到以功能集团为中介的官僚制家长主义在地方的渗透情况。山崎延吉在《农村自治之研究》（明治四十五年[1912]）中引用了这一报道，并感概道："一方面，地方官对人民采取了这样的措施，另一方面，尽管地方官的权威被适当地加以限制，但伸张民意的公家人，仍在为地方自治做着若干工作，可不幸的是，今日的公家人……却净是将地团团体视为政事对象的人，这样一来，人民究竟要通过什么来保全利益，获得安宁呢？"本应抵抗官僚化，维持国家与社会的二元性的"公家人"的消失，无疑正是前文曾引用的德富苏峰的"中等阶级的堕落"的终点。

统农会的成立（明治四十三 [1910]）、市町村制的修改（明治四十四年 [1911]）、"报德会"等兼具技术指导和"修养"性质的地方团体的涌现等，都体现了一种重建"邻保共助"系统的动向。"帝国在乡军人会"（明治四十三年 [1910]）的创立，也作为这种"地方自治"再建过程的一环，发挥了重要的社会作用。明治后期，在地方和都市的实业、教育、宗教、军事、社会事业等广泛领域里涌现的社会集团，无疑是第一次、第二次产业革命的自然结果，但无论从意图上还是从结果上来看，它们的活动都并不直接服务于体制统合。不过，这类一般性集团的涌现对于当下忠诚问题的意义，与其说在于它们的实质性机能，不如说在于被这些功能集团组织起来的成员于无意识中共有的忠诚范式。换言之，尽管这些集团和组织的目的是多样的，但其内部的人际关系和组织法则都是两种"模型"的结合（上层官僚制模型的"下降"，和下层家或村落共同体模型的"上升"），在这一点上它们大同小异，说得极端些，那里无疑是大小无数的相似三角形的集合。一君万民的天皇制集中，正因为这些机能多样、忠诚范式却整齐划一的社会中介的存在，才能呈现出宛如在向多元价值或复数集团分割忠诚的样子。这一点同时又导致集团甚至集团内部无限地向内收敛，越来越闭塞，又或者成了孕育本位主义[1]的温床。这一方面在很大程度上降低了社会效率，但不得不说，它在另一方面有效分散了天皇

---

[1] 但是，不得不注意的是，因为这类"派阀""学阀"抑或"部门"的本位主义是在巨大机构的内部，或说是这类机构通过叠加了十重、二十重的人际、物际网络所形成的集团里发酵的，所以没有本来的封建性"割据"的那种自足性和独立性。

制忠诚的过度集中带来的危险。

与之相对，反叛的政治集中是不加引号的，也就是单纯的集中。它结晶成了与被伪善、腐败和阿谀所腐蚀的体制做抗争的"志士仁人"的社会主义（抑或无政府主义），因此纯度很高，但在国民基础上与加了引号的天皇制"集中"不可同日而语。在这个时代里，"从下方"回应志士仁人的期待的，不是在安定生活里有着自主性组织且受过训练的无产阶级，而是在社会保护和福祉之外的、被遗弃在荒乱简陋的贫民窟式生活环境里、被残酷驱使着的半流浪的"劳动者群体"，和他们近乎生理爆发式的反抗（比如明治四十年[1907]以后，足尾铜山、别子铜山的暴动，以及基础产业里频繁发生的罢工）。无论从表现形态上还是从精神气质上来看，这些反抗与其说是"运动"，不如说与德川时代的"一揆""捣毁"等"骚扰"是一脉相承的；而从其生活基础的流动性、无根性来看，甚至可以说它比德川时代的"骚扰"更缺乏持续性，更难以积蓄成果（因此，一旦为军队、警察的组织性暴力所镇压，就会很快结束）。[1] 一方

---

[1] 在最初的"劳动组合期成会"的成立宗旨里，规定了"防止地位的堕落""共同提高品味""以此激发自主和自重心"，沿着这个方向，明治三〇年代以后，以造船、铁道、钢铁等重工业及军需产业部门为中心，工会运动得以兴起。但是最终，在"治安警察法"（明治三十三年[1900]）和其他的弹压下，本就基础薄弱的工会越来越难以扩大运动，而最初的自主性"地位（status）"的构想还未来得及生根发芽，便急速地"政治化"。这个过程里，工会的直接行动主义和议会政策这一对立问题中，还潜藏了各种不同维度的问题：关于劳动者权利的自然权构想和实在法主义的对立，围绕日常利益的拥护和体制"革命"的关系的对立，关于斗争方法的"积累"主义和"一举"主义的对立（因此在客观上还可能有着不同的组合）等。不过论争的当事者（有时候甚至是现在的运动史研究者），却没有清楚地意识到这种维度区别及其关系。姑且不论这点，尽管有着各种不同的语调，但从整体上看，由

面是外来的革命思想，另一方面是尽管自发却以失范（anomie）状态为基础的激情爆发，这两种纯粹的激进主义的"直接"结合，成了日本此后社会、劳动运动的长期传统。不过，在资本主义形势尚一片大好的明治末年，这一传统归根结底很难在一般国民的日常生活和日常关心中扎下根来。并且，像后文会论及的那样，尽管天皇制的忠诚象征在国内层面上以各种方式失去了强度，但甲午战争、义和团事变、日俄战争的相继爆发，以及随之而来的对外荣光，还是让共同体的国家形象得到了广泛流传。幸德秋水、木下尚江等"志士"便主张对忠诚象征的攻击与发展反战论的任务是紧密相关的，从这点来看，这一主张恰恰是正中靶心的；但也正因如此，他们不得不在由共同体情感所发出的"非国民""国贼"的骂声中保持着光荣的孤立。

米尔顿·迈耶在实况调查的基础上，尝试"还原"纳粹德国的精神氛围（Milton Mayer, *They Thought They Were Free*, 1955），他通过很多例证揭示：那里是两个完全割裂的相互间没有交流的世界——"忠"于体制的整齐划一的世界，与少数异端者的世界（当然其中一方绝对的大），因此无论针对小的世界颁布怎样严酷的法律，进行怎样严酷的镇压，大世界的居民也不会有任何切身感受。"在纳粹德国，不要说参加共产党人的集会，就连阅读《曼彻斯特卫报》都是危险的。但是，谁会想去

（接上页注）
"主义者"所指导的运动有着很强的正文中所讨论的那种特点。不过因为本文不会涉及大正以后的社会主义和劳动运动中的忠诚问题的历史过程，所以对于这种反叛集中的存在形态，在此只能非常蜻蜓点水地加以概述。

参加共产党人的集会或阅读《曼彻斯特卫报》呢？"（pp.51-52）如果把这句话里的"共产党人"置换成"主义者"，把《曼彻斯特卫报》置换成《平民新闻》《光》或《新纪元》等进步报刊，差不多就是明治四十年左右日本社会的情况了。日本的资本主义在明治末年过早地开始了垄断化，与之相平行，近代日本的精神状况也过早地迎来了迈耶的书名（"他们以为他们是自由的"）所象征的那种"极权主义"下的"自由"氛围。下面，我将在余下的篇幅中，试着对明治末年的思想状况做进一步梳理，并考察这一时期在忠诚与反叛思想史上的过渡性地位。

封建忠诚的变质与退化

作为历史复合体的"封建忠诚"的变质过程，从社会背景来看，正如前文所述，是建立在随着体制的组织化，自主的中间层被序列化为寄生地主或都市新中间层这一基础上的；在意识形态上，这意味着"封建忠诚"里"逆焰"（吉田松阴语）的精神气质已然消失，只剩下静态的身份意识和恭顺精神，为新的"臣民之道"所继承。本来，忠诚能动性的强度与集团目标的明确程度成正比。从一开始，富国强兵的目标意识，便建立在"成为不劣于外国的国家"这一强烈的对外动机上，但在明治前期，为了实现富国强兵该做什么，首先被朝野上下视为一个有关国内体制的问题。但是，大约以明治二十年为界，随着体制合法性的问题得到了初步解决，国内层面的目标逐渐变得暧昧，至少不再像以前那样能够煽动人心了。于是，传统忠诚观中的行动＝功绩主义与自立意识不再在国内大显身手，开始直接表现为向国际、向外"发展"的志向。"志士"从自由民权家到大陆浪人的转化路径，便最直接地体现了这一历史转移。不限于这些个别的特殊案例，就广泛的国民而言，随着他们对国家（nation）的忠诚在国内层面上表现得越来越被动、静态，与之成反比，他们在日本的对外"发展"和"膨胀"上的呼声越来越高。[1] 日本国际地位和荣誉感的这种上升，又进一步反弹到国内，这进一步加强了共同体的一体感，隐蔽了作为政治统治关系的国家形象。

岩野泡鸣在明治时代的尾巴上，这样回顾国家忠诚观在这短短四十余年里的巨大变化（《先帝驾崩的二大暗示》，《近代思想与现实生活》，大正二年 [1913]）——

"有不少经历了孝明天皇驾崩的人都活到了现在，成了老人或中老年人"，他们接受的"维新前的思想……与足利尊氏建立北朝之际的时代思想并无二致。……他们对国家的统一观念——或许该说对皇室与国家的一致之念——并不敏感。很多人甚至觉得，即使对皇室来说是大不敬的事，但为了国家

---

[1] 在国内层面上形式化、礼仪化的"忠君爱国"，在对外层面上，历经整个明治时代都没有失去自发的能动性。石光真清的《望乡之歌》便是一例。时值日俄战争的沙河会战，川上素一大尉与曾经在近步二连队做教官的作者有过如下的对话："每当我在战线巡回，总会感到，这样的战斗靠命令和督战是无法达成的。即使没有命令，即使没有人来教，每位士兵也都清楚地知道，如果打不赢，这国家就会灭亡，因此他们才奔赴死地。这场胜利靠的既不是天佑，也不是陛下的威光，而是每一位士兵的力量。……教官，我这想法是不是有问题？""不……正如你所说，我也是这样想的。天佑、威光之类的话，不过是给大君、陛下报告用的文辞罢了。"

不过，将忠诚在对外层面和国内层面的这种"双重结构"式的落差，表现得最为病态的则是："欢送从军者高喊万岁的人，即是曾经为使孩子推迟兵役而将他送入官立学校的人。"（幸德秋水《击石火》）

或者为了直接左右国家政治的当权者，也是可以做的"。据泡鸣回忆，尽管当时也有"天皇与国家是一致的，为君殉死即是为国难殉死的思想"，但直到甲午战争前，都"只是一般国民的理想或空想。无论是负责灌输这种思想的人，还是受到这类思想教育的人，其心境就好比为从未见过面的、去了遥远国度的父亲，每日摆上阴膳[1]一样"。到了甲午战争、日俄战争后，"先帝的面孔"才终于"在一般国民的眼中变得越来越亲切"。尽管这些观察都带着泡鸣特有的"日本主义"式的思想偏见，但还是为我们提示了因组织和机构的整顿而变得遥远的天皇的人格形象又重新贴近国民的重要原因。不仅如此，该文还凝练地刻画了如下的情景对照：这些老人或中老年人在青少年时代都还普遍有一种印象，即"无论是敌方还是同志，都将政权分立或内乱的结果直接视为对国家本身的占领"；然而这种印象却在极短的时间内有了翻天覆地的改变，"皇室与国家的一致之念"转身成为国民的常识。在德富芦花的小说《黑潮》里，有一节便从反面反映了这一转变过程。[2]《黑潮》里有位名为神户贞之的老人，侍奉了喜多川家三代人，被称为喜多川家的彦左卫门。神户一早就"慨叹君臣之义随着封建制度的毁灭而颓废，如今除了贺年、喜丧典礼之际外，到喜多川府邸来参谒的旧藩臣已经寥寥无几；难得有一两个来访，其目的也

---

[1] 阴膳：一种民俗信仰，留在家中的人为因旅行或出征去了远方的人在家中摆上饭菜，祈祷他们在旅途中不受饥饿之苦。——译注
[2] 丸山主要讨论了《黑潮》的第八章第九节。这部分引文的翻译，皆采用人民文学出版社 1989 年版巩长金译《不如归·黑潮》，第 359—363 页。——译注

不过是想借重旧主人的声望或借些钱罢了"。这位老人是"一个为了旧主人着想的忠义人,所以虽然伯爵觉得他有些啰嗦,但每次来的时候,都接见他,总还是挠着脑袋倾听他那严正的意见"。面对伯爵的各种荒唐行为,老人试着给出了"最后的谏言":"老爷,我这样劝说,您的迷梦还不能清醒吗?尽管现在已经没有管您的人了,但您对着先人的牌位,也应该稍微谨慎一些才对呀。您身边的什么总管啦,管家啦,这个啦,那个啦,都领着优厚的薪金,受到许多恩惠,可是他们只知道各自钻营自己的私利,想刮一些您家金库里的财富,竟没有一个人肯向您进一句谏言,也正说明了您这份家业已经到了末日了。我神户已经七十五岁,是个不知什么时候就要死的人了。也许这就是我最后的谏言也说不定。"芦花在神户老人身上显然寄托了正在消亡的封建忠诚的结晶。尤其值得注意的是:第一,在这里,"君臣之义""为旧主人着想的忠义人"的核心,绝不是对主人之意的恭顺或服从,而是谏诤;并且喜多川伯爵也是这样认为的,这点被视为是理所当然的。而受着"许多恩惠"却"没有一个人肯进一句谏言"的情况,则是"家业"衰落的表现。第二,《黑潮》自明治三十四年(1901)起连载于德富苏峰的《国民新闻》,小说的故事背景是在从鹿鸣馆的舞会到保安条例[1]的发布之间,亦即明治二十年(1887)前后。换言之,在德富芦花看来,在明治中期已然变成稀有价值的,不仅有主人公东三郎基于"幕府遗臣"意识对体制的抵抗感觉,还

---

[1] 保安条例:1887年12月,伊藤博文内阁公布并施行的镇压自由民权运动的条例。——译注

有由神户老人所象征的零散稀疏地遗存在社会上的"谏诤"精神。前文曾提到，天皇制忠诚的集中之所以并非封建忠诚简单地扩大到了全国，便与这点有关。这一过程，绝非随着近代国家的形成，忠诚的承担者和忠诚对象发生了移动，这显然过于自明了。尽管明治后期社会高唱起了日本"高贵的"忠义和臣节传统，但讽刺的是，不仅这类传统中的内容刚从社会感觉中大量流失，像芦花这样可以敏锐捕捉到它的人也越来越少了。也就是说，这是一种双重的"脱落"。

从另一角度来看这一推移，也就是没有经历过幕末维新期里忠诚观激变与混乱的一代人，在日俄战争前后相继成年了。我们不能忽略了这个无形的世代交替的意义，去平面地笼统地谈论什么"明治人形象"。并且，无论从社会过程上来看，还是从其中涌现的诸种"思潮"上看，从明治四十年前后到大正初期的时代，都是继明治二十年前后的第二个新阶段，而这个阶段的到来也必须通过前文的背景加以理解。

政治冷漠与"个人主义"

与忠君爱国象征的普遍化成反比，内在的束缚感和与之不可分割的忠诚的自发性变得越来越松弛。日俄战争制造出了大量的对体制的服从，以此为界，青年层尤其是知识青年层"比起辽阳的大激战，更热衷于壮士戏[1]"的风气（德富苏峰）、"比起国家更看重个人，比起政治家更想当演员"的倾向（三宅雪

---

[1] 壮士戏：明治中期，自由党的壮士和青年知识阶级为了传播自由民权思想、启蒙大众，创立的一种戏剧形式，是新派剧的前身。——译注

岭）成了热门话题。苏峰说，"应该担心的不是非战论者，而是无战论者"，他指出，"虽说我们看不上那些兜售自己都一知半解的托尔斯泰论的人，但他们眼中至少还有国家。……我承认，他们还是可以对话的。至于那些对国家存亡的大事漠不关心，不会对此表现出任何喜怒哀乐的冷漠之徒，才真是无药可救。……我不知道，有谁还能证明现在的青年中没有这样的无战论者吗？"（《青年之风气》，明治三十七年[1904]九月）正如苏峰指出的那样，这种政治冷漠无疑是从忠诚与反叛双方的隐退。造成这种现象的原因是什么？敏锐地认识到这一原因的，并非德富苏峰，虽然他指出并否定自由民权构想的"旧时代性"，建立起"平民主义"，并展望了"将来之日本"，反倒是三宅雪岭等"传统主义者"。换言之，雪岭认为，尽管担心"无视国家之思想蔓延"的人，"大都觉得为了阻止这种蔓延，必须进一步普及教育敕语"，但"事实上，教育敕语的奉读往往流于形式"，不如说这种"冷国家""热个人"的倾向（苏峰语，《青年之风气》），正是明治政府在数十年前制定的教育方针逐渐结晶的结果："民权运动忽然兴起，青年们纷纷加入运动，为其造势。政府于是下达训令，禁止在学校任职或念书的人参加运动，又从教科书中删除了与自由民权有关的思想"，于是"权力者记住了利用有教育经验的俗物们的便利，通过权威控制教育家，如愿以偿得到了平稳无事"，最终，"过了二三十年，带来了始料未及的后果"。（《防止国民思想颓唐之便法》，《想痕》，大正四年[1915]）雪岭的这一议论，与木下尚江的《爱国心缺乏之原因》（《直言》第2卷1号，明治三十八年[1905]二月)在很多方面都不谋而合，非常耐人寻味。木下尚江在该文中讽刺了德富苏峰《国民新闻》的忧虑："二千五百年来，爱国心教育不曾像今日这般兴盛。但始料未及的是，非难、感叹青年学生缺乏爱国心的声音也不曾像今日这般之多"，他指出政府多年来的教育目的是："一言以蔽之，服从以爱国之名的命令，学生的职务只有安生读书。"譬如"前年，都内的学生听闻渡良濑川沿岸矿毒地的惨状，自发地前去视察，他们愤于其地之荒废，呼吁救济之必要。政府立即责令各个学校，提醒学生不可关注社会"，或"多年来训导学生去压抑公共心，现如今终于有了效果"等议论，都与三宅雪岭的论述不谋而合。

在这种政治冷漠蔓延的一般性背景里，除了有这样的政策反噬外，无疑还有前文曾提及的"严峻事实"：一方面城市化的快速发展带来了人口流动，另一方面体制的全盘官僚化带来了组织僵化，到了明治末年，两者构成的剪刀差变得非常突出。尤其是日俄战争后的资本主义膨胀，即企业的扩张与合并提出了临时大量增加劳动力的要求（当然这一问题的反面则是，当经济危机到来时会大量裁员），但与之平行的"经营"和"管理"方面，却没有同步地完成近代化，这导致了大学毕业生晋升空间的闭塞和半慢性失业。所谓"多余人"式的知识分子就是在这个时候出现在文学作品里的。鸟谷部春汀在《青年与现代生活》(明治四十一年[1908])中这样描述这一时期的情况："近年来，帝国大学以下的公办、民办高等学校的毕业生大多因找不到工作而显得无所适从。这确实是个很大的社会问题……他们没有独立经营的意愿,只想当个月薪族。虽然从某种意义来说,这的确有些窝囊,但近世的大企业,其规模越做越大,还没完没了地兼并,这让企业界逐渐分化出雇主和雇员两个阶级。青年们除了学问,什么都没有,就算想自行创业,但想要在这样的企业界里闯出一片天地,谈何容易。因此他们以月薪族为理想,也不是完全不可理解。……不过,一般的雇主并不需要如此多接受高等教育的人。一般来说,大部分雇主只需要些下等雇员。……青年们有智识,却没有工作,自然会心生烦恼,心有不平,最终落得自暴自弃。激进的社会党和无政府党也就自然而然地出现了。"

春汀把"激进的社会党和无政府党"的出现直接归咎于当时的青年人心理,自然不免有些跳跃。但"声援平民新闻的读者朋友多是青年学生"(山路爱山:《当下社会问题及社会主义者》,明治四十一年[1908])的描述是事实,并且问题在于,支撑这些《平民新闻》支持者的,很大程度上是如下那种闭塞环境里的宣泄:"他们(青年)中的多数不如说把社会主义者与国家的对战当成了有趣的游戏,看到社会主义者与巡警、警部发生冲突,或在法庭上与检察官争论,就宛如在看杂技一样心生愉悦,为这些人的特技而喝彩"(同上)。前文曾提到,反叛集中的内部结构,在于"志士仁人"与工厂矿山劳动者"一揆"式骚扰的直接结合,如果进一步观察可以发现,那里还有上述那种青年学生"后援团式"的活跃,他们在天皇制忠诚圈那广阔又分散的网络中,对"反叛"有着情绪上的共鸣。不过,这种"后援团式"的情绪不等于由对积极原理的忠诚而带来的反叛，这不过是日俄战争后，在忠诚与反叛双方的能动性普遍衰退的情况下出现的"颓唐"（雪岭语）的变种罢了。因此，这自然无法孕育出能够疏通迈耶那"两个世界"的居民，抑或带来集中的反叛世界的那种精神气质。这里只有挣脱了内在束缚的、赤裸裸的感性自我的"解放"。而他们的其他伙伴，或高唱着对"美的生活"（高山樗牛语）和本能的赞歌，或蜗居在四叠半榻榻米的小天地里嘲笑"世间"。

可以看到，在意识形态区分上的亲疏关系，和与传统精神气质的远近关系之间，在这里有一个奇特的交叉点。以德富苏峰的话来说，这两者便是"非战论"社会主义（或基督教）和"无战论"个人主义。从正统的忠君爱国主义意识形态来看，尽管两者在程度上是不同的，但都是该受谴责的"风潮"，在这一点上两者非常接近。然而从自我的内在忠诚结构来看，非战论者的"志士仁人"与冷漠派截然不同，莫如说他们与某些主战论者（例如山路爱山或《日本新闻》的同仁）更为接近。苏峰所指出的"冷国家""热个人"同样也可以这么说。雪岭在《事大主义[1]是危险思想吗》（《想痕》）一文中写道：类似"应该以个人的名义与世界人类合为一体，拘束在国家领域里的认识是过去的遗物，新时代的新人应与旧时代的老人有不同的心态"——这样一种"个人（或世界）主义者"的思考方

---

[1] "事大"一词来源于《孟子》的"以小事大"，事大主义原本是一种外交理念，即小国侍奉大国以保存自身的策略。这里引申为一种权威性服从的态度，指对时髦的道德权威不加批判地接受和服从的倾向。——译注

式,"乍一看唯我独尊,似乎是反事大主义的",但其实不过是"认识到以新时代取代旧时代的必要性,并认为只要这样做,就会有好处",抑或"只是因为欧美的一些地方流行,所以也跟着高唱"罢了,这无疑是"最纯正的事大主义"。与之相反,"幸德秋水是从忠君爱国者变成无政府主义者的,他还可能再从无政府主义变回忠君爱国。虽然当他是无政府(主义)者时非常危险,但跟一味巴结强者、向强国的强者谄媚的人相比,又能怎样呢。……秀才遇上兵,有理说不清,明知上位者的话没有道理,还是一味顺从,这样虽然能够维持秩序,但也只能维持秩序,没有任何发展空间,最终必将走向衰落"。雪岭在此指出,幸德秋水既是由忠君爱国转而信奉无政府主义的,那就可能再次变得忠君爱国,这自然不是在谴责幸德秋水从"事大主义"式的忠君爱国发生转向或叛变了,恰恰相反,他强调的显然是,幸德秋水以内在忠诚结构的同一性为前提,自主地进行了忠诚转移。雪岭从这种自我维度出发,将幸德归入了自己所在的"热国家"阵营,而那种乍一看相对立的御用忠君爱国主义者与颓唐的个人(世界)主义者,他认为都有着相通的服从之根。

田冈岭云的文章里也能看到这类对角线交叉的例子。在岭云写下《明治叛臣传》的明治四十二年(1909),于明治草创期里成长的岭云,是如何看待年轻一代人的行动方式呢?

> 现在的青年实在太不争气。让他们感到烦恼的,是从学校毕业后的就业难。让他们感到兴奋的,是女学生绛紫

色裤的波动和丝带的飘扬。他们不会昂眉吐气地谈论功名，只会时刻惦记着用俱乐部牌洗面奶洗掉脸上的粉刺。他们不会挺起脊梁咒骂天下英雄，只会时刻惦记着用发蜡让头发更光亮。……今日的青年太过实务了，他们把自己局限在细枝末节里。青年理应为了空想而活。今日的青年太过安分守己了，他们苟安于微小的成功。……青年的光彩在于霸心横逸，在于活力、胆魄和生命力。……明治维新的革命难道不是成于青年的突飞猛进，宪政的建设不是也建立在青年的行动上吗？……吾人不求今日之青年非要议论治国平天下的经纶。……他们不是不可以注重举止的风雅，不是不可以注重外表的修饰。学医也好，学工、学商也罢，都可随其心意。但无论学什么技术，修什么专业，都应当志存高远，目标远大。（《明治叛臣传》之序）

岭云在这样的呼吁下，勾勒了自由民权时代的反叛者之像，并"硬要推荐给今日的青年"，这一做法本身也说明了：其一，无论是从统治层的立场来看，还是从新一代人的风气来看，《明治叛臣传》的语调都是"反时代的"；其二，尽管同样在讨论"反叛"，但从民权派到岭云的"反叛"谱系，与明治末年去政治化的"反叛"之间有着巨大的鸿沟。置身于社会的官僚化和专门化网络中的一代人，远比岭云等人更为老成，更加"现实主义"，他们可以以冷笑应对"治国平天下"的愤慨；在这一点上，不管是"用发蜡让头发更光亮"、把就业放在第一位的青年，还是"不必惊慌（Nil admirari）"的"多余人"

青年，又或是"反叛"世俗的白桦派青年，显然都属于同一个阵营。[1] 不过，这里还潜藏着一个不能归结于时代变迁和代际差异的重大思想问题。

抵抗的精神与谋叛的哲学

从忠诚与反叛的范畴来看，明治末年恰好是一个低谷：传统的构想正从知识阶层的社会意识里消失殆尽，而另一方面，"革命"的诸种思想范畴还没有大量流行起来。在这个低谷里，德富芦花、田冈岭云、山路爱山、三宅雪岭等思想家集中体现了前文那种特异的"交叉"，他们可谓是以各种方式抵抗天皇制"集中"的最后旗手。体制意识形态上的进步与反动的问题，和自我内在结构上的顺从与抵抗的问题，被他们明确地把握为两个不同维度的问题。在大正民主以后的思想里，这种维度的区别越来越暧昧，抵抗的问题逐渐被统一在体制"革命"的意象中。下文将结合这种思想史上的关联，简要概括雪岭、爱山的抵抗构想和芦花、岭云的"谋叛论"。

正如前文所述，三宅雪岭认为，当时的世界主义者和个人主义者虽然看起来似乎是反事大主义，其实却是事大主义的，相比之下，无政府主义者尽管在"兜售欧美部分地区的流行"

---

[1] 在这一点上，石川啄木不如说是年轻一代人里的例外者。正因如此，他一边发现了"父兄"与"我们青年"在对国家接受方式上的不同，同时又敏锐地指出：无论是自然主义青年、"哲学上的虚无主义"青年、还是"有志于实业界"的青年，他们的自我意识都在于"国家和他人的领域"，在这一点上他们是相通的，"乍一看，好像把强权（指国家权力——丸山）当成了敌人……但不如说这是对该被视为敌人者的服从"（《时代闭塞的现状》，明治四十三年[1910]八月）。

上难免有些事大主义，但"并没有因此得到什么物质上的收获，反而招来了警察的镇压，有了损失"，他们铤而走险付诸行动的精神受到了雪岭的称赞。雪岭的《奴隶根性和义务心》（《想痕》，大正四年[1915]）一文，便很好地陈述了这类反事大主义的精神气质，是如何与传统忠诚的能动性密切相关的。尽管"服从是团体生活不可或缺的一大美德"，但"同样是服从，基于义务心的服从与基于奴隶根性的服从大有不同"，服从的义务心与独立心是兼容的，与奴隶根性却是水火不容。"镇西八郎源为朝独立不羁，从不听命于任何人。于是能制霸九州……就算被流放到岛上，也丝毫不减他的勇武。"难道不该奉其为近年来提倡的日本人海外发展论的楷模吗？相比之下，"蒙古兵和土耳其兵的猛烈"，不如说"其实只因为对统帅者的唯命是从"，尽管由此形成的集合能量开辟了世界上最大的版图，但"其来去如洪水，一旦退潮，什么都不剩下"，这又是为何？因为他们的服从最终"要依靠人来彰显力量，不依靠人就没办法彰显力量"，换言之，这是基于他人导向的服从。——于是，雪岭说，"日本之所以能有今天，正是反事大主义的功劳"（《事大主义是危险思想吗》，同上所收），他试图从楠木公的七生报国到维新志士的"明知此下场，欲罢而不能……"这一脉相承的反事大主义精神中，为日本的传统招魂。

雪岭历史解释的"片面性"并非当前的重点，重要的是，他以这种"解释"来对抗日本近代的时代（事大！）精神。在日本的"近代化"进程中，掀起维新革命、制造出日本近代的反事大主义精神,不正随着"有能有识的奴隶精神"(用我们的话说,就是家产式的"恭顺"与近代专门官僚式的"技能"的特殊化合物)的蔓延,而销声匿迹了吗? 奴隶根性是"旧来的陋习","现在的青少年做起事来,已经大有不同",但"果真是这样吗?我觉得非常可疑。……憎恨独立心的官吏监督教育,憎恨独立心的教员负责授课,这一来,除了天性热爱独立的人,遇到强者都唯唯诺诺……我不觉得这种趋势会有所改变。"(《奴隶根性和义务心》)雪岭基于这样的诊断,将不服从主义一般化为"社会进步"的原则:"如果时代思潮来势凶猛,足以压迫反抗者,社会的进步一定会受到阻碍。当时代思潮趋于平缓,与之反抗的人开始增多,时代也就有了活力,这有利于社会的进步。因此,如果不急着保全自我,就尽量不要向时代思潮低头。"(《不要向时代思潮低头》,同上所收)

雪岭的"国粹"观,无疑与基于共同体国家形象的"真正的"忠君爱国有着很深的纠葛,当这种纠葛与"近来日益迫切地感到有必要增强独立心,降低奴隶根性"的焦虑感相结合时,雪岭也会陷入一种自嘲的循环论证法中:"如果有关于它(独立心的养成)的敕诏就好了。我会有这样的想法,也是受了事大主义的影响吗?"尽管如此,当南条文雄、井上哲次郎、涩泽荣一等人在国学院大学召开演讲会,反驳德富芦花的《谋叛论》时,恰恰是三宅雪岭作为当日唯一一位为幸德秋水做辩护的演讲者,批判了大逆事件的审判,点燃了整个会场。在稍后的时代里,当第二次大逆事件——即震撼了世间的难波大助事件[1]发生后,为两次大逆事件做辩护的今村力三郎,基于辩护经验写了著名的非卖品《刍言》,详细论述了"赤旗事件——幸德事件——难波事件"中镇压与反叛的连锁反应关系。雪岭在刊于《我观》上的《两次大逆事件》(大正十五年[1926]八月)一文里,还推荐读者要反复熟读此书。雪岭在该文里写道:被《大日本史论赞》的"逆臣传赞"视为杀害天皇之共犯的圣德太子,在以皇族为党首的"太子奉赞会"的活动下,终于从大逆事件中"复活"(也就是恢复了名誉)。圣德太子才刚恢复名誉,却又发生了两次大逆事件。他将两者做了辛辣的对比,并力劝读者"面对大逆事件时,不该只是感到震惊或愤怒,要去仔细思考事件的过程"。可见,他那"热国家"式的关怀,始终建立在稳重的抵抗与谏诤的哲学上。

众所周知,山路爱山是民友社系[2]的记者,他的思想出发点与德富苏峰非常接近,并且与苏峰一样,爱山走的也是一条信奉共同体国家主义和"帝国主义"的道路。但不同的是,苏峰那基于单纯进化图式的平民主义,最终与日本帝国型的近代

---

1 难波大助事件:1923年12月,无政府主义者难波大助企图暗杀摄政宫皇太子裕仁亲王(昭和天皇)。1923年12月27日清晨,摄政宫裕仁亲王为参加第48届帝国议会开院式,乘汽车经过虎之门,遭到难波大助的狙击,子弹并未命中,难波大助当场被捕,翌年被处以死刑。——译注
2 民友社:以德富苏峰为中心的言论思想群体。1887年德富苏峰创办了出版社民友社,发行了杂志《国民之友》和报刊《国民新闻》等,反对藩阀政治及贵族的欧化主义,主张平民主义。——译注

化无缝衔接，与之相反，爱山在幕末因父亲隶属彰义队[1]而背负贼名，并在维新变动中饱尝辛酸，这让他不断地从少年时代的经验里汲取思想意义，并始终将对天皇制"集中"的抵抗贯彻到他的历史评论和时事评论中。与三宅雪岭一样，苏峰也在与通俗的国体史观完全相反的意义上强调国民传统，以此来与外来史学的官僚构想和变质为"国民道德论"的忠诚观展开两面作战。

爱山在他最终也没能完成的毕生巨著《日本人民史》（未刊[2]）中，用了不小的篇幅来批判官与贼的范畴，我们不难从中看出他那顽固的主导动机。他在书中写道："自从世间流行起水户史学，到处都是关于义理名分的讨论……官贼不两立是支那史家的口头禅，只要一人被称为贼，那么不仅他的行为，连他的精神也要被口诛笔伐。日本的史家也染上了这个毛病，其根源就在孔子的春秋"（《日本人民史》第四章）（值得注意的是，这里与前文西村茂树、福泽谕吉的议论有很多相通之处），"在日本历史上没有一人该被叫作贼。……被日本的史家称为贼的，不过是些用兵力代替言论的变种政党罢了……国内的纷乱说到底不过是兄弟打架。无论兄弟间打得多厉害，都不会忘了亲人和家……没有谁不忠义于万世一系的至尊……即便以武力对抗当时的政府，但马上便将这人称为贼，实在过

---

[1] 彰义队：戊辰战争时与新政府军对抗的旧幕府军事集团。1868年4月11日，江户无血开城后，彰义队不服从解散的命令，坚守在上野宽永寺，最后被新政府扑灭。——译注

[2] 该草稿在本文成稿后的1966年，由山路平四郎校注，并在岩波文库公开发行。——后注

于残酷",他通过强调日本天皇的政治超越性传统,来抗议国贼范畴的滥用。不过,他真正的厉害之处在于,他又更进一步,通过历史分析发现了个人的自主性、个人的抵抗精神和积极的行动＝功绩主义,他在这些特质里看到了让日本走至今日的精神气质。

楠木正成和赤穗浪士之所以备受人称赞,与其说因为他们是忠臣,不如说因为他们有着"在任何情况下都固执到底,殉其所信"的"抵抗精神"(《日本人民史》),"大和魂"无疑是抵抗精神的同义语(！)。除史论外,爱山的政治论也基本都贯彻着如下哲学,即"所有的力量都是抵抗的力量,是能成为障碍的力量,只有这样才能被控制、被规训,才能被拨上正轨。在任何情况下,无法发挥抵抗作用的力量,都会转化为暴力"(《书斋独语》,明治四十五年[1912])。于是,当爱山凭借这个哲学与明治的近代化范式做对决时,自然也就表现为《起来,反动之子》(《独立评论》,明治三十六年[1903]六月)、《用野蛮的活力做文明的主人》(《战中青年训》,明治三十七年[1904]四月)这类悖论性的呼吁,或是对"当世风的俗吏""圆满先生""既成品的人物"与"引国家为己任之心、有着不同于追求功名富贵的别样品格的"维新前后的人物对照的强调。我们不难从明治末年的《日本帝国的四大支柱》(《国民杂志》,明治四十四年[1911]六月)一文里看到,爱山抵抗的社会学基础,在于中央官僚对地方的自主中间层这一二元的紧张上,这非常耐人寻味。他在该文中写道——

维新变革靠的不是萨长之力,而是国民的力量。但这个国民不是"全体人民",而是"在那个时代的日本国里,号召国民看书、关注国事,该被称作国民向导的武士、神主、和尚和儒者"。当把这个道理代入明治末年的现实,那便是:(一)村内官员,(二)学校老师,(三)寺庙的和尚,(四)村内巡警等四类人,才是代表着平民从下方补充日本活力的"中流社会"。在爱山看来,日本的繁华与没落不在于有没有桂(太郎)公、西园寺(公望)侯、东乡(平八郎)大将或乃木(希典)大将,而在于这类日本国民的地方向导,能否不把这个地位看成"临时栖身的地方"或出人头地的阶梯,能否始终止步于那个地位,并且将眼光放大到日本全国和世界,不断奋进。

爱山曾说这四个支柱之一的"学校老师","不能因为自己是学校教师,就只满足于对文部省的言听计从,这种认识是对国家与君父的不忠、不孝",从中我们也能清楚地看到,爱山是把自主、独立与抵抗精神的社会据点,寄托在了这些中间层领袖身上。传统忠诚的构想在这里恰恰被设置为官僚式服从精神的反命题。爱山关注的这四个支柱,在现实里能否扮演好爱山所期待的角色,自然是值得商榷的。不如说这类地方中间层在这个节点上,已然被纳入体制的再编成中,被序列化,从这一点来看,爱山的"构想"与时代现实诚然是脱节的。但是从反面来说,大正以后的"革命"思想与运动,因为过于相信底层人民=无产阶级"反叛"直接集中的意义,总是从"中间层的两极分化"的神话出发,以至于最后也没能看到中间层政治能动性的意义,这同样也是个不争的事实。体制危机时"地方向导"积蓄的能量,反倒被"右翼"激进主义者和革新官僚给注意到了。

在日本近代思想史上，德富芦花和田冈岭云的"谋叛论"，是从谋叛、叛臣等传统词汇出发把握政治反叛问题的最后尝试。这个尝试恰好与明治无政府主义者的"爆发"同时出现，这一点让他们的尝试成了超出他们本意的象征性事件（不过，这里的"出现"就芦花而言，指他的演讲。《芦花全集》中的演讲稿在审查制度下遭到了大量删减，演讲稿的全文直到近日才得以问世。岭云的《明治叛臣传》也一度成为禁书，直到最近才重见天日。前者可参考《文学》昭和三十一年 [1956] 八月号上神崎清的《德富芦花与大逆事件》，后者可参考青木文库版《明治叛臣传》里西田胜的解说）。明治四十四年（1911）二月一日，芦花在第一高等学校进行了感人肺腑的热辩，学生们深受感动，还就此引发了新渡户稻造校长的去留问题，关于这个事件的原委及其影响，此处不做展开。不过，在这个演讲中，芦花表达了他对天皇个人的私人亲近感（他试图直接向天皇求助、请愿），也正是从这种亲近感出发，他痛斥了政府，因其对错过了"转祸为福的宝贵机会"、"不是贼而是志士"的"真的忠臣"的被告做了阴险冷酷处理，指出甚至连宗教界都将原理的超越性彻底湮没在对世俗政权的恭顺中——"岂止是政府，以议会为首，每个人都怕担这大逆之名，无一人敢于为圣明铲除弊病。出家的僧侣、宗教家们，难道不该至少站出来一位为逆徒祈命吗？他们却因逆徒出自管下寺院，狼狈不堪地将其逐出宗门，去其僧籍，上书里写尽了'诚惶诚恐'，却没有一句请求慈悲的话"。这里暗示了他忠诚观的内在结构。

只有以对原理或人格的坚定信念为前提,逆流而上的主体性"谏诤"、撕裂自我的"谋叛"才会在自我维度上成为痛切的问题。田冈岭云的如下记述也体现了这一点:"我是个忠君爱国主义者,每每经过皇城,我都会悄悄脱帽,献上衷心的敬礼。如果此后我的思想有了不同的色彩,那一定是为官僚主义的伪忠君爱国所压迫,而带上了一种反抗之色。"(《数奇传补遗》,《中央公论》,大正元年[1912]八月)(因此,不能把岭云的这番话理解为出于谨慎的奴隶之言。在幸德的内在自我里,也有着类似的纠葛。)芦花所说"不要害怕谋叛,也不要害怕谋叛者。要敢于去做个谋叛者。新的事物通常都是一种谋叛……为了生存必须谋叛",正是立足于生命蜕变的过程在肯定谋叛。如果组织、真理、信条等僵化为了某种"型",那么就要避免对这种"型"表示顺从。不过,这个过程同时也是与那种想要依附于被给予的自我的内在倾向性不断做斗争的过程,是"忍着痛"的解脱,绝不仅仅是自我在摆脱外在束缚后,对呆板的解放感的享受。我们自然不能忽视基督教对芦花的影响。但另一方面,"幸德等人成了乱臣贼子,化作绞刑架上的露水消失了。就算对他们的行动心怀不满,但谁又能怀疑他们作为志士的动机呢?诸君,西乡也曾被视为逆贼。但在今日,还有比西乡更不是逆贼的人吗"这样的陈述,与芦花对西南战争的持续关心(《灰烬》等),以及前文《黑潮》的色调是相互照应的。这暗示了谋叛论构想的另一个重要谱系,不能完全归结于基督教和西欧人道主义的影响。

田冈岭云为《明治叛臣传》(明治四十二年[1909])写的总论《谋叛论》,是建立在他那独特的"进化论"哲学上的。正如差不多在同一时期,加藤弘之基于完全相反的政治含义所做的那样,岭云也将进化视为"物质界的天则",他主张当进化成为人间之大势时,便是"进步"。而当"进步"企图突破"对故习旧型的执着"带来的障碍时,就会发生谋叛。相较于"保守拘泥的求心力",谋叛即是"进步的远心力"。"没有波澜就会停滞,谋叛即是一种波澜。……有谋叛,时势才有朝气,有谋叛,历史才有光彩。谋叛是'现状'的踢马刺。……只要历史意味着进步,意味着向上与发展,我们便可以说,历史就是谋叛的连续。"接着,岭云将谋叛的哲学与通俗意义上的辩证法相结合:"假设这里有A,它的反动是B,对于B的反动A´,就是A与B的合题,也就与A更接近。……像这样,在正题、反题和合题相交汇的地方,呈梯形的展开便是进步。"具体地来看,"民权主义是对帝国神权主义的反动,作为对民权主义的反动的国家主义是两者的合题,与帝国神权主义更接近;而作为对国家来说反动的社会主义,又是两者的合题,与民权主义更接近。因此,反动即是谋叛"。于是,岭云在下面的章节里,论述了维新革命是如何因革命者自身的因袭而变成了藩阀专制,他强调自由民权运动才是这被背叛了的革命的正统继承者。那么在这运动中,"天下志士"是如何"真挚而热烈地为其所信而殉死"的?岭云以报告文学的形式逐一叙述了各个主要"叛臣"的情况,试图展示给上述那些"实在太不争气"的同时代青年。

岭云将"自然"与"恶魔的文明"对峙,并将"回归自然"这一原始主义(primitivism)与一种"社会主义"相结合,以此作为对抗官僚化和规范化的根据。在这一点上,他与芦花是相通的。不过,在芦花看来,"谋叛"是灵动生命对停滞的"型"的反叛,而在这里,"谋叛"则成了"宇内进步之大势"的历史。这恰好象征了"谋叛"的自然哲学,向"革命"的历史哲学的转变。不过,因为岭云将谋叛的构想,和与其不相称的社会或"主义"的发展图式直接结合在了一起,引发了不可收拾的混乱。民权主义是对帝国主义的"谋叛",国家主义是对民主主义的"谋叛"。"不仅是政治领域,纵观文艺领域,浪漫派是对古典派的谋叛,写实主义是对浪漫派的谋叛,象征派是对写实主义的谋叛。"(!)于是万物都在进化,万物皆是谋叛,谋叛也就因此失去了特色。这个图式显然与支撑岭云的内在精神气质背道而驰。

岭云的本领不在于这种平板的"辩证法"哲学,而在于如下这种自我意识里:"我在任何事上都从自我流的主义主张出发,对我来说最宝贵的是我。任何主义或学说不经过自我流的过滤,都不值得信赖。"(《数奇传》)并且,在这种内在精神里,始终有着束缚性契机和自主性契机的结合,这构成了岭云公开"反叛"行动的发条。"现在的人讨厌受禁锢……成为传说旧习的奴隶,的确可耻。……但今人却误以为不受禁锢就是朝三暮四,就是没有操守和本领,反倒把那些矢志不渝地坚守自己主张的人看成固陋之徒。所谓的不受禁锢,岂是在说没有坚守?今人却骂那些有自己坚守的人是受了禁锢。殊不知,他们那以受禁锢为固陋的想法，才正是为西欧外来思想所禁锢。"（《于豆南之客舍复芸阳书》，明治四十二年[1909]三月）与雪岭等人的主张一致，在岭云看来，对抗"客观"大势的"保守"和"固陋"在自我维度的意义，与历史和体制本身的问题是有明确区别的。只有当"谋叛"被看作是关乎这种自我动机的行为时，它才会成为符合岭云等人意图的"哲学"。

余音

至此本文梳理了从维新的忠诚相克，到天皇制忠诚的"集中"过程，并在这一背景下探讨了从福泽的"瘠我慢之精神"，到田冈的"固陋"或他所谓的"丁髷主义"的抵抗与反叛的哲学。在此我们先暂停脚步。本来，为了突出本文的主旋律，应该结合人格内部的忠诚与反叛问题，探讨作为反叛集中的结果的社会主义和无政府主义在大正民主之后的发展。但这个题目的庞大需要另起文稿，因而不得不放弃。下面我们将"抽象地"叙述这之后的问题所在，以结束本文。

芦花的作为反叛形式主体的自我或生的侧面，与岭云的历史性社会发展法则的契机，最终以更为洗练的形式，在大杉荣的"反叛哲学"中合流在了一起。这正是大正无政府主义运动的基础。不过，与无政府主义思想在社会主义和劳动运动中的主流地位快速让位给马克思主义相平行，继承大杉荣课题的尝试——也就是让反叛从自我出发并加以原理化的方向——也逐渐为"客观的"历史发展法则所吸收，并在"革命"阵营中销声匿迹。换言之，从结论上看，谋叛构想的衰弱，和将忠诚与反叛问题在自我维度上加以意识化的内在冲动的减退，几乎是同时进行的。那么，这在思想史上有着怎样的意义？

"革命"在本质上是社会性的，因此带有一定的历史方向性；而"反叛"或"抵抗"是自我有意识地远离既有集团或原理，以及持续与之保持距离的行为，它所扮演的历史和社会角色并非是一义的，在不同的情况和条件下，会带有形形色色的方向性。但在另一方面，如果集团性"革命运动"没有充分经历自我内部的"反叛"的过滤，那么不仅会有走向官僚化的危险，当运动开始退潮时，还会触发集体"转向"。虽说没有历史方向意识的"反叛"往往是盲目的，但不以反叛的精神气质来不断自我更新的"革命"，则会迅速走向形骸化。有不少革命"运动"，尽管从体制维度来看是反叛的，但在"运动"内部却意味着共振与恭顺。日本的革命运动之所以会有"天皇制"等诸倾向在作怪，就与还未经历个人内在的忠诚相克，革命集团内部的"正统性"便已确立这点不无关系。在社会上对立的体制与反体制运动，将"忠良的臣民"分割成了两个阵营，但下降到自我维度上看，可以发现它们往往有着惊人的共通性。并且在这个过程里，在统治与革命双方的集中化倾向下，抵抗这一独立领域无论在思想上还是在社会上都为其所侵蚀，其结果，"国民"或"大众"的象征很快与"新体制"[1]完成了同一化，而曾经那样尖锐对立的"权力"与"运动"，也

---

[1] 新体制：即新体制运动，为了集结全国民的力量，建立高度的国防国家，1940年7月以近卫文麿为中心，在日本各领域推行的体制"革新"运动。不少学者将其看成"日本的法西斯运动"。——译注

迅速在自我的想象中融为一体。

当然，那里既有反叛的"感情"，也有反叛的"行动"。但正如前文所述，天皇制忠诚一方面通过官僚化成了权限与恭顺的伦理，另一方面又通过社会化与对"世间"的顺应完成了同一化，这都制约了大正以后"反叛"的内在结构。也就是说，尽管与志士仁人意识的退化相并行，反叛的"大众"基础得到了扩大，但这种反叛是在忠诚的相克与冲突的内在能量不断减退的背景下出现的，因此不可避免地带上单调的色彩，缺乏自我的内在约束与陶冶。不仅如此，因为天皇制本身不是"原理"性统合，在日本近代它又通过官僚化与社会化摆脱了"天"的思想等传统的超越性契机，所以针对它的反叛，想要从内部孕育出作为对抗象征的成熟理念，就格外困难。因此反叛的大众范式，也就不得不"直接"依赖于"别扭的"意识、"乖僻的秉性"，或对职场人际关系的怨恨。[1]

---

[1] 前文曾提到，明治末年由组织的僵化带来的青年学生的异化感，但其实这种异化感是随着资本主义的高速发展，和随之而来的日本特有的城市化，以至于几乎所有集团和组织都缺少了连带性，才得以蔓延开来的。本来，抛开"规则"便令人难以想象的自由竞争，在这里成了不惜一切手段和方式也要比他人或竞争集团更进一步的"修罗场"的同义词（可以试想一下早高峰或晚高峰的地铁！）。这种不断被再生产的"混乱"形势，便是一君万民的天皇制"近代化"的反面。大正初期，处理完社会一角的"反叛"后，出现了一望无垠的平静海面，但只要仔细观察，就会发现其中还是泛起了无数的细小波纹。尽管没有反叛的体制性集中，却有着如"现在的时代，人民对政府心有不平，下级官吏对上级官吏心有不平，公司员工对公司高层心有不平，学校的学生对教师心有不平，妻子和子女对家庭的掌权者心有不平"（岩野泡鸣：《新思想的由来》，《近代思想和现实生活》，大正二年 [1913]）所述的那种状况，夸张一点说，"现如今表面上看起来风平浪静，但水面下却是波涛汹涌，大漩涡、小漩涡的盘旋，如果撕开社会的表皮，就能看到里面在发生着翻天覆地的变化。或许可以称之为精神的破坏期。不，也许称之为精神的瓦解期才更恰当。……

尽管被程序化的生活环境所遗弃，或对既有集团的归属感发生减退，的确构成了忠诚转移的条件，但只要这种异化感和"无秩序"的意识是反叛的直接发条，那么从自然的自我没有内在的充实感作支撑这一点来说，我们还是无法期待那里会有创造性的、持续的秩序形成的能量。即使客观条件允许革命的意识形态渗透，也免不了会出现思想波动，因为在自我维度上，这也只是与意识形态的情感结合。

在准备本文的过程中，再次令我震惊并开始反省的一点是：在既有忠诚对象的全线崩溃和忠诚转移现象的大量出现这一维度上，人们自然而然地，会将1945年以降的"变革期"与明治维新进行比较；然而遗憾的是，在这个"变革期"里，从自我内部映射"忠诚与反叛"之交错和矛盾力学的相关资料，或自觉地考察这一问题的案例，实在都过于匮乏了。[1] 这当然说明，天皇制下的国家忠诚在战败时，已在实质上趋于形骸化。但问题真的只有这一个吗？从1950年前后到斯大林批判（1956年）、匈牙利事件（1956年）为止的共产主义阵营

（接上页注）
于是，今日的时局宛如扁舟下急湍，自然之大势正在降临。"（德富苏峰：《精神的瓦解》，大正元年 [1912] 十二月）。于是，在社会性官僚制中被细分化的"不平不满"，尤其是劳动者对职场上司的不满，最终形成了大正时代里工团主义"自然成长"的一面。

[1] 战后很快便有人指出了这一问题，在这个意义上，执着考察这一问题的大熊信行的研究（收录于《国家恶》，昭和三十二年 [1957]）十分可贵。不过，连他这样的社会科学工作者，都将作为机构的国家彻底湮没在共同体的国家形象里，这同样是一个值得思考的问题。

的分裂与相克，在使人不容分说地意识到对原理的忠诚与对组织的忠诚之间的尖锐紧张这层意义上，恰恰是一个"典型"案例，然而尽管它被理解为客观意识形态论或组织论的问题（尽管还不够充分），但从自我维度来看，那里只有对组织中直接人际关系的描写，或感伤的"体验"告白，将其把握为前述那种思想问题的尝试寥寥无几。归根到底，这个问题不仅要考虑忠诚对象是什么，还必须讨论忠诚观本身的内在结构。本文着眼于"封建忠诚"这一复合体，试着勾勒了它的解体过程，希望能为这个大问题的解决提供一个线索。

当然，我早有觉悟，当我把日本近代的忠诚与反叛问题，浸泡在这种自我内在性的药水里时，那里只会直接浮现出作为"胶卷负片（negative film）"的影像。这是双重意义上的"负片"。第一，维持武士精神气质的历史、社会基础，当然会随着近代化（无论是哪种类型的近代化）的展开而走向解体。第二，只要"谋叛"是以封建的忠诚观为前提，那么它作为价值象征就不可避免地会带有负面性质。因此，随着传统忠诚的实质性解体，"谏诤""谋反"等用语本身也会落伍，这是不言自明的历史过程。但仅仅指出这一点，等于什么也没说。并且，无论在哪个国家，如果不否定封建身份、商会、自治都市、地方团体等"中间势力"的自主性和自律性，近代国家的主权观念就无法成立。原封不动地"保存"这种历史形态的愿望，不过是一种感伤主义。但是，这种中间势力的自主性传统（尽管日本的这一传统原本就比较薄弱），为什么没能在日本近代的自发性集团中得到新生呢？再者，在日本，为什么专制主义的集中没能使国家与社会的区别明确地固定下来（明明这才正是专制主义在思想史上扮演的重要角色），反而反其道而行，将国家溶解在社会、将社会溶解在国家中了呢？只有去追问那里蕴含的意义，问题才会不仅仅是对"过去"历史的叙述，转而成为与现代息息相关的课题（无论是作为社会学，还是作为思考范式）。

说到底，随着封建忠诚的解体，一般意义上的忠诚意识真的失去了被束缚性与自发性之间的辩证紧张了吗？难道不正因为"谋叛"仍是强有力的否定象征，抑或只要它还是有力的象征，忠诚的转移就会被意识化为自我内部的痛切纠葛，而这一摩擦也会不断积蓄反叛的内发能量吗？当自我维度上的"谋叛"意识，向着"世界文化之大势这一人类解放的新趋势"相"协调"（新人会[1]）时，抑或为"历史必然"的体制革命思想所吸收时，反过来，难道就没有强化对组织的忠诚与对原理的忠诚——这二者的黏合吗？另一方面，针对组织官僚化的反叛，无论是在天皇制下还是在异端的"天皇制"化下，所呈现的众生相不都是卸下一切束缚后，自我"天性的"爆发和肉体的乱舞吗？日本近代的组织的精神气质，究竟从旧体制下的忠诚结构里继承了什么，又摒弃了什么呢？——这些问题已不再是怀旧的旋律，而俨然成为当下横亘在我们面前的，必须每日清

---

[1] 新人会：大正、昭和初期，以东京帝国大学的学生为中心结成的社会主义思想运动团体。1918年12月，在吉野作造的指导下，法科大学的赤松克麿、宫崎龙介等人创立了新人会，运动初期的立场是："努力配合并推进世界文化势不可挡的人类解放的新趋势"，"从事现代日本的合理改造运动"。"九一八"事变后，很多会员发生了转向转而成为革新右翼，投身新体制运动。——译注

算的债务。问题不在于原封不动地美化或抨击"负片",而在于如何从我们当下的责任与行动出发,从"负片"中读取"正片(positive film)"。只有这样,"无忠节者亦终无叛意"这一悖论,才会跨过一切历史的藩篱,向我们诉说某个永恒的预言。

幕末认识方式的变革

以佐久间象山为例

一

　　今天我们回过头来看待历史上的思想家，会有多种评价方法。我们或可以全然抽离乃至无视思想家所处的时代背景，将思想家视为一个个体，考察他面对永恒不变的课题或我们日常生活中常见的问题时是如何处置、如何应对；与之相对，我们也可以反过来，就今日的主题而言，以佐久间象山为例，在特定的、永不重复的历史背景中，考察象山的思想在当时的历史诸条件中所处的位置、发挥的历史作用、面临的历史局限等等。我们不能简单地从抽象层面上讨论两者孰好孰坏，两者皆有其意义。

　　不过，前一种评价方法，即抛开时代背景，根据人不随时代改变的精神和心理反应方式勾勒思想家的人物形象，或将思想家的课题视为普遍的思想课题加以追求的方法，一不小心就会在无意之间，将现代人的心理感情直接投影到历史人物身上。如果这个思想家是象山这类万人公认的伟人，研究者还容易把自身的理想人物形象与之重叠，将其打造为"超人"。

　　至于第二种评价方法，即完全仅从特殊的、永不重复的历史状况出发讨论象山思想的做法，因为同样的历史条件不会重复出现，也就很难导出生活在当代的我们能从思想家身上学到什么的讨论。于是便会出现这样的结论：象山很伟大，但有着这样的历史局限。不仅如此，我们时常会在历史人物论的最后，看到这样的话："毕竟他也是时代的产物"。要说"时代的产物"，象山是时代的产物，藤田东湖是时代的产物，同一时代生活在深山里的什么什么兵卫也是时代的产物。"他是时代的产物"这样的描述等于什么也没说。"时代的产物"，抑或更具体些，"下级藩士的出身"，下级藩士同样也有很多，仅用这类特定时代里的共通条件来描述思想家，显然没办法捕捉到思想家的思想个性。

尤其是当我们从现在出发考察过去的思想时，我们可以在非常安全的地带毫无顾虑地评价或审判过去的思想。我们能够以今日已成为常识的价值标准和毋庸置疑的思考方式为尺度去处理过去的思想，并指出思想家的时代局限。基于这种思考方法，任何过去的思想家，我们都能轻而易举地指出其"局限"所在。而如"象山很伟大，是位伟大的先知"这种乍一看相反的评价，其实也是基于今日的常识所做的评价。尽管关于象山思想的诠释方法有很多，却没有人会不承认他是一位先知。也就是说，在这一点上，评价是稳定的。而当评价趋于稳定时，我们就容易说出这样的话：象山明明是先知，当时狂热的攘夷论者却不理解他的伟大之处，把他杀了，做了一件很可惜的事。这仍然是从我们今日的历史节点出发所做的判断：不明事理的人把他杀了，我们失去了可贵的先知，让我们举办逝后百年的庆典纪念他吧。这种认识同样也是不充分的。

换言之，当我们把今日获得的知识，我们立足的道德标准、政治价值等视作理所当然的、自明的前提去审视过去的历史时，即使做出了高度评价，也不过是在说：他的视野和前景在当时来说是开阔的。比如"不能把外国唤作夷狄"的主张，从当时来说是伟大的，反过来也就意味着在今天看来不过如此。

我们真的能够通过这种认识方法从过去的思想中学到东西吗？对此我是存有疑问的。那么，现在的我们该如何从过去的思想中进行学习？该如何既不完全抛开思想的历史背景，又能在今日的节点上对思想加以活用呢？我认为这些问题值得我们进一步探讨。

要想在今日的节点上从百年前的思想家身上学有所得，首先，需要把已获得的知识、现在使用的语言，以及被我们视为前提的价值标准暂且搁置一边，尽量让自己置身于当时的形势里，用当时的措辞、当时的价值标准进行想象。对今日的我们而言，象山逝后百年间日本走过的道路、其间世界的发展历程都是已知的事实。但百年前，在象山展开行动的时候，这些都是彻底的未知数。就好比对现在的我们而言，百年后的日本和世界会发展成什么样是完全未知的一样。换言之，用历史的想象力去把握，就是将而今已知的结局还原到"不知会如何发展"的未知混沌中，将既定的历史进程拖回蕴含了多种可能性的历史原点上，置身于这样的场景中去把握。简而言之，也就是对过去的经验进行再体验。

不过，如果只是对过去的经验进行再体验，就只能从过去出发理解过去，得到一种对过去内在的或深入的理解。下一步，我们需要从把思想家身处的历史背景当成特殊的、永不重复的——即特定时间和特定地点下仅出现一次——的认识中走出来，将其抽象为一个或多个"典型状况"。任何历史事件都不会重复出现。但如果把历史事件看成某种典型，它就能化为我们今日又或日后可能面临的状况。

当然，根据关注点的不同，可以从中抽象出各种不同的典型状况。如果对政治领导权的存在形态感兴趣，既可以抽象出为诸大国包围的小国通过操纵大国野心以保全本国独立与完整的"情境"，也可以就国内政治，抽象出重臣仰仗传统权威作威作福且互相暗斗的"情境"，或是知识分子因对时代感到失望而远离社会和政治选择隐遁的"情境"。比如马基雅维利就曾在罗马史的研究上用过这一手法。他将千百年前的状况和时人的各种政治行动，"活用"到了自己所生活的文艺复兴时代。马基雅维利在将历史从过去解放出来的同时，又注意不把历史人物的行动全然抽离其时代背景，从这个准则出发，他将状况及人们的应对组成了各种"模型"，从而得到了他的政治法则。通过这一手法，历史的过去不是直接作用于当下，而是始终以过去为中介来到我们的面前。而只有把思想家以当时的语言和价值标准做出的论述，结合思想家面临的问题加以重新审视，并从思想家的论述与历史背景的关联出发，将其代入现在或未来的时代，我们才能把思想家的问题当成我们自身的问题能动地消化。

抱歉开场白有些过于长了。我不是象山的专门研究者，因此本次就象山展开演讲前，我想从一般的讨论出发，谈谈我认为从过去的思想家身上学习意味着什么。接下来，我将具体地讨论象山在面临问题时是如何具体应对的。

二

天保十三年（1842），象山在受到鸦片战争的冲击后，向刚成为老中的松代藩主真田幸贯进呈了被称为"海防八策"的奏疏。此时象山三十二岁。这一著名奏疏常被当作他还持有攘夷思想的证据而被广泛引用。象山在奏疏里写道：

> 外寇之侵犯不同于国内纷争，若任由事态发展，会危及冠绝万邦且连绵百代的皇统。这不仅关乎德川一家的荣辱，神州阖国休戚与共，生于此国者，不论贵贱尊卑，都要有忧患意识。

比如"外寇"一词，听上去就很有时代感。而且，从语言背后的思考及价值判断结构来看，截至上次大战还在日本大行其道的"冠绝万邦且连绵百代的皇统"的认识，恐怕现在的年轻人已经不能理解了。而如今的我们听到"这不仅关乎德川一家的荣辱"的呼吁，也不会有任何触动，毫无所谓。但是，如果我们从"象山面对的典型情境是什么""与此同时他的应对措施是什么"这些问题出发进行思考,那么无疑,其中浮现的是民族主义逻辑。这是"该如何从外国势力的压迫中维护国家独立"的问题,在当时的措辞和价值标准下的表现。象山在此着力强调的"生于此国者,不论贵贱尊卑,都要有忧患意识",也就是说,维护国家的对外独立不是部分有识之士或统治者的任务,而是不论身份等级的全体国民应当承担的责任。

那么,这一逻辑是如何为象山身后的幕末维新思想家们所继承的呢?吉田松阴写过这样一句话:"虽然普天率土之民,皆以天下为己任,尽死以事天子,不以贵贱尊卑为之隔限,是则神州之道也。"(《丙辰幽室文稿》)贯穿其中的逻辑与象山的前述奏疏显然是一脉相承的,不过在当时的概念和对应标准下,这一逻辑被表现为"尽死以事天子"和"普天率土"。不仅如此,松阴还进一步将其具体化。这句话里的"不以贵贱尊卑为之隔限"指的是,身份壁垒和阶级隔阂会让国民难以把国家的对外独立引为己任。松阴深感这样下去不行,开始思考民族独立的承担者,即民族主义承担者的问题,这使他逐渐走向革命。于是在绝望忧愤之下,就有了这样的名言:现在的幕府、大名、诸侯都难当大任,唯有依靠草莽志士,可他们却又如此无力。总而言之,我们从松阴身上可以看到民族主义的承担者向国民范围扩大的倾向。

时代稍微向后推移,到了明治初期,福泽谕吉曾说:"为了抵御外侮,保卫国家,必须使全国充满自由独立的风气。人人不分贵贱上下都应该把国家兴亡的责任承担在自己肩上,也不分智愚明昧,都应该尽国民应尽的义务。"这是著名的《劝学篇》中的句子。

把这三段文字排在一起,我们便可以看到其中共通的民族主义逻辑。其间经历了三十年的岁月,随着时代向后推移,使用的语言也不尽相同,表述越来越现代化。尤其是福泽谕吉的文字,已经非常现代。"自由独立的风气"之类的表述和思想,时至今日仍在广泛使用。不过福泽把民族主义逻辑拔高到了精神革命的领域,他认为只有首先确立自由独立的风气,国家才能成为全体国民的国家。

尽管三人使用的语言不同,应对方法也不尽相同,但这些都是他们在"应对国际危机维护民族独立"这一典型状况下所做的反应。我们当然可以,也需要将其解释为民族主义逻辑的历史展开。但同时也可以把他们各自的应对方法视为一个典型,这样一来,年代最早的象山在应对上未必就最缺乏现代意义。我认为象山的应对方法也有其独到的意义。

象山晚年醉心于义理、正名之学——宋学,从他的思想里我们很难看到关于肩负独立使命的政治主体的国民化问题,抑或全面改革社会关系和人际关系的伦理问题的讨论。很难从这些维度来勾勒象山的思想特征。那么,象山民族主义逻辑的特质体现在哪里?我认为在于对世界和日本的认识的国民化。这是象山民族主义的一大特征所在,也是他倾尽一生激情所从事的活动。

就象山而言,培养观察、实验等科学认识的目的,不仅在于将其运用在军事技术上等等,更在于用这种科学认识之眼来认识日本和世界。并且,不仅是少数的有学识者,只有广泛的国民都具备这一科学认识之眼时,日本才能获得独立和发展。

我认为，正是这种思考方法和逻辑的推进方式，使象山从时代的洪流中脱颖而出。

不仅要提高少数兰学者和政治家的科学认识，还要在国民范围内普及科学的认识方法和科学的世界知识，这无疑是个远大而长期的问题，不能一蹴而就。象山将这个某种意义上有些不切实际的课题，与应对外压、维护日本独立这一迫在眉睫的课题接合在了一起。这既体现了象山的伟大，也为他埋下了悲剧的种子。每个前卫思想家基本都带有这样的特征，他们试图将宏大的、长期的根本性课题与紧迫的眼前课题结合在一起。象山也因此经历了现实政治上的屡次失败。

象山为出版《增订荷兰语汇》（即波留麻辞书）而做出的莫大努力，便突出体现了他将科学认识和探索精神的国民化视为自己的课题。不少传记都曾介绍过此书的出版经过，这里就不做展开了。从嘉永三年（1850）九月，象山向老中阿部正弘进呈的关于该书出版的奏疏中，便可看出其行动的出发点在于一般国民认识世界的必要性。

"不仅兵法的当务之急在了解对手，眼下海防的当务之急也在于了解对手。海防乃天下之海防，当让天下人都熟悉对手的情况。若想让天下人知彼之情，最好的办法便是让天下人阅读夷书，为了达到这点，首先要出版辞书。"在这里，紧迫的国际危机感与强烈的民族主义意识，和为天下人出版荷兰语辞书这一不起眼的（但对了解外国来说也是最基础的）顽固愿望与热情被接合在了一起。不仅如此，奏疏中还写道："以期兼备五大洲之学术，集五大洲之长所，弘扬本邦独立之基础。若将眼力集中于此,即使有群小的批判,也不过是蚊蚋之羽音,无足挂念。"也就是说,无论辞书的出版受到怎样的批判,都不过是蚊蚋之羽音,全然无视即可。象山夸下海口,说出版辞书能兼备五大洲之学术,集五大洲之长所,令本邦长为独立之国,虽然有些言过其实,但从这个豪言壮语里不难看出象山对出版辞书这件乍一看很微小的问题的执着。

同为思想家,与象山相比,其弟子吉田松阴,如他本人所说,有着完全相反的性格。松阴称自己为性情中人。相比之下,象山则始终是个知性的人。人大致可以分为诉诸感情的和诉诸知性认识的这两大类,主知主义者容易陷入精英主义,换言之,容易产生世界知识独占者的意识,并导出所谓的精英统治论。时至今日,从主知主义出发,仍然经常会造成专家统治——我什么都知道,交给我吧,外行人不要多嘴——孕育出类似的知识精英主义。

这就是前述象山民族主义的逻辑所在。从类型上看,象山是彻底的主知主义思想家。在当时的日本,他的知识水平无疑是第一流的。尽管如此,象山十分看不起那种垄断知识、隐蔽地传授知识,即所谓"秘传""口传"或"不许外传"的做法,相反他热衷于向世人公开地传授学问与知识。象山在出版波留麻辞书上投入的热情(尽管最终计划落空),便与此有关。

松代藩的家老说,花个百两左右做上五六本,供兰学家研究即可,没必要公开出版吧?象山说:开什么玩笑,辞书和汉字典一样,凡是学洋学的都要放在案头,以便随时查看,自然不是造个五六本供兰学专家研究用就够了。即使仅造这几部便够本藩用了，那也不过只顾及了自己的情况，全然未考虑他人需求，这不是仁人君子之所为。如果有百两，与其做写本，不如做错误更少的木版书，这样至少可以做出八九十部。也许最后能在日本卖上三百部、五百部乃至七百部，这一来，对松代藩来说，还能赚到钱，是件义利两得的好事。

不久后，被幽禁在松代的象山听闻《佩里纪行》的原书流入日本，立即写信给江户的山寺源太夫："若你拿到此书，务必设法让我看看。事关接待官员的脸面，还牵扯到朝廷，如果如实翻译，想必难以在世间公刊。但仅日本一国禁止发行，一经印刷，书还是会流布五大洲。仅日本禁止公刊，无异于掩耳盗铃，毫无意义。"（安政五年[1858]三月，与山寺源太郎书）可见他对交流公开性的重视是一以贯之的。

这里所体现的思考方式，与主知主义者，抑或过度自信于自身知识价值的人时常陷入的那种知识精英主义或专家主义，是有显著区别的。在这里，本来以非理性感情为基础的民族主义，与彻底的主知主义，即对世界的实证认识的课题，被结合在了一起。

三

那么，象山不厌其烦地强调的"观察世界、认识世界"究竟指的是什么？虽然看起来似乎无甚特别，但它的意义其实值得我们进一步探讨。毋庸赘述，周遭的光景映入眼帘，与"观看"是有区别的。"看见"与"观看"是两个不同动作。如果要做的仅仅是看你能看到的东西，就不用考虑该用什么眼光，或者该戴什么眼镜的问题。

我们常会不经意地说，"看看现实吧"。然而现实其实是由极为复杂甚至相矛盾的动向构成的，我们则往往透过特定的眼镜来筛选"现实"，以此形成对周围世界的印象。大多数情况下，"看看现实吧"之类的说教，要么是在试图把透过自己的眼镜看到的"现实"强加给他人，要么是从未审视过既有的眼镜，甚至根本没有戴了眼镜的自觉。

所谓的眼镜，抽象地来说就是概念装置或价值尺度，是认识和评价事物时的理性工具。我们不能直接认识周围的世界。我们通过直接感觉所能观察到的事物极为有限，无论我们是否有这样的自觉，我们获得的大部分认识都是透过某种既存的价值尺度或概念装置的棱镜观察事物而来的。而象山着力强调的其实就是，既有的眼镜已经不再能帮助我们认识世界的新形势了。

当然，使象山认识到这一问题的契机，正是鸦片战争的经过和结果带给他的冲击。象山从中提取了自己的问题：

> 如今五大洲连为一体，此为开辟以来未曾有之事。西洋诸国精研学术强其国力，不断得势，连周公孔子之国都遭到掠夺，原因何在？（嘉永二年[1849]二月，关于波留麻辞书的意见书）

这是象山"问题"的出发点。像如今这样，五大洲连为一体，是开辟以来从未有过的。象山皈依的宋学本家——连那个圣人之国也败给了英国，不堪一击。这颠覆了以往的常识。那么到底该怎样加以理解呢？象山认为，如果不重新审视我们习以为常的世界图景，便无法解决这一"问题"，而这个问题恰恰关乎日本的独立。

我们在观察事物时所佩戴的眼镜、认识和评价事物的工具，绝非我们所能任意选择。这是在养育我们的文化、传统，我们所接受的教育，社会上长期形成的习惯中自然形成的。正如长期佩戴眼镜的人看东西时往往意识不到自己戴了眼镜一样，我们长久以来利用这些认识工具来看问题，自然会越来越难以察觉到它们的存在。我们以为自己在直接观察现实，也就很难想到，如果我们换了别的眼镜，现实会呈现出不同的姿态。不妨说眼镜化身成了我们身体的一部分。越是长期使用的认识工具越是如此。因此，即使"看见"了全新的"事件"，我们也难以"观察"到其中蕴含的新"问题"和新"意义"。

人们常说，象山是最早吸收西方知识的人，但问题的关键不在于简单的知识储备的扩大。一直以来都在学汉学，这次开始接触了欧洲的地理、天文、物理等知识，然而仅仅改变知识的对象却无法解决问题。事实上，象山是第一个洞察到这一点的人，这充分说明了他作为思想家的优秀品质。

象山有几首题为《读洋书》的汉诗，其中一首作于弘化元年（1844）的汉诗尤为著名："汉土与欧罗，于我俱殊域。皇国崇神教，取善自补翊。彼美固可参，其瑕何须匿。王道无偏党，平平归有极。咄哉陋儒子，无乃怀大惑。"对日本人来说，汉土与欧洲不都是外国吗？为什么会认为，汉文化是"我们"的学问，所以是好的；欧洲的学问是"他们"的文化，所以是坏的？象山感慨，王道不该这样失之偏颇，世间儒者何其愚钝。我们可以试着用现在的语言来理解这首诗的含义。

换句话说，从认识主体的角度看，日本、东洋也是认识的客体。在认识他者时，这个道理是很自然的，但在认识自己时，却很难意识到这点。此外，我们经常在心理上对自己所属的群体产生认同感。"我们"公司云云，正是这种认同感的表现。这样的认同感在你出生的"家"、出生的"故乡"、出生的"国家"上特别强烈。当你为日本在国际竞技中失败而心有不甘时，你就是把"我"等同于"日本"。当日本长期以来在文化或政治上与某个国家或地域有着密切联系时，"我们"便通过对日本的认同感，对更为广泛的特定区域产生认同感。生活在儒教文化下的幕末知识分子，正是通过这样的方式将自己等同于了"东洋"。

因此，为了获得对世界新的认识，首先需要将认识主体从既有的认同感中抽离出来。换言之，为了重新审视透过发轫于汉学和圣人之道的眼镜获得的世界图景，首先需要把与东洋同化了的自我从东洋中抽离出来，从字面上回归到作为认知主体的自我。这样，我们就可以把松代藩、日本、东洋和西洋作为观察对象，以同样的态度来看待。象山有句名言："予年二十以后，乃知匹夫有系一国。三十以后，乃知有系天下。四十以后，乃知有系五世界。"（《省愆录》）这段话便典型体现了象山世界图景的扩大过程,其中直面"五世界"的"匹夫"正是作为认识主体的个人。因此,在象山看来,这与对藩、幕府、朝廷的忠诚感情全然不矛盾。于是,象山第一次内在感到了重新审视这种基于心理亲近感的世界图景眼镜的必要性。安政五年(1858)三月,象山在给梁川星严的信中写道:"自称国学者流的牵强附会之言,或仅限本邦的私言,平日便在京都的公家之间流毒已久,想要对抗非常困难。"这里,象山认为国学者在当时提倡的日本主义——也就是皇国主义,不过是"仅限本邦的私言",便是在讲这个道理。也就是说,必须把自我从基于认同感的"我们""他们"这种心理中抽离出来。不然就没办法客观地认识。这种冷静的认识不应该与爱护祖国的自然情感混为一谈。如果不培养这种看问题的方式,就不可能有真正的日本独立。象山认为,欧洲优越性的基础便在于对这种科学方法(借用象山的语言来说便是"详证术")的运用。"观世界之形势,哥伦布以穷理之力发现了新世界,哥白尼发明地动说,牛顿究明了重力引力之实理,三大发明以来,万般学术皆得其根基,没有半点虚妄之说,都非常扎实。因此欧洲、美利坚诸州才能面目一新,相继创制了蒸汽船、电信,其造化之妙,巧夺天工,惊耳骇目。"(同上)我认为,相较于象山对欧洲科学方法的实际理解程度,他的逻辑推进方向更为关键。

从前述"我们""他们"的距离感中解放出来后,象山的思考方法较同时代的代表性思想家有了更为鲜明的特色。说到有谁从幕末民族主义的立场出发在思想上应对外压的,首先都会想到以德川齐昭为首的水户学。虽然幕末的水户学是尊王攘夷的最初源头，但水户藩的攘夷论自然并非只有会泽正志斋于文政八年（1825）出版的《新论》那种劲头十足的议论。以齐昭的态度为例，到了嘉永年间，无论是关于具体的开国锁国政策，还是对欧洲科学技术的态度，齐昭的思想都变得相当有弹性。尤其是水户学的大将藤田东湖还与象山等人有过交流，而象山也似乎从未将东湖视为固陋的排外主义者。另一方面，正如象山那句有名的汉诗"东洋道德，西洋艺术。精粗不遗，表里兼该"所示，他在道德伦理上以士大夫为榜样，对圣人之道的普世性坚信不疑。然而，进一步来看，相较于象山的情况，东湖便很难摆脱对上述历史文化圈的认同感。在此仅举一个例子："夷狄虽精于智巧，其教实为禽兽之道，不可施用于人，更不可用于皇国。唯汉土土地相近，风土亦相近，其道可用。"（《常陆带》卷之二）儒教从根本上说是中国之教，但由于中国在地理和风土上与皇国接近，儒教与皇国之教有相通之处。这里显然对东洋流露出了基于"我们""他们"心理的认同感。象山对汉学、洋学的看法则完全不同于东湖。"宇宙实理无二，斯理所在，天地不能异此，鬼神不能异此，百世圣人不能异此。"（赠小林炳文）在象山看来，古代圣人的易学之理与西洋"详证术"之理从根本上说是同一个理。这个理并不从属于任何特定的地域、国家或文化。问题不在于是汉土之学还是洋学，而是汉学中的什么才是真理，洋学中的什么才是真理。

因此，象山认为，对洋学的偏见、憎恶，更多的是一种对圣人之道缺乏自信的自卑表现："汉学者流"的"偏执来源于西洋学的兴盛,他们担心汉学受到打压,自家学说难以站稳脚跟"。"之所以会觉得其他学说更胜一筹,究其本源是因为他们没有理解透彻自身所修之道德……不去潜心修自己的道德,而去嫉妒他学的学术技艺,可谓卑劣丑陋至极。"(安政三年[1856]七月,与胜麟太郎书)"看到彼方不同的风土和习俗,便将其视为异类。看到其学盛行,便疑心本邦美俗也将随之改变,以致心有沮丧。"(同上)在这里,象山敏锐地识破了,东湖身上那种基于地理文化亲近感的"我们""他们"认识的盲点。

正当化在心理上有亲近感的,排斥陌生的,这可以说很自然。象山却采取了相反的立场,象山认为,无论是个人还是国家,如果真正做到了自强不息,就不会畏惧、逃避未知的、陌生的事物,而是反过来主动与之接触,全面吸收营养,将里面的毒素转化成胎内的抗体。这点不仅贯穿于学问认识层面,也贯彻于象山对具体外交措施的思考中。佩里来航时,象山曾强烈反对开放下田,他认为,与其开放下田,不如干脆开放横滨。这一主张自然是象山基于军事战略方面的考虑提出的,但同时,也是他在有意识地与当时"尽量让外船远离江户"的主流想法唱反调。"近地乃当今之大禁忌,正因为是大禁忌,亦是对症之大良药。"因此我们不能忽视,在这一主张的背后,还贯穿着"当改为开放横滨等近地,望着停泊在海上的洋船,像勾践一样卧薪尝胆"(安政元年[1854]二月,与藤田东湖书)的逻辑。

由此可以推断,在象山看来,对万物进行对象化、客观化认识的任务，并非以静态、被动的姿态简单地眺望对象，而是反过来，以强大的能动的自主主体为前提，不断地对对象施加影响。在同时代的人中，像象山这般执着地强调摆脱过去因袭、了解世界形势的思想家并不多。但同样是这个象山还说过："审查时势所趋，轻易放弃自己的恪守、改变志向的，是无志气辈之所为。有志之士不论世之所贵为何，都不会改变其为国所用之志……非常之际应立非常之功。"（安政二年[1855]十二月，示门弟子）在象山看来，了解世界形势，与因"时势所趋"或"世之所贵"而随波逐流的态度相反。"程子所谓，避嫌之事，圣贤不为。凡人避嫌者皆内不足。诚然如此。"（嘉永二年[1849]二月，上真田幸贯书）正如此信所示，象山之所以能走出自己的道路，是因为他皈依了天地鬼神亦无法撼动的宇宙真理。

这种不为旁人的评价所左右，不惧怕他人眼光，有着强烈内心信念的生活方式，在幕末如吉田松阴的众多志士身上也都有所体现。不过，在他们身上，这种生活方式与内在的良心相结合，更多地表现为仅以一死殉皇国的感情主义。在象山身上，则始终贯彻着一种脚踏实地的、基于穷理和实证的认识热情。一般来说，在日本的思想传统中，松阴的行动激情和视死如归的态度被认为更有魅力。相比之下，象山所代表的与异学和异文化进行积极接触的知性勇气——并非临危受命时的激进感情，而是认识事物时的激进态度——并不那么为人所熟知。

提到主知主义，不免会让人联想到明治以来"知育偏重"

一词所代表的学校教育：教师自上而下地灌输知识，学生被动地死记硬背。然而，但凡对象山的学问论或他给弟子的训示稍有了解的人，都会发现，象山普及科学认识的任务，与这种教育模式的一般化毫无关系。象山曾多次进行加农炮的制造和试射实验。嘉永三年（1850）冬，松前藩委托象山在上总进行加农炮试射，结果象山在公众面前失败了。尽管受到了嘲笑和责难，象山却毫不在乎地回应，"三折肱知为良医"，"失败是成功的基础"。象山会有这样的态度当然与他天性顽固有关，但另一方面，这也是他平日里一直强调的方针：与其雇佣外国技师，不如派遣留学生到海国；与其导入技术和机械，不如花更多时间进行可能失败的独立开发与实验。象山的实验并不局限于与军事直接有关的铸造大炮等等，他在广泛的知性好奇心的驱使下，不仅制造了电信、照相机、玻璃、墨水、火柴，还酿造了葡萄酒，做了种痘实验，分析过温泉的成分，可谓展开了全方位式的"详证术"——用象山的话说便是"wiskunde"式的实验。如果仅把象山看成一个兵学国防论者，那么他那与政治、军事无直接关系的实验兴趣就成了纯粹的杂技。然而事实似乎并非如此。尽管在后世的人来看，象山的科学知识是有限的，但他似乎把"万学之基本"的"详证术"，即"推算重力几何详证之术"理解为一种方法。换句话说，他发现了，至少是预见了，近代的科学认识并非静态地看待事物，而是一个源于"为什么"的好奇心的问题发现过程。这便是象山反对直接引进技术的原因。

象山反复说学习是一个持之以恒的积累过程，不是一蹴而就的。"比起第一天第二天的钻研,第三日必定能有更深的理解。待究明其所以然时,自会知道拯救之法。"(元治元年[1864],上一桥庆喜书)当剧痛来袭时,我们的确需要做应急处置。然而应急之策无法根除病患。"要想根治,必须究明病源。"要想找到病源,就必须脚踏实地分析,无论多么繁琐,也要一步步地慢慢积累。不能追求速效药。用象山喜欢的词"御持久"来说,就是必须进行持久战。得病(正如周知的那样,象山也精通医术)是一个漫长的过程。治病也不能妄求立即见效,"久渐之病需以久然治之","积小至大,积微至显"——象山说,做学问的方法也同样如此。在日本的传统思想中,不乏这样基于天地之理,不为其他权威所动的态度。然而,像象山那种通过观察和实验一步步慢慢积累,从基础上理解世界的态度,时至今日仍是日本人较不擅长的思考方法。正如台风来袭时,我们会加固堤防,做应急处理;或者房子被火烧了,我们会重建房子一样,我们很少会选择花时间用水泥打地基,造一个能抵御千百年风雪的房子。因此很难说"罗马非一日建成"的思考方式,在日本人身上真的生根发芽了。

四

正如前文所述,象山在做学问的方法上拒斥"一蹴而就"的"精通",重视脚踏实地的步步推敲,而象山在转向西洋学时也是循序渐进的,绝非180度的急转。但凡对自己的思想负责的人，都不会仅仅因为眼前现实的改变，就若无其事地把以往的思想和基本范畴弃若敝履。在此意义上，象山直到最后都执着于他深深崇拜的圣人之道和儒学的诸种范畴，从今天看来甚至有些令人恼火。不过，象山将朱子学中的"格物究理"最大限度地代入他的时代背景，力图使其在新形势下获得新生。在象山看来，易学所穷之理和"西洋详证术"之理在根本上是同一个真理。尽管象山师从佐藤一斋，他却始终拒斥陆王之学，偏向程朱理学，便与此有关。弘化四年（1847）十月，象山在给亲友川路圣谟的信中写道："程朱二先生格致（格物致知之略称——丸山）之说，乃放之四海而皆准之至说……如果从陆生（陆象山）之流的学说来看，西洋之学断然其道不同。如果西洋之穷理真的是'非'，那么它们的道路不一样就没什么问题，但其穷理的本质乃'是'，与程朱之说有着一致的结论。"换言之，如果一方面遵从陆王之学，一方面肯定西洋的穷理之道，便是将真理分裂成了主观良心和客观物理两个没有联系的部分。

值得注意的是，象山在同一封信中还写道，随着自己对洋学之理的深入了解，他发现"程朱之学也没能跳出汉儒的巢窟"，还是犯了五行说那样的错误："用程朱之学，究明西人学说之理时，也会发现程朱之学中的谬误"。换言之，以朱子学精神为中介学习欧洲自然科学的过程，也就是打破包括朱子学在内的汉学框架的过程。在象山看来，格物穷理与其说是一种历史实体，不如说是一种关于方法——在此意义上也是普世的——的真理。

象山对传统的圣人之道内在的普世性深信不疑，力图在新的时代状况下对其进行重新诠释，提炼出对未来的正面价值。在这一点上，能与象山媲美的同时代思想家是横井小楠。不过，他们对传统思想的诠释方法是不同的。象山的立场偏向理性的实证的认识方法的普世性，而小楠的"天地公共之道"侧重于制约人际关系和国际关系的正义的普世性。"天地之道理"的传统范畴在幕末维新的思想史过程中，既充当了理解近代科学方法的中介，又充当了理解近代国际法和启蒙自然法的中介，如果要举出在这两方面发挥了指导性作用的幕末思想家，任谁都会首推象山和小楠。

德富苏峰曾这样评价这两位思想家："察人心作用之微妙，谈笑间解天下之纷难者，非横井莫属。定事物先后之经纶，像解剖学者解体人体一样，刀落之处都是精髓，则非佐久间莫属……横井之胸襟如光风，佐久间之头脑如精铁……横井之眼专注于人，佐久间之眼专注于物。两人都贱空言而重事实。"（《吉田松阴》）这个比较可谓切中要害。这两位思想巨人都内在地转换了传统的世界图景，最后，一位被当成"唱西洋之学，主张贸易开港说"的"大逆无道天地不容的国贼"，一位被当成"与夷贼同心，传天主教于海内"的"卖国奸臣"（均出自《斩奸文》），并死于非命。尽管他们都有着炽热的爱国心，但他们的普世主义志向却被误读为因对外国、外教的痴迷而忘了对祖国的爱与忠诚。现在的我们自然可以轻松地慨叹并嘲笑暗杀者的狂信。但当我们身处不同的形势下，真的就能保证自己不会有同样的误解吗？

通过重新诠释传统范畴和概念装置，反过来打破占据主流的传统框架，就象山而言，他不仅把这一手法运用在了狭义的自然科学领域，还用在了其他地方。在此意义上，我们需要对那句有名的"东洋道德，西洋艺术"的通俗解释（即认为象山的思想提出了将传统"精神"与欧洲"技术"进行折中结合的思维范式，这个范式在明治非常有影响力）加以若干的修正。尽管象山的思想在这方面有很大影响力，但他的思想本身还包含了后世这类回溯性解释所不能完全涵盖的侧面。如果忽视了这些侧面，那么象山与高岛秋帆、江川坦庵等兵学者，抑或前述水户学系的海防论者之间的区别，就只剩在军事技术知识量上的差异了。但真的是这样吗？

象山对近代欧洲的宗教、道德及政治体制的洞察远不及横井小楠。但我们应当注意的第一点是，象山虽然在这些领域的价值判断上肯定了传统，但在对这些领域的认识上却贯彻了他那合理的实证精神。例如象山写于嘉永年间的《国防说》："本邦的君臣之义，本就优于万国。但不该就此轻视外国……西洋诸国在世界范围内通商，其帝王国君皆为大商家，而汉土之帝王国君则为农家之长。这类议论皆于世无益。无论是农家还是商家，长于己所，皆应取之为世所用。"在稍后的时代里，象山就美国的共和政体说道，"无论合众国之政法有多好，切不可在本邦实施。因为一律不设置君主，不管是哪个国家的哪个人，只要有一流的德慧学问，就被国民选来担任国家政事，每四年更换一次人员，这与百代一王的皇国有着云泥之别。"（安政四年[1857]十二月，与山寺源太夫书）尽管象山拒绝在日本采用共和政体，但他却对这一政体有着内在的理解。

尤其是在外交和国际政治领域，象山将传统范畴的"活用"发挥到了极致。用现代语言来说，象山在这里强调的"修辞命"，就是对自主对等外交的提倡。在与哈里斯签订日美通商条约时，老中堀田正被夹在朝廷强硬的攘夷论和幕府与美国的约定之间，陷入了进退两难的境地。针对幕末的这一状况，包括强硬论者在内的势力方都未能拿出具体的解决方案。此时尚未彻底转向开国论的象山被幽禁在藩内，他听闻与美国使节的交涉经过报告，切齿扪心："公使是什么，与领事有什么区别。拿这种问题去问美国使节，不过是主动暴露我们的无学文盲，有辱国体。蕃书调所不正是为了在这种时候能派上用场而设置的吗？"随着情况越发严重，象山以幽禁之身写了接待美国使节的交涉方案，进献给川路圣谟和岩濑忠震。这个交涉案很长，非常有象山以理服人的风格，且有一定的说服力。象山于安政四年（1857）十二月写给山寺源太夫及同年五月写给胜海舟的信函中，也有大同小异的议论，我将结合这两封信，大致介绍一下象山的论旨：

可以这样质问美国使节：西洋诸国想让全世界变成一族一统，这究竟是从天地公共之道理出发，以期打破国家壁垒，均等地爱育生灵，实现彼此互通有无；还是从邪欲出发，企图利用各国的自利之心，编织出世界的利益网络呢？他一定会回答，自然是遵从公共之道。这时可以这样回答："这个理由我全然无法接受。至于为什么：中国人民年年饱受鸦片之害，中国官府严禁鸦片的输入，这是合乎道理的。然而，英国却出于本国利益，触犯了与其和亲友好国家之严禁，丝毫不顾对其人民造成的祸害。更有甚者，为了使他们无法反抗，还在船上准备了大炮，极尽凶恶奸佞之事，可谓不仁、不慈、无礼、无义，宛如强盗。请问英国可是当着皇天皇土的面，实践了爱育生灵的公共之道了吗？正因为英国行此等无道，万不能说西洋诸国实践了公共之道理。因此，以此为由逼迫我国开放贸易，不过是以妄言恫吓我国，满足己国利益罢了。如果第一个回答是在说真话，那么第二个回答就是在说假话。如果第二个回答是真诚的，那么第一个回答就是在骗人。请问，到底哪个回答才是真的？如此一来，美国使节一定会理屈词穷。

那时再进一步这样质问——本来你们在根本问题上撒了这样的弥天大谎，已经没有继续讨论下去的必要了，但请容我再置喙一二。你们说，你们从未用过武力，一向通过缔结条约开辟外交，这是合众国的传统。可是在六年前，贵邦初遣使节，却准备了众多的军舰武器，请问这是何意？贵邦甚至还做出了让使节送来白旗这等无礼之事，多亏我国朝廷不想让人民蒙受涂炭之苦，采取了宽容的政策，日美两国军民才能像如今这般和平地生活。如果我朝廷没能宽容以待，贵邦势必会行使武力。请问美国那时的举动是不小心失去了平日的风范了吗？此为可疑的第一点。此外，关于近日英国与中国的纠纷（第二次鸦片战争）你们讲了很多，为什么对印度英领德里的人民大暴动却闭口不谈呢？想必是担心提及此事，会不利于威慑日本。此为可疑的第二点。……英国就算面对中国这样的大国，都可以在条约缔结后，公然侵犯其国禁令，奸卖鸦片。何况面对日本这样的小国，恐怕无论条约怎样禁止，都难在事实上起到禁止的效果。你们一定会说，只要在与合众国的条约中写清禁止条款，英国也没办法废除该条款。但是，就算条款得以保留，但只要你们触犯禁令，人民不还是会蒙受其害吗？这不过是骗小孩子的伎俩……此为可疑的第三点。

正如您所知，我国此前从未与外国有过往来，不熟悉外国的情况。一旦与贵国缔结和亲盟约，自当万事以亲睦为旨，断不会有任何欺诈之行，想必贵国也不会玩弄欺瞒之术。万万没想到你们竟做出上述矛盾的言行，令人大失所望。正因为有着这样的状况，所以有必要重新交涉，视情况需要，可能会向贵国重新派遣大使，就前述诸项逐一展开质问。这次就先请回吧。

大致就是这样的内容。如果不明白日本当时直面的两难困境，就无法理解象山这一苦肉计的用心所在。并且，就现实而言，这个议论能否真的劝退哈里斯，尚且存疑。其实甚至连象山本人也认为，无论从双方的势力关系来看，还是从他对美国的肯定来看，都不得不缔结通商条约。不过，"尽管是不得已而为之，但若不在辞命（国家使节的言辞——丸山）上驳倒对方，还是有辱国体"（安政四年[1857]十二月，与山寺源太郎书）。总而言之，从中我们可以看出象山据理力争、以理服人的作风。在国际交涉上，即使双方没能取得共识，但通过交涉把彼此不同的立场和看法让对方知晓，这本身也有一定的意义。也就是说，如果采用象山这一论法，或许多少就能让对方了解到日本为什么会看起来那样冥顽不灵地锁国，因此也不能说完全没有效果。

"修辞命"的思想在这里意味着，"即使不得已开放了贸易，该质问的地方还是该好好质问，不能只知道腿软"。在象山彻底转向开国论后，他重新诠释传统的精神依然熠熠生辉。象山被解除幽禁后不久，便于文久二年（1862）九月写了想要进呈给幕府的奏疏。在奏疏中象山提出了不要再把外国视为夷狄而要以对等的礼仪与之交往的著名主张，但值得注意的是，这一主张的依据不是近代国际法，而是《周礼》："接待外蕃，属宾礼，宾礼为五礼之一，须厚礼相待"。换言之，象山在骤变的国际形势里充分发挥了正称呼、正名的传统范畴的作用，并在实质上提出了等同于近代国家外交原则的主张。当然，从思想史的发展阶段论来看，象山的前述立场可以看作是从儒教的"中华"对"夷狄"观，到近代国家平等论的一个过渡。但从另一角度看，象山并非彻底抛开既有的理论和范畴，忽然投身到新思想中，而是在新的现实状况下一步步考察并重新定义既有的理论和范畴，让自己的思想得到内在的成长和丰富。我们可以从这个态度一窥象山一以贯之的学问观。在这里，我们可以看到一种思想态度的发展"典型"，这种发展既不是"精诚所至金石为开"的僵化的教条主义，也不是无原则地根据状况改变立场的机会主义。

前文我曾引用《读洋书》的汉诗,来说明象山打破了由汉学多年滋养而成的日本与"东洋"的同一化。在象山的逻辑体系中,这点与他对圣人之道的普遍真理的笃信是不矛盾的。为什么这么说呢?如果把圣人之道与中国这一特殊的地域及历史文化绑定在一起,再把日本也算在其中,将其当成"我们"的文化,这样的世界图景不可能培育出象山那样的态度,即将儒教的诸种范畴及概念装置放在新形势下加以审视并重新定义的态度。另一方面,如果只是把以前的东洋与"我们"的同一化,简单地置换为西洋与"我们"的同一化,这种廉价的转向亦没办法让我们意识到自身所佩戴的眼镜,更别说将其对象化并加以审视了。只不过东洋的现实变成了西洋的现实,不加批判地追认现实的态度,不保持距离地审视对象的姿态,仍然是一样的。对观察和分析的主体来说,必须首先将东西方的所有文化加以客体化,然后再把一直以来与普遍真理混杂在一起的诸种传统概念装置抽离开来,这样才能从中甄别出有用的和没用的部分。象山对圣贤之道和格物穷理的信奉,并非浑浑噩噩地呆板地遵循传统,而是经过了这样的主体性选择后的结果,是对永恒真理的忠诚。正因如此,他才能同时斩钉截铁地说:"现在的外蕃……学术技艺远在汉土之上,发明了古之圣贤未尝发明之物。"(同前,与星严书)

五

最需要保持距离加以认识和分析，同时也最容易欠缺这种冷静的，是对动荡期政治形势的认识。原因很简单，在政治世界里，敌我双方的对立突出，对形势的认识因此也容易受到个人好恶、激情及一厢情愿的思维谬误的干扰。并且，政治世界还是个极其变幻无常的世界，在那里，不仅昨日之敌会变成今日之友，一不小心还会弄假成真。

观察象山的各种奏疏，我认为今日也值得学习的一个政治思考方式是这种眼光：不掺杂主观好恶地冷静分析政治形势，捕捉其中矛盾的发展方向。天保十三年（1842）象山向松代藩主真田幸贯进呈的奏疏就是一例。正如前文所述，这是体现了象山在此时还囿于俗套的攘夷论的知名奏疏。然而，进一步看这个奏疏可以发现，他在这里为我们演示了该如何写实地认识政治形势。象山在奏疏中写道：夷狄英国对日本的野心是毫无疑问的，英国通过漂流民送来了很多东西，但这些都是谋略，不过在以兵威威慑朝廷，以期与日本展开贸易。万不能上英国的当。如果泛泛而读，这看上去就是当时常见的夷狄观，与象山日后的开放见解有很大差异。不过进一步看他的逻辑推理，象山在该奏疏中这样写道："彼国有唯利是图的习俗，即使与本邦有深仇大恨，也不会仅仅为了祸乱本邦而投入众多费用派遣兵舰。"也就是说，虽说夷狄不讲义，也不讲道德，仅按利益行事，但也不会因此就对日本使用武力。无论夷狄对日本有怎样的深仇大恨，抑或对日本如仇敌般恨之入骨，也不会仅因为憎恨就专门投入资金祸乱日本。除非有利可图，否则不会动用武力。这是第一个命题。

接着，象山在该奏疏中写道："夷狄本就不辩道德仁义，唯利是图，一旦发起兵乱，则始终按照本国利益行动，因此尽管与我国无怨无仇，也难免会做出极尽暴虐之事。因此即使我国以厚礼相待，期盼夷狄不要有所怨恨，也是无济于事的。"这段文字乍一看与前述命题相反：夷狄一向不懂仁义道德，仅按利益行事，因此即使对日本无怨无仇，只要有利可图，不知会做出什么事来。但其实这两个命题是基于同一认识的两个侧面。换言之，只要夷狄以利益为行动准则，按照得失权衡行动，就不会仅因憎恨日本，便对日本发动武力攻击。不过，正因为夷狄按利益行事，所以即使对日本没有任何怨恨，也会根据情况对日本行使军事力。用现在的话来说便是，基于国家理性的利益权衡是近代外交的基础。这与喜欢或讨厌某个国家，对其憎恶或持有好感等感情层面的问题是不同的。也就是说，利害得失这一行动准则中，蕴含了正相反的政治行动的可能性。像这样，象山从乍一看非常通俗的夷狄观出发，导出了关于国际强权政治的动态的逻辑，这点值得我们的注意。

象山在此提出的国际强权政治的逻辑，与传统主义的攘夷论者的逻辑是不同的，传统主义攘夷论者认为，西洋诸国皆贪婪且不讲道德，必定会来征服日本。同时，象山的逻辑也不同于那种多愁善感的基于情感性人际关系的亲密主义国际观，这种国际观认为，同样生而为人，只要我亲切以待，对方自然不会使坏。认为贪婪的、邪恶的对手一定会发起进攻，这是一种固定的思考方式。但反过来，认为大家只要和睦共处，便会万事大吉，也是一种相反的固定思考方式。这些思考方式都对政治"对手"抱有固定的期待，认为对手一定会按固定的套路出牌。在流动的国际政治形势中，基于固定期待下判断是危险的。如果期待落空，甚至会变得不加批判地肯定曾经猜忌和憎恶的敌国。直到昨天还狂热地主张攘夷，转瞬间便转而痴迷西洋的现象，便是很好的例子。反过来，如果把对方视为友好国家而充满了固定的期待，一旦期待被辜负，便会爱之切，恨之深。越是缺乏政治现实主义，越容易受到这类情感性判断的影响。

想要同时把握住一个事件中包含的向相反方向发展的可能性，非常困难。然而对政治指导者来说，认识事件的两极性或多方向性的能力，是不可或缺的资质。只有认识到这一点，才能从自身立场出发，对一定形势中蕴含的合乎期待的可能性加以发展，对不合期待的可能性加以抑制，以此为基础进行政治选择，做出政策决定。所谓政治是"可能性的技术"，指的便是这个。"理想、方针是这样，但现实却……云云"的说法，把现实和理想固定地加以对立，暗藏了一种单纯追认既有事实的"现实主义"的逻辑，这与前述的那种认识是毫无关系的。

此外，我认为象山的现实主义还体现在对政治目的和手段的认识上。以同一奏疏为例。在象山的这一早期资料中，已经可以看到一种成熟的政治思考。

尽管公仪旧来的法规已严格限制西洋舰船的制造，不便开工造船，但除此法外再无防御外寇的办法，即使已经严令禁止，为了天下安危也当冒此之不韪。先代为了天下后世定下此等法度，基于当代的胡乱政策随便打破法度，当然不合义理。但为了天下人树立的法度，为了天下人加以改正，何足畏惧。

若先代临此御时节，处于当代的位置，必不会拘泥于旧来的法度。

言外之意，以前的西洋和现在的西洋完全不同。我们应当试着设想，如果制定锁国政策的先祖活到现代，他们针对当下形势会采取怎样的政策。禁止制造大船巨舰，无疑是锁国政策的基础。但这是先祖从当时的形势出发，为维护日本独立，抵御外国侵略者，以期天下安泰而采取的政策。如果忽视关键的政策目标，将恪守法度本身当成一种政治传统，便混淆了手段和目的。换言之，先祖在当时的形势下，基于对外独立不可侵犯的目标，做出了相应的政策决定。把它代入现在的形势，便该去思考要采取怎样的手段和政策，才能在不同形势下实现同一个独立不可侵犯的目标，这才是真正忠于先祖传统的做法。它既不是在传统的名义下屈从于旧局面和既有事实的"现实主义"，也不是"当代的胡乱政策"，即基于突发奇想的杂耍般的政策决定，而是一方面贯彻原则，一方面应对转变的形势，不断平衡把握这两个方面的思考方式。这与象山学问态度的转变是互为照应的，象山在学问论上，也并非突然一头扎进西洋学，而是始终以朱子学或《周易》的思考方式为原则，从现实的形势出发对其进行重新诠释。

因此,到了文久年间,尽管象山明确地主张开国,但他的逻辑也绝非高高在上地从观念上拒斥锁国,支持开明主义。他肯定了锁国论动机中隐藏的某种正确性。但他会这样说——锁国也可以,我们就假定锁国为目标;那么,我们必须考虑,为了实现这一目标需要哪些现实条件?在现在的具体形势里,为了实现锁国可以采取哪些手段?接着我们需要考虑,当在政策上导入这些手段时,又会产生哪些现实结果?也就是说,我们先把锁国这一目标本身的价值判断暂且搁置一边,把它看成一个冷静分析与预测的问题,会得到怎样的结果呢?最终,"因为一直在锁国,导致国力和治国之术都要劣于外国,以至于难以达成锁国的目标"。也就是说,由于锁国政策的实施,最后连锁国这一关键目标也无法实现。这句话引自文久二年(1862)象山向松代藩主真田幸教进呈的奏疏。这里权衡目的和手段关系的认识,与上文天保十三年(1842)进呈给幸贯的奏疏是一脉相承的。

像这样,根据一定的目标选择合适的手段,或不断观察导入手段后的衍生效果,基于能否实现目标的判断做政策决定,这毫无疑问属于冷静的知性判断。不会被动荡的局势冲昏头脑,用知性做决断的指导者,便是"成熟"的政治指导者。象山始终据实观察国际政治,他洞察到,能左右强权政治的绝不仅仅是物理上的力量关系,前述的政治知性亦扮演了举重若轻的角色。"尽管寡不敌众,小不敌大,弱不敌强,但往往可以靠智谋成功地以弱制强,以小使大,以寡驭众。兵道经略唯智谋也。"（安政五年[1858]三月，与星严书）象山认为国力即是军事、经济、政治、民情等综合实力，因此他反复强调国力是国防的基础："古今霸者之国，所以其上虽富下必虚，其兵虽强民必弊。其见其效虽或速，而其流祸至久而不已也。"（《正谊馆记》）这里的象山不仅不是明治型富国强兵的首倡者，他甚至还预见了这条道路的终焉。总而言之，从上述事例可以看出，无论在什么情况下，象山总是以主知的现实主义思考法为基础来应对政治状况。

正如前文提到的那样，从日本人传统的思考方式来看，象山的思考法属于异类。在吉田松阴搭乘美国船企图偷渡却以失败告终后，象山也受到了连坐之责。松阴在接受讯问时说：我很清楚这是在触犯国禁，我早已做好了事情败露后受刑的准备。松阴从容的姿态让幕府官吏也心生佩服。而象山却从一开始便不断为自己辩解，给官吏留下了相当不好的印象：我的所作所为是合法的；佩里来航为非常之变，不该死板地套用禁令；帮松阴修改带去美国船的文书时，以为那只是假托偷渡言志的文章，没想到松阴会真的付诸行动。松阴非常了解象山："象山不甘心去死。所以没眼力的人会称赞我，把象山斥为懦夫，然而象山比我有耐性。每个人都有其所长，有其所短，我也不会去模仿象山。"松阴干脆果断的态度似乎更受一般人的喜欢。当然，象山不仅不是懦夫，有时还会凛然蹈死，例如他前去京都的内情便清楚地体现了这点。京都的象山在给爱妾小蝶的信中写道：尽管有人担心他的安危，但"天知晓我的志向,断不会轻易让我被暗杀",如果自己受到伤害,那么日本也一定会陷入大乱,"我象山捏着日本全国的命脉……因此心中自有一份安然",象山意气风发地陈述了自己的决意。

不过,最有象山特色的,还是象山在松阴事件中始终明辨是非,没有正当理由就不服罪的据理力争的态度,这种态度体现在下述这种思考上:象山认为与其因行将就木的锁国令而失去完成使命的机会,不如试着努力扩大合法性的范围,因此才铤而走险地采取了不干脆的行动。文久三年(1863),象山在给京都弟子的信中写道:现在京都暗杀横行,许多人被血气冲昏头脑而失去理性,集会时切不可进行过激的讨论,"万事在韬光养晦",这也体现了同样的思考方式。同样有着一死报国的担当,就象山而言,无论面对怎样的困难也要为了实现目标而活下去的韧性,与根据目标选择相对有效的方法的合理态度结合在了一起,在这一点上,他与幕末的众多志士是截然相反的。

不过,无论是哪位思想家,都无法将自己的根本思想贯彻到每个社会行动中,而思想本身也毫无疑问地会带上思想家本人气质与性格的烙印。今日的演讲本就不是为了概述象山其人及其思想,我不会继续展开这种性格论,但请容我再补充下述这点。

象山主知的冷静现实主义和缜密的分析,在国际政治、外交等宏观政治形势的观察或长期观察上发挥得淋漓尽致;但涉及日常的身边事时,在那些具体的人际关系起作用的领域,对不擅长所谓"人情之机微"的象山来说,他的性格特点就未必有帮助了。正如人们所知的那样，象山那著名的桀骜不驯的性格，往往使他行动的现实效果大打折扣。象山的奏疏和信函中经常会出现这样的牢骚：看，我十年前不是已经写过了吗？我三十年前不就已经说过会变成这样了吗？即使他说的没错，但也不难想象周围人的心里并不好受。象山在给姐姐的信（弘化三年[1846]一月三十日）或《省愆录》中，还对这点进行了自觉的反省，但直到晚年他也未能改掉这一毛病。在象山已成了心系"五世界"的匹夫时，却深陷松代藩内激烈阴惨的派阀纷争，实在是既讽刺又可怜；但不可否认，象山本人也（正可谓非理性地）冥顽不灵地主动插足进去。自文久二年（1862）到三年，在象山九年的幽禁被解除前后，长州藩、土佐藩、朝廷先后聘请象山，却都告吹了，这些事件的来龙去脉都清楚地体现了其性格带来的不良影响。最终，元治元年（1864），象山奉幕府之令前往京都，并最终命丧京城。

当然，自文久二年（1862）的坂下门外之变后，京都迎来了尊王攘夷的最高潮，象山的命运终究是无可回避。但倘若象山接受了土佐、长州的聘请，在当时混沌的形势中，也许这毫厘之差就改变了最终的命运。不过，象山来到京都后，宛如雌伏之虎等到了时机，也就难免会有些操之过急。象山不仅全然忘了"万事在韬光养晦"的方针，甚至不顾被人盯上的风险，大白天坐着惹人注目的西洋马鞍到处转悠。而另一方面，象山又如此谨慎，连睡觉时都会在枕头下放一把短枪，他在京都的行事风格实在令人费解。象山在给小蝶的信中流露的决心有打动人的地方，但还是太急于求功，甚至故意针对京都的风潮，乘着挑衅的西洋马鞍在市中转悠。应该说,真正贯彻了"万事在韬光养晦"这一精神的,并非象山,而是他的徒弟兼义兄胜海舟。

尽管如此,即使象山没有这样的天性,在幕末那种政治形势下,不惧危险始终贯彻知性勇气的思想家,难道不也注定要踏上一条孤独之路吗?象山有一首和歌:"一呼若得百诺应,老躯安敢再惜声。"可见在他那桀骜不驯的面孔下面,还藏着一缕寂寞之魂。环绕在象山周围的总是赞赏和崇拜、嫉妒和憎恶的漩涡。晚年的他就在这样的漩涡里席不暇暖地开展活动,也许其内心深处就在品味着某种乏味的空洞感。

六

最后,我再简单回顾一下象山思考方式的特点。他在幕末的危机形势下强调对世界新的认识,以及变革旧有世界图景的必要性。他提出,在认识世界时,如果不重新审视我们既有的眼镜及传统概念装置,便看不到真正的问题所在,也就无法找到应对未知状况的正确方法。就象山而言,他对认识工具的再检讨,是通过重读经典,在新形势下重新诠释儒教范畴的方式完成的。"如果用昔日神圣之代来代替当代……那么他们也不会做出不同于东府的处置"(同上所收,安政五年[1858],与梁川星严书),他总是这样展开思考:古之圣人在今天会怎样思考,抑或如果把17世纪形势下采取的锁国政策,代入到19世纪的世界和日本的局面里会得到什么。正是这种问题的推进方式，让象山的思考既稳健又有弹性。

　　而生活在现在的我们要想从象山身上学有所得，也应该试着设想，如果把象山在当时应对问题的方法与思考方式，代入当下的形势里会得到什么。我们所生活的现代正如幕末一样，时代要求我们的世界图景做出根本性转变。我们的世界在急剧扩大，我们宛如进入了所谓的"宇宙时代"，将触角还伸向了地球以外。这不仅是自然科学和技术的问题，比如国际法也面临了宇宙国际法这一全新问题。同时在另一方面，时代的聚光灯打在了数百年间不受历史发展眷顾的，或说是作为被统治对象的大片土地上，生活在其中的占世界过半人口的人们从长年的睡梦中清醒过来，扮演起了日益重要的角色。尽管如此，我们观察世界的范畴，观察国家或国际关系的范畴依然没有变化。当今国际社会的结构和观念，不过是把从近世专制主义国家时代到19世纪末为止形成的西欧主权国家体系，扩大到世界范围内得来的；国际联盟和联合国亦由此而来。甚至可以说，国际联盟现在面临的苦恼之源，便是这种传统体系与其亟需解决的课题之间的裂缝。

　　旧的思考方式和自古以来观察世界时使用的眼镜，深深地嵌在了我们的身体里，让我们有一种错觉，仿佛除此以外再没有别的观察事物的方法。除了前述世界各国共同面临的问题外，日本还背负着其独特的历史由来。比如"开国"这一欧美诸国不存在的特殊问题，并且从历史上看，与其说日本向世界开放了国门，不如说向"欧洲"开放了国门，这一情况也相应地制约了日本人的眼镜。当然，我们现在已不再将西洋视作夷狭了，可是在与幕末大不相同的昭和时代，不是仍在把西洋唤为"鬼畜英美"吗？也许幕末并非如我们所想的那般遥远。不过总而言之，在今日，象山曾苦口婆心地反复强调的那种世界图景和国际关系的认识方法总算成了常识。但是，我们有必要趁此机会重新考虑一下：我们脑中的世界地图真的合乎当今的形势吗？我们的"世界"或"国际"的意象跟明治鹿鸣馆时代以来形成的意象相比，到底有多大的改变？

刚才主持人也提到，我从1961年到去年为止一直在美国和英国，用过去的话来说就是"洋行"。我们把去欧洲和北美叫"洋行"，去东南亚、印度和中国则不会这样讲。"洋行"一词有着浓重的时代感，再比如"外人"，时至今日，我们说起"外人"，指的仍是欧洲人和美国人。我们不会称朝鲜人或印度尼西亚人是"外人"，也很难把他们与"外人"的意象联系在一起。我们虽然说亚洲国家都是伙伴，但我们真的从明治时期形成的欧美中心的世界图景中解放出来了吗？无论是亚洲、非洲，还是中南美、北美内部都发生了巨大的变化，乃至世界的结构也正进行着巨大的转变，但比如中近东、中南美在我们脑中的世界地图上究竟占据了多大的位置呢？我并不是说要去支持在部分地区流行的亚非主义。用一种狭隘主义来取代另一种狭隘主义是没有意义的。我比谁都肯定历史上欧美文化的普遍价值，但我想在这里指出的是，象山曾针对历史上日本努力学习汉文明和汉学的方式，展开过这样的批判：中国文明的历史被认为始于四千年前的尧舜时代，但并非到了尧舜之代，才忽然冒出了高度的文明，这文明大概是凝结了众人千年、两千来年的智慧发展而来的。尽管如此，结合中国之后的历史现实来看，"唐土虽不可思议地在很早启蒙了智慧，但到了后世，其文明却越来越没有章法"。日本因"学其无章法之处，所以至今仍无法获得启蒙"。因此，往后该摄入西洋之学（安政二年[1855]三月，与山寺源太郎书）。如果近代日本如饥似渴地从欧美文明中摄入的，或现在正在摄入的，是欧洲文明内在的普遍价值，那自然是好的。可是，如果我们学的是"不可思议地在很早启蒙了智慧"的近代西欧诸国家的"无章法之处"，并且事到如今仍在试图拙劣模仿的话，长眠地下的象山会作何感想呢？我认为我们有必要重新思考象山在当时提出的问题，即继续依赖儒者、国学者的认识工具来观察世界是不行的，我们必须改变观察世界之眼。

比如民族独立到底意味着什么？战争是主权国家毋庸置疑的法的权利，在帝国主义在世界范围内拉开帷幕的时代里，日本的民族独立首先意味着充实国防建设。在那样的时代，强权政治几乎是万能的，国家通过军备或军事实力获取别国的尊敬，从而保障本国的安全。但在今天，有着领先世界军备实力的美国和苏联，究竟在多大程度上享受了安全感，又赢得了世界范围内的多少尊重呢？在另一方面，只要动用军事力量就可以像踩死蚂蚁般扑灭的殖民地或发展中国家的独立运动，为什么"先进"的大国却这般束手无策呢？也就是说，我们也许又一次来到了需要摘掉既有的眼镜，重新检讨国家是什么、国家独立是什么、民族自卫是什么，这类围绕世界图景的根本问题的时刻。

也许话题有些铺得太开了。但在我看来，被时人认为在说空话的象山，从长眠的地下向今日的我们提出的质问，就是这类根本问题。

附记：本文基于1964年10月"信浓教育会"在长野县松代町举办的象山逝后百年纪念集会的演讲速记整理而成。

开国

我们的城邦向全世界开放。

——伯里克利《葬礼演说》

资产阶级社会的真实任务是……建立世界市场和以这种市场为基础的生产。因为地球是圆的，所以随着加利福尼亚和澳大利亚的殖民地化，随着中国和日本的门户开放，这个过程看来已完成了。[1]

——马克思《关于中国的信》

一

何谓"开国"？它可以指代某种象征性事态，也可以理解为对一定的历史现实的描述。就象征性而言，它表示从"封闭社会"向"开放社会"的相对推移；就历史现实而言，它无

---

[1] 译文采用《马克思恩格斯全集》第二十九卷，人民出版社 1972 年版，346 页，中央编译局译。原文为 1858 年 10 月 8 日马克思致恩格斯的信。——译注

疑代表了自 19 世纪中叶以来，远东地区诸民族，尤其是日本、中国和李氏朝鲜在不同程度上被强制性编入"国际社会"的一系列过程。本文将从这两个视角相重叠的地方出发，探讨幕末开国期在思想史上的位置。

从"封闭社会"到"开放社会"的发展，并非是发生在过去的、永不重复的过程。无论是最先提出这组对照的亨利·柏格森（*Les deus sources de la morale et de la religion*, 1932），还是对柏格森进行批判性继承的卡尔·波普尔（*The Open Society and its Enemies*, 1950），他们都同意，时至今日完整的"开放社会"也不曾实际存在过。柏格森将"封闭社会"（sociétés closes）及其道德，假定为人类社会刚摆脱自然之手的初始状态；波普尔则将其抽象为人的行动方式备受巫术和禁忌束缚的部落社会，不可否认，这个范畴的诸要素来源于历史上的"未开社会"；但同时，恰恰因为它的关键环节带有生物学特征，使它并不专属于某个特定的历史阶段，甚至在这些思想家所生活的西欧社会里，它也仍在被视为当下的问题。因此柏格森说："我们的文明社会也是一个封闭社会。"（平山高次译：《道德与宗教的两个来源》，岩波文库）波普尔也曾写道："希腊人为我们开启了这场伟大的革命——从封闭社会到开放社会的推移，而直到现在，它仍旧刚刚起步。"（*ibid.*, p.171）这无疑都证明了这些范畴对当下问题的有效性。

就象征性而言，日本有过三次"开国"的机会。第一次是从室町时代晚期到战国时代，第二次是幕末维新期，这次战败之后则是第三次。本文涉及的对象仅限于第二个"开国"期，内容方面也主要集中在对历史的内在理解上。然而，对身处第三个"开国"正当中的我们而言，我们不该只把历史上的开国看成特定的历史现实，还应当自由地从中汲取关于现在的问题和意义。为了完成这个剥离工作，本文将把柏格森与波普尔的"非历史"或"超历史"层面上的范畴，作为衡量的参考投放到历史情境中。经过上述讨论，相信下述这点已经非常明确：即我在这里所做的探讨既不是为了导出"欧洲曾经有，日本却没有"的"匮乏理论"，也不是在肯定"日本接下来要因循西欧的某个历史阶段"的僵化的"先进国"理论。[1]

第二，关于作为历史概念的"开国"，大概不需要做特别的说明。"国际社会"并非地球上自在的存在，无论从它的生

---

[1] 本文的课题，不是先严格确定柏格森和波普尔对这两个范畴的定义或价值判断，然后再对其加以运用。因此，在谈及"封闭社会"与"开放社会"这一对照时，我们关注的是这两位思想家在概念构成上的共同点，而非分歧点；而二人在"哲学"上的基本对立也不影响我们当下的分析。譬如巴尔比（Zevedei Barbu）近日在 *Democracy and Dictatorship: Their Psychology and Patterns of Life*（1956）中抽象出的民主主义精神结构的诸要素，在实质上与前文里二人对"开放社会"的类型化非常类似。问题不在于语言，而在于它们所呈现的关于形势的一般倾向性。因此本文不会详细讨论它们的意义，但为了便于在大体上理解它们，在此将简要概括巴尔比的"民主主义"纲要：

一、其成员感到个人和社会生活处于一种不断变换和调试的状态中，有一种变化感，因此把自己置身其中的社会把握为一种开放的结构（open structure）。

二、成员认为这种变化是个人活动相互作用的直接结果，因此普遍觉得自己是社会的创造者。而公共集会的习惯与参与决策的热情也与此有关。虽说各类社会里都有合作，但在这里，重要的是不同社会集团间的自主性合作。

三、认识到权力与权威的不稳定性和相对性，即认识到权力并非是让渡的，而是委托的。因此，例如经过民主手续让渡的权力也是非民主的。

四、成员们相信权威不在于外在的权力，而在于内在的理性。因而对于能给予眼花缭乱的变化以秩序的永恒价值产生了信念。基本人权的基础正是这种普世价值，而统一并非既有的给定物，而是以多样性为基础的统一。

发缘由（基督教共同体 [corpus christianum]）看，还是从近代国际社会的结构（主权民族国家基于平等的立场与权利缔结"外交"的社会）看，它原本都是以欧洲文化圈为前提的历史范畴。东洋自古以来便有印度、伊斯兰、中国等复数文化圈并存其中，这些文化圈之间尽管有着偶然的交流或接触，但直至19世纪末，这里并不存在与欧洲同等意义上的统一"亚洲文化"或"国际关系"。与西欧诸国不同，日本和中国并非在既有的国际社会中逐渐孕育出近代民族意识，而是在某个历史节点上，面对从外压迫而来的结成一体的"国际社会"，不容分说地被迫觉醒了"世界"与"我"的意识，被迫开始思考如何适应国际环境的问题。在欧洲，基督教、"资本"、养老院、大炮、军舰、义务教育、"电信"、国家主权及选举制度等诸文化要素有着漫长的发展历程，但在这里，它们化为一体，组成"西洋"这个庞大整体并一拥而来。因此，"开国"的中心课题亦转而成为——是彻底屈服于价值体系和传统完全不同的"西洋"，还是选择彻底的拒绝，去固守自足的系统。日本和中国（或其他亚洲地区）应对这一两难困境方法的不同，决定了彼此历史命运的分歧。

二

从室町时代到战国的动态历史过程中，领主分国制孕育而生，德川幕藩制，也就是将这一动态的领主分国制加以静态冻结，从而形成的体制。如果德川氏在否定大名分国制的基础上确立起对全国的统治，那么的确会走上一条典型的专制主义之路。然而，德川氏却始终将三河时代以来以谱代为中心的主从结合维持为其权力核心，并借助这个力量对公家及寺社势力进行了非政治化处理，同时又控制了基于与德川氏基本相同的组织原理的外样大小名。德川氏在物质基础上的压倒性优势，说到底不过是在"天领"上的绝对优势，是个量的问题。无论是政治还是经济领域，当幕府把自己在全国的权力抽象化为"主权"时（这里暗含了一种近世专制主义的历史方向），势必都将否定德川氏赖以成立的基础。换言之，对"统一"政权来说，"保障"诸大名"领地"的举措，并不是原本应予以否定却因事实上的权力限制不得不予以容忍的"不得已的恶"，不如说，这才是幕藩体制的基本原则。

德川体制是对战国割据状态的冻结，这首先体现在幕府及各藩的行政组织在紧急情况下能够直接转化为军事组织，并瞬间切换到战时动员体制上。不仅幕府对各藩间的交流加以限制，各藩也自行基于各自固有的武装权和行政权，严格维持着自身的封闭性和自足性。幕末旅日的外国公使无不惊叹于这一体制下密探和监视机制的异常完备性，英国驻日公使阿礼国（Rutherford Alcock）便称其为"The most elaborate system of espionage ever attempted"（*The Capital of the Yycoom*, 1863, Vol.2, chap.34）。这种便需要以霍布斯"自然状态"的持续潜在性——对足利或说战国"乱世"回魂的恐惧——为前提来理解。哈罗德·拉斯韦尔（Harold Lasswell）从20世纪的极权主义国家形象里抽象出了所谓的"兵营—牢狱国家"。在过去的世界史上最符合这一形象的,无疑首推德川幕藩体制。并且,它不是将全国单独组织起来的兵营国家,而是有着重层结构的兵营国家,那里有近三百个不同大小的兵营国家共同拥戴着为"征夷大将军"所统率的全国性兵营国家。德川时代最大的历史悖论在于:德川幕府以全副武装的超军事体制为基础,却成功维持了超过两个半世纪没有内乱或革命动乱的"泰平"状态。不过,正如幕末旅日的英国著名外交官萨道义(E. Satow)对幕藩体制所做的恰如其分的评价那样:"在这里,政治的停滞被当成了稳定。"(*A Diplomat in Japan*, 1921:39)这个"稳定"的代价,无疑是包括政治在内的一切社会生活的固化和冻结化。但在文化高度发达的阶段,这种处处都人为精心设计过的封闭社会竟能长期存在,不得不说是一种文化史上的奇迹。而制造出这一"奇迹"的,除了幕府无与伦比的精妙统治技术外,还有"锁国"带来的与外界几乎完全隔离的状态——尤其是与欧洲世界的阻隔。并且,只要国内冻结所形成的固化与国际的隔离呈函数关系,那么,"国际关系"的爆发,势必会反作用于国内社会的流动化,自然而然地,巨大的冰块将瞬间消融殆尽。事实上,"开国"的冲击就首先体现在,被冻结的战国割据状态和足利末期"下克上"的再次上演。

冻结军事体制却带来了长久的稳定与秩序,最能象征这一悖论的首先是幕府带头的"文治"(!)政策和"教学"振兴,这些政策方针通过把身为战斗者的"武士",假定为以"君子"

为理想的教养人士，成功地把儒教这一中国家产官僚制的典型意识形态推广为体制教学的正统。武士新的存在价值转而成为——通过教化"知利而不知义"的庶民，并将其编入人伦系统中。正如宗祖的权威与真理价值合而为一，师门的权威与美的价值合而为一一样，政治的权威与道德或宗教价值的合一，无疑也是"封闭社会"的基本倾向。在封闭社会，"反对者"是该歼灭的敌人（除自己以外的权威或流派），而不是在讨论与竞争的过程中能逐步接近客观价值的辩证法（即对话）上必要的对立者。只要师门还是价值的体现，那么门人对师门宗祖的批判或自主的方向选择，在一种物理意义上必然意味着对真理或美本身的反叛，意味着价值秩序的混乱。与此同时，对价值体系的守护者来说，下民"诚惶诚恐地批判政道"，或是自由选择权力者的行为，不仅是对权力的反叛，而且首先意味着道德与神圣性的崩坏、利欲与淫乱的无节制泛滥。后文谈到的那种幕末"古典"攘夷论的思想根据之一在于，"西洋人重利而轻义，果然是夷狄"（大桥讷菴：《辟邪小言》）的印象，与对"在日本，士和商人是被明确区分的，士以义与耻为第一要义"（大桥讷菴：《嘉永随笔》）的确认的结合。对这些攘夷论者来说，"开国"意味着同样代表"利"的西洋与庶民的双重胜利。把在以德川齐昭为首的统治层的奏疏和布令中频繁出现的"奸民狡夷"一词，放在这个语境里理解，可以发现它并非单纯在讲究对仗或盲目地组合词语，而是有着深刻的理由。

然而，这种明确的对立加剧了局面的不稳定性。德川体制的固定化并不完全仰赖于统治者与被统治者,即武士与庶民的身份、价值的隔离,而是通过在统治层中设定出无限细分的阶层关系,再把这种关系推广到被统治层中而完成的。五伦五常的规范体系涉及的不仅有"士大夫"层,还囊括了整个社会。忠、孝、义理、奉公、资格等价值成功渗透到商家、村落等一切狭小的社会圈中。这些数不清的不同大小的封闭社会圈,通过这些权威价值被连在一起并得到加固。

军事组织和军事精神的根本特征在于精神主义与程式化(stylization)的结合。就此点而言,德川时代的武士生活把这些以战时为前提的特征,也冻结成了日常形态。比如原本意味着战时"行军"的大名队列便被彻底地礼仪化,甚至娱乐化。军国主义的外观和行动上的程式化,本来是为了在变幻莫测的战场上识别敌我双方,以便指挥系统能一目了然。然而,在德川体制中,所有日常生活在客观上的形态化,却反过来为状况和精神的静态化和固定化服务。

众所周知,幕府在刚成立不久便为了限制社会流动,将全部精力投入到对地域和身份的限制,及对人口集聚和移动的控制上。例如把农民束缚在土地上、对徒党的禁止、对职业变动和旅行的限制、解决纷争时的局部主义等等,都体现了幕府的这一政策倾向。宽永十二年(1635)的法令"发生斗殴、纷争时,不可聚集",便象征性地体现了幕府防止人口集聚的态度。江户时代社会生活的一大特色便在于,其文化与行动的严格规范化遍及包括衣服、乘舆、建筑、座位、膳食、问候、敬称(据称,"样""御"根据对方身份的不同有七种不同的写法!)

在内的各种生活细节。在这里,儒教的基本范畴"礼"不再是"抽象的"规范,而是能为日常经验所感知的"格式"[1]的约束力。而江户时代赖以成立的精神,与战国武士的"随机应变"恰恰相反,是"墨守祖法、停止新仪"的彻底的传统主义,是"安分知足"的消极的保身主义。但价值与权威的结合,在这里绝不意味着个别首长具有自由的主动权,而是反倒如青年时代的德富苏峰所一语道破的那样:

> 当时的实际主权者究竟是谁?有慧眼的人,一定会说,既非天子,也非诸侯,更非士农工商,而是别的什么。究竟是什么呢?他会说是习惯。封建社会是习惯最为嚣张跋扈的地方。封建社会是仰赖习惯得以成立,并与习惯共存的社会。一旦习惯被破坏,封建社会的组织也会同时变得混乱不堪……而习惯只有在锁国的局面下才能横行。(《新日本之青年》明治二十年 [1887])

换言之,真正被神圣化的戒律所守护的,始终是能被经验感觉所感知的、具体化和形式化了的常规和习惯,它与"泰平"的持久局面都被当成"自然性"的既有物,而非政策和操作的人为结果。就这样,"就好像日本全国几千万人被分别关在几千万个笼子里,或被几千万道墙壁隔绝开一样"(福

---

[1] 格式:指不同的身份、家系要遵守的与之相称的仪式和规格。这些"格式"的权威来源不是法令或条文,而是"惯例"。——译注

泽：《文明论概略》第五章），日本史无前例的完美"封闭社会"的重层结构得以形成。如果说，"未把社会生活中出于习惯的规律性，和在自然中发现的规律性甄别开来"（K.Popper, *ibid*:168）是所有"封闭社会"的基本要素，那么宋学的世界图景无疑就是最适合这个人为设计的封闭社会的哲学。宋学的世界图景一方面通过"天理"和自然秩序，奠定了五伦五常这一德川社会基本规范的基础，另一方面又通过"理一分殊"的有机秩序，规定了万物的地位与本分，因此自然能在德川时代的教学中位居正统。

当然，即使在这个"泰平"体制下，经济、政治、文化等各领域三百年来的历史进程，还是孕育出了新的流动性状况，但对这个过程及其意义的回顾并非本文的主题。如前所述，德川体制一方面是对战国体制的冻结，另一方面又令武士模仿基于"文官优位制"的士大夫的统治及行动方式，这一举措本身便包含了悖论，有着根本的"不合理"。而这"不合理"却被当成"道理"在世间横行，其中的"人为性"竟获得了那样强烈的"自然性"，不得不令人叹服。可以说，德川时代史即是以这一悖论在"泰平"中变得日常化和一般化的过程为经，以其中的"不合理"性逐渐暴露的反向过程为纬，编织出的复杂而精妙的绘卷。不过，因为两者是在向相反的方向同时发展，所以我们不能把后者的过程与奔着"开放社会"的单向展开等而视之。在幕末变革中最活跃的下级武士出身的"志士"们，大多都对"士大夫"化、家产官僚化的一般武士层的行动方式持有强烈的反感，也正因如此，我们可以从那里看到战国"尚武"精神的"纯粹化"。当这种思考方式在为明治时代国际关系的危机感所触发时,发生了各种变形,类似"上至嘉永年间的攘夷家,下至明治的国权论者,其思想都停留在一种兵略的攻守上……"(《外交之忧在内不在外》,《国民之友》第2号)或"一生从容不迫地议论着单纯的自由民权主义,一旦邻国有事发生,便转而主张应立刻踏破长白山头的云,去蹂躏四百余州"(苏峰:《将来之日本》)这样的顽固倾向,深深地扎根在自由民权运动家的身上。一言以蔽之,"锁国"的人为性和悖论,随着"开国"带来的流动化进程得到了逆向展开,"格式"亦即礼的迅速解体带来了无定形的(amorph)精神和行动状况,这一方面孕育了"开放社会"及其内在理路,同时又在另一方面复活了"封闭社会"的一个重要侧面,即"人们要时刻做好攻击和防御的准备,也就是说,必须摆出作战的姿势来维持彼此的势力均衡"(柏格森:同上所收)的战国时代的军事思考方式。

三

嘉永六年(1853)五月,佩里提督率领四艘军舰进入浦贺港,当这个消息抵达江户后,给整座城市上下带来了异常的冲击。《续泰平年表》这样记载着当时的局面:

> 浦贺各家的公馆,昼夜都有传来急报的汉马……大都

会江户的繁华街巷转眼间变成修罗之地，商家们搬来了武器道具，市中卖旧货的商家摆满了阵羽织、小袴和蓑笠，以锻冶为业的人为每家都锻造了甲胄刀枪，武器店里堆满了古旧兵器，价格高于平日数倍。住在海边的平民老幼妇女不得不离开住宅，搬着家财杂具四处移动。府下宽敞的街道挤满了狼狈逃跑的人，毫无立足之地。谣言四起，人人提心吊胆，惶恐不安。（《侧面观幕府史》，14—15页）

谣言与传播距离成正比，越传越夸张，被夸大的内容又像波纹一样继续往外扩散。

一犬吠实，万犬传虚。四艘军舰、五百个美国人，到了江户的街巷则传为十艘军舰、五千士兵；而当这一消息抵达京都，又传为百艘军舰、十万士军，人们纷纷联想起弘安之役。喧喧嚷嚷，谣传百出，人心纷乱，群情鼎沸。（竹越与三郎：《新日本史》上）

当然，自文化文政年间俄国船和英国船威胁日本沿海以来，"外国船只的威胁"一直是个棘手的问题。然而，佩里的来航却给朝野上下带来了不可比拟的紧张感。黑船象征了有着强大组织力、计划性和坚定外交方针的近代主权国家，那令人不安的威容仿佛在说，若不满足它的要求就会一直停泊在海上。曾通过鸦片战争的消息想象并深感畏惧的场景，如今成了眼前的现实。老中阿部正弘打破先例，在向京都朝廷请示的同时又与诸大名商量对策，甚至更进一步，向旗本以下的庶民阶层广征意见。就体制的流动而言，他迈出了象征性的第一步。但阿部正弘得到的大部分汇报和意见（收录于《幕末外国关系文书》）都不过是渡边华山等人早就感叹过的"井蛙管见"，这个结果也是理所当然的。可以毫不夸张地说，那里面表露出的发自本能的厌恶与戒备、虚张声势与恐惧的复杂情绪，是"封闭社会"在接触到与其完全相异的存在后的典型反应。在此不便对这些反应进行类型化分析，仅举一个与前文有关的引人注目的例子。松平越前守说："允许贸易就是触犯国禁，忤逆神旨祖意……且武备未修，万请缓之延之。如若允许贸易，在两三年或五七年之内，神州之国脉就会呈断绝之势。如若不进行武备整顿，恐怕天下会再次走向足利氏之末世，恳请明断。"从这段文字可以看出，统治层已经本能地察觉到，国际交流会直接使国内冻结的战国状态走向解冻。而统治层所害怕的不仅是大名割据的"休战"状态被解除，他们更深的担忧是，串联整个身份秩序的链条将出现松动，而这势必会使上文那种"奸民狡夷"的逻辑应运而生，落入到"奸民动摇→夷狄煽动→奸民反叛"的恶性循环里。

听闻去今两年的外国船只来航，原本低贱的人们生活更加困难，他们的社会信用度很差，常自暴自弃地喝闷酒，听说他们常与人发生争执，还经常侵犯妇女，甚至有人愤世嫉俗。外邦人本就善于驯服愚民，这样一来，愤世嫉俗者聚集的地方就有外邦人趁虚而入，对他们施与恩泽，如

若放任不管，终将酿成大祸。（安政元年 [1854] 正月，浦贺与力中岛三郎助的报告）

在这里被当成夷狄"间接侵略"手段的，当然是在贸易的掩护下渗透而入的"邪教"。一方面，"排耶稣"和"护教"运动基于天主教镇压时代基本相同的逻辑，再次兴起；另一方面，被视为"邪教"的一方也毫不示弱，将书籍巧妙地伪装成《智环启蒙》等世界地理解说书带入日本。虽然在安政通商条约缔结后，幕府仍严令禁止"邪教"，但到了庆应三年（1867）："当时，在两三年内著成的耶稣教书籍，仅我所见到的就有近百部……禁天主教已有二百余年，虽说时势如此，但禁令竟废弛至此，可谓国之危难。"（富樫默惠：《内外二忧录》）历经两个半世纪不辞劳苦筑起的防波堤竟如此脆弱地决堤了。在稍后的时代里，一位维新政府的弹正台派去基督教的间谍，曾这样评价外国在传教上的态度："如果传教成功，则于本国有利，就算不成功也无任何损失。因此该国政府虽在表面上装出毫不相干的样子，实则暗地里都为传教提供了便利。"（转引自小泽三郎：《幕末明治耶稣教史研究》，337 页）这恐怕是幕末时代的"当局"和攘夷论者共同持有的印象。这里流露出的对"该国政府"的强烈愤懑，不禁令人联想起后世的资本主义诸国，对共产国际和苏联政府间的关系怀抱的那种感情。顺带一提，维新政府在接到各国的强硬要求后，为了不影响"不平等条约的修改"，于明治六年（1873）二月撤除了禁止邪教的布告。在这之前，则如前述那样派间谍接近传教士，间谍接受洗礼成为信徒，以便把教会内部的动向逐一报告给当局。其中就出现了不少适得其反的情况，一位间谍在辞职信上这样写道："逐渐开始与他们推心置腹，眼下还有人成了西教会中屈指可数的笃信者，内有不可抗的时势，外有传教士施与优厚的慰抚，现在实在看不破这情势，不知该如何进退……"可见上文里浦贺与力对"外邦人恩泽"的戒备，并非是空穴来风的。

更何况统治层对"贸易将带来社会秩序的解体"的这一直觉也并非杯弓蛇影，例如英国公使阿礼国就洞察到："从西向东发展的商业，是革命的执行者"。基于安政通商条约的开港与自由贸易，首先带来了金银的大量流失和物价高涨，其影响与幕府的权威涣散成正比，最终化为对体制的不满喷薄而出。攘夷论不再只是特权阶层的应对方式，它开始逐渐为下级武士和庶民所广泛接受，并最终发展为倒幕运动的政治象征。而促成这个动态发展的一大要因便在于此。樱田门事件后不久，一首流行的乞讨卖艺俗曲这样唱道："买卖始兮物匮价高，米止五合兮薯变百文，棉类高就兮武家低贱，弃武尚博弈兮嗜杀四起，呜呼！邪道或由此起。"住在日光山麓的一位专注农业的笃农家在万延二年（1861）一月二十六日的日记里写道："这次到神奈川横滨做贸易，感到物价变高了，人们对政府的态度很差……"（《万控日记》，《老农关根矢作》）就这样，在幕末的社会过程中，下述那种晚期症状越来越明显："……制度何为哉？上定制度，中道崩殂，下不知守，此世间样态。"（乞讨卖艺俗曲）

四

  无论是对开港后社会过程的一般性叙述，还是对锁国论、开国论、攘夷论、和亲论等消极积极的各种论调，以及这些论调与尊王论、敬幕论、公武合体论、倒幕论等意识形态错综关联的追寻，以上种种，无疑都让位给了幕末维新史研究。我们当下的任务是，勾勒出典型代表了"封闭社会"思考的"古典"攘夷论（不论敬幕还是倒幕）发生实质变化的思想轨迹。如果激进的攘夷论愈演愈烈，开启一条频繁袭击外国人、火攻公使馆、炮击外国船的历史道路，那么幕末日本的国际命运一定会大不相同。而幕末之所以能够回避这一过程，不仅因为赶上了好的国际形势，或攘夷论已然转变成单纯的倒幕战术，这里面还有着更为复杂的精神史背景。

  在思想史上，关于攘夷论的变质和对国际环境的适应，可以从下述两个角度来把握。第一，对国际社会的认识问题，第二，"开国"政策是如何被正当化的问题。首先来看第一个问题。19世纪的欧洲社会由强权政治和法的统治两方面构成：一方面，列强在势力均衡的状态下互相对峙，维持了所谓的武装和平；另一方面，那里有着凌驾于诸国且同等制约各国的规范，当国家间爆发了全面暴力冲突时，这一规范能够作为战时国际法发挥作用。如果不同时把握住这个二元结构的两个方面，便很难勾勒出国际社会的全貌。当然，即使是现在的日本也未能足够平衡地把握这两个对立的契机，更何况对幕末的知识世界来说，"国际关系"本身还是完全未知的东西，自然不能期待他们可以立刻得到全面的理解。然而几经波折，幕末维新的日本还是勉强捕捉到了这两个方面，尽管还不能用严谨的术语将其表述出来，却已然得到了一种极为质朴的认识。若非如此，当时的日本恐怕很难同时回应来自"开国"与主权独立这两方面的迫切要求。在讨论这个问题时，我们暂且先不谈当时人从欧洲历史或有关国际法的书籍中得到的知识这一点。因为即使异质的社会文化知识是通过书本习得的，如果没有既有的意象或传统思考习惯做中介，这些知识就难以扎根在人们的脑海中。那么，在幕末的日本，是怎样的已知数充当了理解未知数的线索？又是怎样的已知观念起到了思想缓冲的作用呢？

下面我将简单谈谈我的一些假设。首先，第一个问题，日本之所以能相对容易地理解列强间的对峙，是因为人们联想到了日本国内的大名分国制。在战国时代定格的大名分国制，多年来培育出的国内意象，如今在国际危机感的激发下，已经扩大到全球范围。每个藩都有独立的武装权和行政权，各藩一面对彼此张着森严的戒备网，一面又不论石高大小，以几乎对等的资格进行交涉，并在殖产、教育、武术上竞争声望。把这种情境以更为动态的形式扩张到全世界，就能得到一种与国际社会相差无几的形象：众多大小各异的主权国家一面建立着对等的"外交"关系，一面展开着激烈的竞争。至少跟站在冠冕堂皇的普世世界帝国的顶点上，傲然俯瞰着点缀在庞大版图周边的东夷、南蛮、北狄、西戎的朝贡国家群的清朝官僚相比，日本对国际社会的接受要相对容易得多。

下一个问题——关于国际法观念的接受过程，我在《日本近代思想史中的国家理性问题》里已经有所论述。简而言之，人们通过放大儒教天理、天道观念的超越的规范性部分，相对顺利地接受了凌驾于诸国且同等制约各国的国际规范。天道通过从"天地的公道"，到"宇内的公法"，再到"万国公法"的翻译，更新了实质内涵，发生了近代化。早在嘉永六年（1853），横井小楠就在如下的论述中暗示了这一发展方向："我国之所以冠绝万邦，被世界公认为君子国，是因为我国察天地之心，重仁义之故。因此，接待美国、俄国的使节，也只是在贯彻这天地仁义之大道……我国对待外夷的方针有二，其一与有道之国通信，其二不与无道之国往来。不分彼国之有道无道，一概加以拒绝的做法，有违天地公共之理，最终必将失信于万国。"（《夷虏应接大意》）

当然，从昌平坂学问所的朱子学学者——大桥讷菴的案例中可以清楚地看到，摆脱"华夷内外之辨"这一古典攘夷观念的办法，不在天理、天道范畴的内在理路中。不如说，横井小楠、佐久间象山表现出的那种由原本就有的弹性思考导出的认识现实的态度，才是使既有范畴的"活用"成为可能的关键。作为对照，下面将介绍另一种攘夷逻辑，它在对既有范畴的使用上就截然相反。"殿下既然被圣上委以征夷将军之职，征夷二字才是此职万世不易的根本。"（嘉永六年[1853]七月，佐贺松平侯的上报）梁川星严也曾说："今日不能除外衅，征夷二字是虚称。"他们从征夷大将军的称号中导出了攘夷措施的必然性。不知名是实的"工具"，反以为名称里内含了本质，这种认知逻辑也典型暴露了封闭社会的思考方式。

尽管如此，因为天和天道等范畴本身从中国舶来，所以只要这些范畴还在思想中发挥作用，至少就中国与日本的关系而言，即使是讷菴和后期水户学者那样的古典攘夷论者也不得不承认，作为现实国度的日本与中国同时为普世天道这一上级规范所制约（参见会泽安：《读直毗灵》），而对受儒教熏陶的幕末志士们来说，这一点也是毋庸置疑的。于是，他们与将圣人之道自然地等同于中华帝国（世界）之道的清朝读书人，自然有着不同的立场。[1] 不管怎么说，尽管跟"天子"相比，"天"的超越性未能在日本国内政治上发挥很大作用（参见异姓革命思想在日本的接受史或说否定史），但却在对外关系上扮演了重要的角色，成了接受国际秩序观念的中介。某种意义而言，这比"赋予德川体制以合法性的'名分'观念转而成为幕末尊王倒幕的意识形态"的历史捉弄，更体现了"理性的狡计"（黑格尔），起到了非同寻常的作用。[2]

围绕攘夷论对国际环境的适应，也就是之前提出的第二个问题，即如何将"开国"政策——对欧洲文明的接纳——加以正当化？正如人们已经知道的那样，这一正当化的途径，实

---

[1] 关于中国传统的"朝贡"体系与近代条约关系的思想妥协过程，请参见 J. Fairbank, 'Synarchy under the Treaties' in *Chinese Thought and Institutions*, 1957。

[2] 至于国学和神道系统的"皇国乃万国之宗国"的泛日本主义，是如何接引了对国际法的接受，这一思想轨迹请参照本书的《近代日本思想史中的国家理性问题》。顺带一提，像宣长的神道思想那样，将道、天等"抽象"范畴加以彻底排除的做法，并非幕末国学者的主流做法，大多数国学者仍然或隐或显地受到这种儒教观念的影响。在此，不妨再讲一个有关日本近代问题的假设：明治中期后，不仅儒教素养忽然发生了急剧降低，并且取代了天命、天道观念的普遍主义仍未在社会上扎根，这是致使传统的神国思想走向极端化变得容易的一个重要的思想动因。

则是几种思想的交锋,而最终,佐久间象山之"东洋道德,西洋艺术"(此处"艺术"意为学艺技术),或桥本左内之"机械艺术取之于彼,仁义忠孝存之于我"这种对欧洲文明加以"道""器"甄别并使用的策略,占据了上风,压倒了大桥讷菴之流对欧洲全盘否定的狂热排外主义。而在这个甄别使用的策略下加以吸纳的西洋内容,从纯粹的机械、技术,尤其是军事技术,逐渐扩展到兵制、教育、官制、立宪制等各领域。不过,这个甄别使用的策略始终以富国强兵为目标,同时作为政治集中和对外独立象征的尊王论——天皇亲政的目标也越来越强势,无须赘言,最终这两个最高目标统合了所有的"吸纳"行为。在此意义上,把"为了对抗西洋去吸纳西洋技术"的议论比作"人为了与狗争去学狗咬人"的全盘否定论者讷菴,反倒以这个比喻直接而全面地捕捉到了基督教文明与欧洲社会制度和技术间的内在关联(参见《辟邪小言》)。然而,正如下文将要提到的那样,维新时期,作为"开国"的自然结果,西欧的东西几乎不加任何限制地流入日本,当时的政治形势也往往是一团混沌,可以看出,这个甄别使用的策略并非从一开始就是整然有序的(从体制得到整顿的明治下半段来看,很容易从结论出发做出这样的解释)。

五

随着与异质社会圈的接触越来越频繁,即所谓"视野开阔了",自我从与一直以来委身其中的集团的全面人格结合中解放出来,这一方面使与集团内的"他者"相对的"自我"的个性得到觉醒,另一方面则增强了自我对广泛的"抽象"社会的归属感。这个一般倾向即使不参考格奥尔格·齐美尔(Georg Simmel)的"社会分化"论,也可以通过日常经验有所感知。在此意义上,佐久间象山的"予年二十以后,乃知匹夫有系一国。三十以后,乃知有系天下。四十以后,乃知有系五世界"(《省愆录》),就以简洁的形式表现了幕末动乱期知识分子的视野扩大过程。从幕末到维新,有不少人通过正式或非正式的途径来到西洋世界,他们的切身见闻为打破封闭社会的思考做出了重要的贡献,他们中间也顺理成章地涌现出众多在维新后的知识世界中占据指导地位的人物。

然而,这些人对所见所感做出的最初反应,也往往表现为对传统习俗和价值体系的重新确认,以及基于这些传统价值对西洋的否定。福泽的怀古谈、幕府首次遣美的使节村垣淡路守的渡航日记都很好地印证了这点。看到官邸庭院里成排的人物胸像,就联想起小塚原的刑场;参观国会的讨论,就联想起日本桥的鱼市。受邀参加舞会时,"虽然是毫无礼数的国家,但派遣宰相来邀请外国使节,实在无礼至极。在我看来,他们的眼里既没有礼也没有义,只有'亲'这一个字,实在不可原谅"。在看到"历经千年的人体干尸"即木乃伊时,"看不出是男是女,虽说在探究天地万物之理,但做到这种地步,将人体的尸骸等同于鸟兽虫类,实在令人无语……坐实了夷狄的身份"。(遣美使节村垣淡路守的日记)这些见闻都加强了他们

"无礼而杂乱的世界"的夷狄观。甚至连川路圣谟这般卓越的知识分子，对西洋人的日常行动方式也做出了如下评价："大体上来看……夫妇碰头的时候就直接跑过去，尽管在日本人很多的地方，也毫不避讳地抱在一起哭泣，毫不忌惮旁人的目光，接吻接了很长时间。随后夫妇牵着手进入房间，关着窗户不出来。他们的身体如同狗一样。"（《下田日记》）因此，围绕日本与夷狄国际关系的攘夷论的变化问题，与处理人际关系时不"摆姿态"（柏格森）地如实理解有着异质生活方式与异质道德的"他者"的问题，是两个不同层面的问题。

要想人际关系层面上，能大量涌现出上述那种对"他者"的宽容和"自我"的自主性，暂且不谈别的条件，至少要等社会底部与异质世界的交流发展到一定程度。然而此种意义的交流，即使在如今的日本也谈不上频繁，更不必说当时了。简而言之，正如佐久间象山的"汉土与欧罗，于我俱殊域……彼美固可参，其瑕何须匿。王道无偏党，平平归有极。咄哉陋儒子，无乃怀大惑"所体现的：从传统大陆文化圈的依赖中得到解放，一方面激起了对西欧世界的认识，一方面唤醒了对"自我"的自觉；但这个过程却往往是在民族国家的层面上，而不是在个人层面上进行的，因此这里的"自我"往往是与日本国同一化了的"自我"。

当然，这既不意味着川路圣谟之流的夷人观不会改变，也不意味着西欧的文化和生活方式会一直令人感觉不适。不如说恰好相反，正如后文将要提到的那样，日本在习俗上对"文明开化"适应得非常快。看起来那样牢不可破的"礼"和"格式"的统治，最终还是发出破裂的声响，分崩离析了，只留下岛津久光和云井龙雄的无尽感慨。维新后不久，固定行动方式的解体给社会上层带来了巨大的困扰。明治二年（1869）一位藩主（据说是信州须坂侯）向新政府的办事处提交的请示书就非常戏谑地表现了这一点：

一、以正式的排场去料理之屋，又或微服至之，以用酒食，可哉？
二、若可去料理之屋，召之歌妓，可哉？
三、歌妓舞女，召之入邸，可哉？
四、以正式的排场去游郭，又或微服至之，可哉？
这御一新之际，上述四件该如何处理，敬请示下。

这个请示书便很好地反映了幕藩体制这一封闭社会的迅速解体。并且，正如后文将要提到的那样，只要封闭社会还在解体，个人层面上就会不断孕育出各种形式的"开放灵魂"。同时不可否认的是，在生活方式快速地文明开化中，有一种集体转向的倾向。但在对这个问题做进一步讨论前，让我们先通过维新后不久的生活方式，考察德川社会规范性的解体带来的直接后果。

六

在封闭社会的快速解体中，人民直接从社会现实里感受到的，首先是经济的混乱和道德失范。据前文提到的日光的那位忠厚农家的日记所载，在明治二年（1869）的会津，"各类商品的价格都高得离谱"，"因此，每天都有数百名诸国商人来访，每国都有娼妇，听闻近来若松城下就有三百余名娼妇，每晚有近五六两的收入"。宇都宫还出现了许多假币，为此政府发行了在一定地区内使用的纸币，但很快又有人伪造这些纸币，"到处都上演着令人不安的事，入室抢劫、夜盗、放火、盗贼横行"。像这样，日记里记载了各种失序现象。维新政府颁布了娼妓解放令，却给现实带来了负面影响："之前颁布了娼妓解放令，却让这一陋习反倒在市中流行，如今府下尽是私娼，甚为猖獗。夫卖妻以谋生，母卖女以糊口，每个沿街的长屋必有一两个私娼窟。而府厅的审判，十之七八治的都是通奸之罪。"（《新闻杂志》，明治六年[1873]八月，第131号）无论在哪个时代或地区，持续多年的禁忌的解除，都会反射性地带来情色的爆发和泛滥。"回想当时，不禁震惊于日本人民控制兽欲能力竟如此之差。试看当时的出版物，如明治七年（1874）出版的《东京新繁昌记》，或一直连载到明治十四、十五年（1882）的《东京新志》，又或各大报刊的杂报栏，尽写些闺房之事和痴情，以便挑拨读者的肉欲，这与春宫、淫书又有什么区别？"（山路爱山：《现代日本教会史论》）并且，不以为耻地追求色情欲望的行为，本来不过是将行动方式强加固化的反面，或是传统行动方式的内在契机发生病理性肥大的结果，但现在，它却以"自由"之名得以正当化。《日本开化诗》里有一首题为《自主自由》的诗："压制力殚民始休。更看风化及荒畎。自由勿误攸身策。买妾鬻妻亦自由。"竹越与三郎也在《新日本史》的中卷写道:"身为士族,却公然携带娼妇走在市街,当受到笃行之人质问,便回答,'现在的世间崇尚自主自由,不该拘于繁文缛节,我们用钱买娼,有何不可。在欧洲文明之风的沐浴下,我们都是自主自由的。'"进入明治一〇年代,政府在自由过头的名目下,复活了"传统"的道德教育,这种局面可谓为其准备了正当的理由。

如倾盆大雨般纷至而来的布告,宣告了"御一新"的开始。新政府先后出台了版籍奉还、废藩置县、允许自由选择职业等政策,禁止了人口买卖、对平民的任意斩杀、复仇等,又接连推行了秩禄处分、废刀令等改革,规定了华族、士族及平民的新称呼,着手清算了封建身份体制赖以成立的诸种制度。不仅如此,新政府还通过"开化"的布告,规训了人民极其细微的日常行动方式,例如禁止随地小便令(明治元年[1868]九月,横滨),禁止男女混浴令(明治二年[1869]一月,东京),自由断发令(明治五、六年[1872—1873])的出台等等。随之而来的是大量的小册子和绘草纸,将政府的改革和符合"开放"时代的行动方式解释得清清楚楚、通俗易懂。

不过,文明开化的狂风当然不会以一样的风力席卷日本全国。就地域而言,文明开化主要集中在东京、横滨、大阪等都市,东京市内的文明开化进程也并不均衡,于是就有了"日本桥的文明开化"的说法。此外,在中央以成套的形式发动的制度变革、习俗变迁,在地方上,根据事情性质的不同,以不一而同的传播速度杂乱且零散地传播至各个地区。以至于虽然听上去像悖论，但在地方人民的眼中，文明规范的破坏反倒被放大了。前文提到的关根矢作在明治十八年[1885]的日记里，曾记载了枥木县学务科在晚上十点派来飞脚一事。虽然只有简短的一句话，但在这里我们既可以看到快速得到整顿的教育制度，也可以看到幕府时代的交通手段，可以说它象征性地体现了这一巨大矛盾的冰山一角。

最早在全国统一施行的政策，是户籍簿的制作，户长、副户长的设置，及征兵令和学制这类政策。"日日读新闻，朝朝览布告，乡关告父老，拜请钓鱼船。"（《文明开化童戏百人一首》）面对以天皇之名下达的一个接一个"法律革命"，不知所措的人民尽管努力去适应，还是遇到了很多无奈的问题："权令发布了公文，全是不会读的四角汉字，希望至少能在三个汉字中看懂一个。"（山阳道某县的流行歌）"布告的数量是幕府执政时期的十倍之多，而布告的文章又多汉字，乡下汉根本看不懂。此外，还发了报刊。可就算拿到报刊，也阅读不了。真是给人添麻烦的事，但又因是上面的指令，只得收起来放着。几乎每个户长都感到非常为难。"（甲州农家主人的话，《新闻杂志》，明治七年[1874]五月，第240号）

然而问题不仅仅在于文明开化的"自上而下"性。"妇人可以在一些特定情况下提出离婚，但若得不到丈夫的同意，案件就会拖至数年，因此痛失嫁期的妇人不在少数，这有损人民自由之权。从今往后，若再遇到这种情况，妇人可随兄弟或其他亲属径直前往法院提出申诉。"（明治六年[1873]五月十五日，正院布告《新闻杂志》101号）像这样，因为法律革命一贯以"人民自由之权理"作思想依据,在将布告下达至最底层的区长和户长身上,自然而然地名主和年寄时代的亲密与温情也转而变成了官僚主义。这令人民更加不知所措。葛饰郡的一位老农到区长、户长处打听征兵令,曾经的名主和年寄成了如今的区长和户长,坐在桌前的椅子上,"在我被叫到役所时,已经领教了他们的傲慢和苛刻……我真是不懂为什么一上来就毫不讲理地训斥我呢"。老农最终无奈地离去,留下了这样的感慨:"人们说我们有了自主之权,再不会有不合理之事。可是呢,所谓自由,就是役所的人可以那样自由放肆吗?恕我无法赞同。"(《新闻杂志》,明治七年[1874]九月,第306号)"户长、村里的役人又不能将民间的实情汇报给上面。他们被夹在中间,实在辛苦。上面每下一道命令,便先要感慨,又来了什么麻烦事。'这次又要收什么税款?竟要收这种税?'云云。就算是有利于他们的事,这新的举措也让人倍感不便。"(《东京日日新闻》,明治七年[1874]一月六日)这种情境想必也绝非一个地方的个案。

与此同时,作为维新革命重要推进力的下级武士,其瓦解也成了社会怨愤(ressentiment)的发酵素。在他们中有的武士转身成为维新政府官僚,在第一时间穿上洋服,断了发,穿着靴子,蓄着妾,全身上下都沐浴着文明开化的光芒。而其他的一般武士则被剥夺了一个又一个身份特权,落得非常窘迫,这些就无须在此赘述了。旗本、御家人的妻女转而成为卖笑女,被迫向乡下来的凤凰官员搔首弄姿,成岛柳北的《柳桥新志》等资料生动地描写了她们的窘境。

当革命发展到新政权夯实地基的阶段,在夺取权力阶段中最为活跃的分子往往会被残酷地淘汰掉,这种现象可以说是古今各类革命或多或少共通的"法则"。推动维新革命的是无数大小不一的封闭社会的流动化进程,其中最具象征性的便是全国脱藩志士的活跃。然而,新政府早在刚成立不久的庆应四年(1868)八月,就开始把这股流动的力量强加固定。《太政官日志》"四十九"中有这样一段话:"近年有志之辈,迫于天下形势,往往脱离藩籍,流浪四方,倡义殉难,转百年怠惰之风气,奋千臂于国运之维持。今朝廷御复古之际,其切切勉力,臂助贤能。然临此朝政一新、御统万机之秋,皇国一体之政令得立,府藩县属之殊途同归,尔后万民天下,地属必有可归。一时脱籍流浪者,即应停止。若任其脱籍他去,背离政体,难免逃籍亡命之风一时盛行也……违法破制,该与谁一同维持国家?旧来脱藩之辈,现请令其各归旧地,以正属籍,以全信义,使其知进退之得当,裨补政治之有益。特此公示,使民知处置之旨。"这段文字的前半段,语气里充满了赞扬,但从"然临此朝政一新"开始的段落,则转而变为畏惧、戒备和斥责的口吻,我们不难从这种突兀的语调转变里看出维新政权的窘态。于是,庶民在开化世间的真实体验,与士族对"被背叛了的革命"的愤懑发生了合流,这个合流物在意识形态上既有对美好往昔的缅怀,也有"人民自由之权"的观念,它扮演着"有司专政"维新政权的低气压,不断向外扩散。

七

　　回顾历史上的某个进程时，面对在后期有了井然有序形态的或一路膨胀为巨型利维坦的东西，去回溯性地探求其发轫的契机，可以说既是我们自然的心性使然，也是历史研究不可或缺的课题。与此同时，在这个回溯工作中，我们往往会把历史想象成为实现特定目的的某种有预谋的展开过程，并容易把中间过程想象成按部就班的部署。解释历史时的各种"阴谋论"，或多或少便是这种思维倾向的产物。因为日后形成的日本帝国统治体制的结构巧夺天工，当我们从现在出发回顾维新政府时，就会倾向于认为明治政府从成立开始便以日本帝国的统治体制为蓝本推行了所有政策，并为此扫清了成为前路障碍的所有民主动向。但是，至少就维新后十多年的历史状况而言，其历史进程非常有弹性，孕育了朝各种方向发展的可能性。

　　维新政府之所以会在成立后不久，便很快放弃政体书或公议所等制度表现出的那种民主构想，并匆忙着手镇压建立政权的革命能量，是因为这种极端流动化且不稳定的局面直接关系到维新政府根本的权力得失。正如大久保利通所言："内外大难之际，皇国危急存亡之秋，情势紧迫，间不容发。盖虽去年兵乱渐平，成一时无事之态，但大小牧伯各持狐疑，天下亦人心恟恟，若起乱，恐需发动百万兵戈。"（明治二年[1869]，大久保利通致岩仓具视书）一方面是眼花缭乱的官制改革，尤其是神祇官的剧烈降格所象征的平田派复古主义的没落过程，另一方面是从公议舆论到有司专制的推移过程，两个过程是同时进行的，我们从中也不难看出，政府出台的现实政策与其说在试错，不如说是在黑暗中摸索。前文提到的通过"布告"推行的法律革命，其实也是一种机会主义，因此人们才会众口一致地抱怨政府的"朝令夕改"。在此意义上，维新后不久的"文明开化"，与明治十七年（1884）鹿鸣馆时代推行的有明确目的的欧化政策不能等而视之。在维新后不久的"文明开化"下实则有着两种倾向，其一是伴随着封闭社会的瓦解自然产生的解放氛围，其二是上面出台的法律革命向下推行的现象，这两种倾向相互碰撞，带起了汹涌的时代漩涡。

因此，意识形态上的进步与反动的区别，并不直接对应在朝与在野的对立，或者更准确地说，无论在朝还是在野，进步与反动的意识形态都在其间，交错纠缠。福泽曾在明治八年（1875）这样分析当时的形势："既有身在政府，却不为人民伸张权利的人，也有身在民间，却袒护政府专权的人。人民和政府犹如水火杂居，又如云泥混同……政府一边说四民平等，又一边允许了华族、士族的特权；地方议会则满是说教，教人要到高天原找自由之风气。既有抱怨政府专制的官员，也有谏言政府该树好权威的平民……归根结底，现在日本的政府和人民的区别难辨。保守家和改革家的界限亦非常模糊。……这就好比，虽不乏参加相扑比赛的人，但却各自进行比赛，没有番付表，令人看不出东、西及全体的胜负。而不争胜负也就难有活力。"（《民间杂志》第12篇）这个观察非常敏锐。顺带一提，福泽基于这一分析，为"提供议论之场所，施议论之种"，开始提倡设置"既不论体裁，也不论名义，无论是东是西、是左是右、是公是私、是上是下，都可以分成两派，进行相互牵制"的法则或规矩。他敏锐地捕捉到，社会实际交流的扩大和利害得失的多样化，与抽象的形式性规则（番付表）的确立间密切的内在关联。而这个内在关联才是"开放社会"新的范式，从旧行动方式瓦解后的混沌中得以孕育而生的正统路径。

正因为有着这样的背景，所以我们也不一定非得僵化地把握上文提到那种法律革命与市民的真实体验之间的不一致。陆羯南曾在明治二十一年（1888），回顾维新后不久朝令夕改的官制改革过程，他说道："此等法律条文的实际效果不在于法律本身的效果，而在于它对人心的唤醒。"明治七年（1874）的地方官会议是否严格践行了会议旨趣，起到了议会的作用？明治十一年（1878）开设的府县会是否充分发挥了地方自主的潜力？尽管答案都是否定的，但这些地方议会的相关法律条文却成功诱发了明治十二年（1879）末的国会开设请愿运动，推动了明治十三、十四年（1881）的政党成立。"法律条文可以激发人民的精神，而人民的精神又可以进一步推动法律的进步。"陆羯南在《近时宪法考》一书中的论述，便很好地捕捉了法律革命与民心间动态的相互作用。在社会剧烈动荡的历史阶段，这种局面的推进方式尤为明显：一个情境的发展将会打开新的局面，在新局面上出台的新政策又将进一步改变现状，开启下一个新局面。如果把维新的历史进程粗略地分成两个阶段：维新至明治十年为第一阶段，在这个阶段里，自上而下的"布告"，与旧体制解体带来的混沌能量的泛滥是相互对峙的；明治一〇年代为第二阶段，进入这一阶段，随着法律革命的下行渗透，自下而上的能量开始被组织为有明确目标和形态的民权运动，以至于政府反过来为自己唤醒的恶魔所困扰。明治十四、十五年前后，政府对儒教主义教育的复活和对言论集会的严厉镇压，都必须在这个背景下进行理解。

八

封闭社会禁忌的解除，尽管一方面如前所述，会带来以自由为名的色情泛滥，但我们在从当时的混沌局面里看到这些负面因素的同时，还要看到其中孕育的开放社会的各种契机，这些契机亦正以各种各样的方式自生地在社会中生根发芽。鉴于篇幅有限，方便起见，下文将从最表面的世态中，随机选取一些开放社会的契机进行介绍。

在"开放社会"的进程中，最具象征意义的大概要数民间传媒的发展。"自辛未年政府许办报刊杂志起，至今已三年有余，国内各地报刊杂志的种类已有三十余种。"（《新闻杂志》，明治六年[1873]四月，第92号）信息媒介的发展使思想和观念得到广泛传播，其传播范围远远超出初级群体，把没有直接接触的广泛人群都联结在"阅读公众"这一抽象关系中。据宫武外骨的《文明开化广告篇》所载，明治十五年（1882）五月的《此花新闻》刊登了这样一则征婚广告："一、吾家有女初长成，年方二八无人知，肤白如玉凝如脂，青丝且长胜墨施。二、未见英雄与士子，肌肤如玉男未知。三、环肥燕瘦皆不是，乡中极品人称之。四、才学智识皆当有，国中女妇可鹤之。如有夫婿相得益，烦请诸君敬告知。"广告的发布者是山形县最上郡的上柳田村人，是位远离文明开化中心的东北地方农民（大概是豪农），这一点就足够引起我们的注意。可见文明开化下的人心追求的并非只有阳伞、帽子和金表。明治五年（1872）三月的《新闻杂志》曾记载："吉原一位在日洗学舍上课的艺妓，近日卖掉了三弦、梳子、钗子和衣服、腰带，买了许多书籍，甚为勤奋。"启蒙思想家的"劝学"并非在荒野中的空喊。

随着在禁忌的作用下得到神圣化的习惯性行动方式的解体，人们不得不自行判断社会的走向和形势，并从多样的发展道路中做出自主选择。但与其说这是内在的理性取代了外在权威，成为判断和选择的新标准；不如说是，与特定形势相关的"道理"从封闭社会的体制中分离出来，升华为了普遍的抽象理性。"总之，会对奇闻异事感到诧异的人……不是文明开化人。无论什么事，若觉得难以理解，就去仔细分析其中的逻辑，这样便可明白个中道理，得到理解。信可信之事，不可信之事，不信便罢。"（加藤祐一：《文明开化》）"在本邦，国学者之流的议论实在有违真理，很多都非常讨厌……他们认为天下国土皆天皇之私有，亿兆人民皆天皇之臣仆；于是唱起各种牵强附会的邪说。他们认为凡生于本邦的人民心里只想着天皇之御心，于是说，只要是天皇的事，不论善恶正邪，都该心甘情愿地遵从敕命，这才是真诚的臣道。他们以此为我国国体，还说这国体才是本邦冠绝万邦的根据。这些人见识浅陋，论说粗鄙,实在让人觉得可笑。""包括本居宣长、平田笃胤等人的学说也都认为只要是神典出现的事,都是神祇之所为,因此自然妙不可言,非人智所能及。因为是神典上的事情,所以应当尊重。但我认为这不符合今日人间界的道理,在谈论国家的事情时要与之保持距离。国家属于人间界,不符合人间界道理的事情,自然不可取。"(加藤弘之:《国体新论》,明治八年[1875])如果这种理性主义能够转化为新的传统并成功扎根,或得到"扬弃",那么"第三个开国"就不需要上演天皇的人间宣言这一悲喜剧了!

在雅典民主政治的全盛期,伯里克利曾自豪地宣称:"对我们来说,辩论不是为了扫清政治活动道路上的障碍,而是做出理智行动的必要前提。"自由讨论,多样的自主集团,以及这些自主集团间的竞争和博弈,是将"开放社会"与"封闭社会"区别开来的最重要的标志。众所周知,日语中的讨论、演说、会议、可决、否决、竞争等译词,几乎都是福泽谕吉等洋学者们在维新时期煞费苦心造出来的。此前的日语里没有与之对应的词汇,换句话说,这之前的日本几乎没有与这些词汇相对应的社会现实。根据《福翁自传》里的回忆,在福泽还是幕臣时,他翻译了钱伯斯的经济学,并把译书进献给幕府出纳所的官员。官员不理解"竞争"的"争"字,福泽便解释了经济竞争。尽管官员通过福泽的解释姑且得到了理解,却还是坚持"争"字不够稳妥,希望福泽做出修改,否则没办法进呈给老中们。福泽在回忆里嘲讽道:"或许是希望经济的书里能写一写人们的互相谦让吧……从这件事上也可一窥幕府上下的整体风气。"只有当礼仪和身份通过衣服或措辞表现在外部时，封闭社会的对话才能成立。但在开放社会中，这些外在的符号已然不复存在，因此就需要一般性的抽象程序或规则。在此意义上，明治初期涌现了如福泽著名的《会议辩》等大量有关辩论和会议规则的启蒙书，并非偶然。

自主结社的构想亦开始在社会中生根发芽。据《开化评林》卷之一（明治七年[1874]）所载，"在西洋，为了开拓荒地、制造器械或达成其他事情，都会的富豪会组织结社，为工作四处奔走。然而在本邦，都会几乎成了懒惰游民的聚集地。最近……虽说这些游民逐渐回归农商，离开了京城，但各县的愤慨士族胡乱上京发起议论的行为，盖为政府所不喜。但议论代表了国家的活力。允许这些人发起议论也是一种开化。"在静冈县富士郡的大宫町，三十名村民于明治六年（1873）成立了名为"开化讲"的讲会，他们每月十五日聚在一起，"收集报刊、译书，围绕时势展开辩论，启蒙智识，开导方向，频频走进开明之域"。据说，近日会员已多达百人（《新闻杂志》，明治六年[1873]十二月，第178号）。"开化讲"算是从由传统成员承包的集团，向自主结社过渡的中间形态。而在明治八年（1875），以津田仙、中村正直、前岛密、古川正雄等人为中心提交了关于开设民间盲哑教育设施"乐善会"的计划书，从中可以看出他们已清楚地认识到了自主结社的思想意义。他们在计划书中先做了反省："我国以往的习惯是，政府负责一切与仁善有关的事业，人民自行组织募捐进行筹划的只有祭礼上的富士讲，而王侯富人的捐款也限于神社、寺院的堂、塔、伽蓝。"接着说,"现在百事维新,人民开始筹划维新之善事……他们开始经营自主事业……力图成立有利于大众共同利益的善事",想要开设盲校。此外,计划书里还写道,"现在既不能完全离开政府进行自主经营,也不能彻底不依托政府,仅凭人民的集资来行维新之善事,因此经多次检讨,我们决定开设盲校。""交询社"(明治十三年[1880])原本也是从这种自主和自发的连带的构想出发成立的。

在明治初年的自主结社中,发挥了最大思想意义的结社无疑是家喻户晓的"明六社"。就明六社的成员而言,尽管他们有着多样的个体差异,但大部分成员都曾是小藩的下级武士,且都在晚期的幕府奉职。因此,随着幕府的解体,他们相对较早地从乡土或身份的脐带中解放出来,形成了日本最早的"自由且不稳定的近代知识分子"群体。尽管他们中的大多数人很早便在明治政府任职,还因此掀起了关于学者本分的著名议论,但这一问题的关键在于明六社成员的自立性上。就这一点而言,他们始终恪守自由知识分子的身份,与文明开化的现实保持了一定距离,由他们掀起的议论也并非单纯在维护或合理化政府的新政策,与当时启蒙解说书的论调有着明显的不同。

明六社的启蒙往往被认为是自上而下的,或被当成一种启蒙专制意识形态。此处请容我置喙一二。其一,《明六杂志》创刊时,社会和国家的体制和精神如前所述,仍是一片混沌,因此,以此后得到严格整顿的国家体制下的"自上而下"或"自下而上"等用语,来描述当时的形势,一定是不够准确的。其二,如果所谓的"自上而下"指的是明六社缺乏民主基础或民主势力，指责他们那精神贵族式的姿态，那么这个描述在某种意义上的确是恰当的。但就这点而言，甚至连启蒙主义的本家——18世纪法国沙龙里的百科全书派们也不是"民主主义的"，尽管他们对体制宗教保持了批判态度，但他们绝不是专制主义政治权力激进的对立者。即使在法国，启蒙思想之所以成其为启蒙思想，不是因为它有狭义的政治思想上的激进性或革命性，而是因为它旨在完成狄德罗所谓的一般性思想方式的转换（Changer la façon commune de penser）。如果说明六社的启蒙思想跟法国的百科全书派相比不够激进，那也是因为明六社的启蒙思想在破除和转换传统思考范畴上做得还不充分。尽管如此，跟明治一〇年代后的自由民权论相比，毫不夸张地说，明六社思想对启蒙主义元课题的方法自觉，已经充分弥补了它所缺少的政治激进性。

当明六社这种基于非政治性目的的自主结社，从非政治的立场出发，对包括政治在内的重要时代课题展开批判的传统开始扎根时，是政治主义还是文化主义的二选一思维习惯才开始被破除，在非政治领域里进行政治性发言的这一近代市民的日常伦理才有了被孕育的可能。然而，明六社仅成立一年有余，就在维新政府基于诽谤律、新闻纸条例的言论镇压下被迫解散了，在此种意义上，这是日本近代"开放社会"思想发展史上的一个里程碑。自此以后，积极进行社会活动的自主结社，几乎只有政党之流的纯粹政治团体。

然而，如果政治团体代表了自主性集团，那么与国家相独立的社会便无法得到充分发展。政治集团作为斗争集团，理所当然地会带有权威性和凝聚性，因此把通往开放社会的示范性任务托付给政治集团的做法，本身就内含了不合理性。如果组织自主结社的传统无法在非政治领域（宗教、学问、艺术、教育等）里扎根，那么一切社会结社的结构与功能都会以政治团体为典范，并向其无限靠近。而政党作为政党，也将僵化为最大最强的政治集团即政府的缩小版。因此这里便会出现那种磁场，在其中，一切社会集团都很容易沦为国家这个利维坦的猎物，被其吞并或吸收。那么，"交询社"的使命"社交"，在此后有着怎样的命运呢？维新以后最著名的日本专家张伯伦（Basil Hall Chamberlain）曾说，这个国家的自然风景十分美丽，但这里的"社交"却贫乏得令人感到无聊，他奉劝读者："宣传册上刊登的日本的美好事物，可谓琳琅满目。但一旦诸位有教养的灵魂开始思念客厅和音乐厅，那么最好还是快去买返回故国的车票。"（*Things Japanese*, 6th rev. ed., 1901 [1st ed.,1890] 中的"Society"节）他试着总结了这里潜藏的根本问题：

> 在日本，社交界几乎都带有政府的血统。在英国，乡野的名门望族既有接受官职的，也有不接受官职的。即便接受了官职，也不会给家族带来名誉，岂止这样，这个官职反倒因其家族而有了威信。日本不存在这种意义上的名门望族。……在日本，皇室在事实上是名誉的唯一来源，一旦失去了大义名分，在这个国家就只能被孤立。……皇室（或更准确地说，以皇室的名义展开行动的任何人）在

旧封建制的废墟上构筑起了新的官僚制……这个官僚制既是国家本身，也是社交界，这个体制从一开始便排除了一切对手，是真正意义上的贵族制……实际上在日本社会里，官界是最重要的构成要件，若没有政府的支持，什么都做不了。盎格鲁-撒克逊人往往把这种个人主义缺失的现象，当成国家软弱的源泉。然而，日本那惊人的进步——日本在政府的指导下不断奋进努力，最终仅仅在一代人之间就取得了不可思议的地位——却恰恰为这种看法提供了证据确凿的反例。日本凭借普鲁士之流的中央集权化获得了成功。日本国的四千三百万国民，行动起来宛如一个人。

"冠绝万邦"的日本帝国得以形成的历史秘密便在于，数不清的封闭社会的壁垒被打破后产生的能动的诸要素，转而成为天皇制国家这一单一封闭社会的集合能量。至于张伯伦的"反例"是否成立，又在哪种程度上是反例，我们已经通过巨大的牺牲和痛苦的体验有了切身的体会。不过，该从这一体验中汲取什么内容，对身处"第三个开国"正当中的我们而言，始终是一个自由选择与行动的问题。

日本近代思想史中的
国家理性问题

前言	199
一、国家理性观念的历史前提	202
二、福泽谕吉	213
《日本近代思想史中的国家理性问题》补注	219

前言

　　国家在行动时应当依据的特有准则是什么？众所周知，这个既古老又弥新的问题是围绕名为国家理性[1]（raison d'état; Staatsräson）的观念而展开的。国家理性既表示作为历史个体的国家的行动目的，也表示为了实现这一目的的技术（Staatskunst）。无论政治权力的掌握者是在支配和操控被统治者，还是针对其他国家展开行动，都会触及国家理性的问题。不过，在后一种情况，即国家的对外行动上，国家理性的问题无疑更加突出，也更具争议性。在论及国家的需要或"国是"时，经常都与国际关系有关。而我们也总是在国际社会的国家行动上，发现权力与道德交织且矛盾的微妙关系。

　　一方面，国际社会既是从古至今最热衷于讨论国际和平理想和战争之罪恶的地方，也是"强权即正义"这一恬不知耻的命题最为张狂的地方。这种露骨的国家权力的行使往往披着绚丽的道德外衣，以隐蔽其行动的真正意图。另一方面，只要强权政治

---

[1] 虽然我以为"国家理性"这一译词未能充分表达出 raison 一词的含义，但因一时找不到其他更为贴切的词，姑且用了这一通行的译法。

（power politics）的"权力"不是单纯的自然之力，而是一种社会力，那么其中就不可避免地会带有心理性部分。所有的政治权力都会赋予其权力行动以不同程度的"大义名分"。而只要政治权力还在以"大义名分"粉饰其权力行动，我们就绝不能把道德、理想或意识形态视作"力量"的单纯反射或外在粉饰。这体现了政治权力的悖论性。"强权即正义"毫无疑问是个极度危险又令人憎恶的命题。但是反过来，我们却无法在"正义即是强权"的原理下放心地安稳相处，这正是政治社会，尤其是国际社会的可悲现实。因此，有志于在国际社会贯彻正义的国家，被迫只能以"伴随强权的正义"（right with might）作为其行动原理。然而潜伏在这一"强权"里的恶魔因子，真的甘于一直做"正义"的忠实奴仆吗？强权作为实现正义的手段，就不会在不知不觉间逐渐膨胀并反作用于其目的吗？像这样，问题实则非常复杂。

并且，这绝不只是一个抽象的思辨问题。以"布大义于宇内"为使命的"大日本帝国"的统治者，不正因为在国际社会犯下了不可饶恕的罪行，而站在了森严的世界法庭上了吗？并且，恍如噩梦的第二次世界大战才刚结束不久，如今的世界又为"冷战"这一新梦魇所困扰。当然，我们既可以选择无视冷酷的现实，逃避至乌托邦世界，也可以采取一种犬儒主义的态度，骗自己说，国际关系必须靠强权推行。但是，不满足于这两种态度的人，一定会感到重访近代国家和近代国际社会的发展历程，看清当今世界在历史中所处位置的迫切性。在这种情况下，就有必要重新审视指导近代国家展开国际行动的国家理性观念，并分析近代国际社会的社会基础。

在第一次世界大战后，弗里德里希·迈内克 (Friedrich Meinecke) 面对德国军国主义的垮台，回溯了近代国家理性观念的发展，撰写了《近代史中的国家理性观念》[1]（1924 年）一书。就迈内克的这本名著而言，我们现在已经能从各种立场上展开批判，而我个人也无法尽数赞同他处理国家理性观念的方法。然而在此不打算深入讨论这一点。本文姑且以迈内克的研究为向导，尝试勾勒近代日本国家理性的思想史的大致轮廓。这一主题非常宏大，超过了我目前的能力范围。虽然我还未定稿，也没能彻底解决问题，但我想借此机会暗示出这一问题的症结所在，所以尽管我尚未充分整理好资料，还是下笔草就了本文。希望各位读者不吝赐教，以便能有所增进。

虽说本文把迈内克的研究作为向导，但近代欧洲和日本的国家理性思想的生发状况非常不同。在欧洲，近代主权国家是在神圣罗马帝国所代表的基督教世界共同体的解体中诞生的。因此，存在一个将诸国家囊括其中的国际社会是一个自明的事实。应该说，对新生国家的专制君主而言，如何使国家行动从中世普世权威的束缚中脱身，获得一定的自律性，才是最紧要的课题。像这样，欧洲国家理性的观念，是在与制约国家行动的普遍共同体观念的抗衡中发展而来。在这个意义上，迈内克将马基雅维利作为研究的起点倒也无不道理。正是这位弗洛伦

---

[1] F. Meinecke, *Die Idee der Staatsräson in der neueren Geschichte*, 1924. 该书的前半部分已由菊森英夫译出。不过该书最有趣，也最有争议的是后半部分。希望后半部分可以早日翻译出版（在本文发表后，1960 年出版了由菊森英夫和生松敬三合译的《近代史中的国家理性观念》——后注）。

萨的异教徒，像提取自然法则一般，第一次对国家行动的诸原理进行了冷静而透彻的探究。

那么，日本的情况又是怎样的呢？日本不是在这样的国际社会中逐渐成长为近代主权国家的，而是被卷入其中，被迫踏上了近代民族国家之路。开国一方面意味着日本向欧洲世界"开放"国门，另一方面也意味着日本认识到面对国际社会自己是个"封闭"的统一体。而恰恰是这个悖论，给近代日本的国际路程埋下了悲剧的种子。尽管中国也被逼入了同样的境遇，但中国到了很晚才真正意识到这一状况的自相矛盾性。至于中国和日本之间为何会有这样的时间差，这一问题非常复杂，并非本文能简单解释清楚的。后文里，我们将会触及部分意识形态上的原因。本文要解决的主要问题始终是：梳理明治维新后日本解决这一悖论的思想史过程[1]，并尝试探究欧洲诸国与明治国家在国家理性生发状况上的不同，在其各自的发展历程上都打上了怎样的烙印。

一、国家理性观念的历史前提
—— 对华夷思想的克服

为了使日本能够顺利融入近代国际社会，人们必须首先解

---

[1] 当然，思想史研究自然有各种不同的方法，本文将学习迈内克的方法，把突出的思想家和记者的言论作为主要的分析素材展开论证。需要说明的是，尽管国家理性的直接承担者是政治家，但就对观念的把握方法而言，这是一个分析型问题，因此很难从政治家个别的言论和行动中获得认识。

决的思想课题无疑是克服"攘夷"思想。我们首先来看攘夷思想究竟在哪些层面上阻碍了日本进入国际社会。

第一，这里处理的攘夷思想，并非单纯指对外国人笼统的憎恶感。甚至可以说，当时的日本国民并非普遍地憎恨着外国人，在幕末外国人的记录里，经常可以看到武士的敌意与一般庶民的友好态度的鲜明对比。但这种私人的亲近感来源于意识形态影响以前的自然情感，而不是自觉的国际平等意识。封建制度下的民众只是政治统治的客体，与近代国家意识无缘，所以自然会出现这种状况。至于民众初次接触"异人"时表现了何种态度，这与其说是一个政治思想问题，不如说是文化人类学所处理的民俗心理问题。在这个层面上，武士所谓的憎恶和恐惧感，与原始社会的意识多少有着相通之处。但归根结底，我们在此处理的并非这类心理反应上的敌意或亲近感，而是作为观念的攘夷思想，这种观念在现实上与这些情绪密切地交织在一起，它一方面表现为这些情绪，另一方面又把它们加以抽象化和普遍化。只有在这个层面上，个人对具体的外邦人的偶然的直接反应，才会升华为一种关于外国的整体印象。

第二，幕末日本必须克服的攘夷思想，并非幕末攘夷论中的个别具体内容——该去抨击洋夷的什么——而是认为必须在"中华—夷狄"的构架下处理日本和欧洲诸国关系的思考方式。也就是形式意义上的攘夷思想。众所周知，作为现实性战术的攘夷论有着多种不同的表现形态：从锁国论到开国论，从武力讨伐论到和平的膨胀论。然而这些不同表现形态的诸种表象并非本文的重点。不管在战术上采取怎样的开国论，本文关注的始终是横亘在其思考方式底层的、处理国际关系的层次结构。在这个意义上，可以说夷狄观几乎贯穿了幕末的所有思想。

当然，"华夷内外之别"的观念来源于儒教思想。但是，甚至连有意识地与儒教思想尖锐对立的复古神道，其对外的神国和皇国观念也不免会受到华夷观念的影响。在排除儒教思维方式上最为成功的人也许是本居宣长，但在对外意识上，面对儒者对古代中国的盲目崇拜，本居宣长也不过单纯以"日本才是中华"来颠倒华夷关系罢了。在这一点上，本居宣长与山鹿素行、山崎暗斋等儒者并无太大差别。他们的区别不过在于，儒者因为很难把尧舜禹汤文武周公的国度与"中华"的尊称割裂开来，所以在接受"日本—中华说"时会感到困难；而国学者们因为从未把儒教经典放在眼里，自然就没有这样的限制。然而，正如后文将提到的那样，在接受国家平等原理时国学者亦受制于国学特有的思维结构，遇到了不同于儒者的困难。因此，无论就有儒教素养的人而言，还是就有国学素养的人而言，当日本被顺利编入国际社会时，他们那把国家间的关系理解为"由中心向外扩散"的思考方式都是一个严重的障碍。

因此，我们眼下的问题也就成了，贯穿于幕末思想中的华夷观念是如何转化为国际社会的国家平等观念。[1] 这是欧洲国

---

[1] 因此，对外邦人的亲近感是如何增长的，这并非本文要直接处理的问题。本文的着眼点始终在于国家间的关系是如何被把握的。此外，从现实政策出发提出的废止夷狄称呼的呼吁（例如佐久间象山），如果仅仅止步于此，很难说这种呼吁从原理上克服了"华—夷"的构架。

家理性的思想发展史上从未经历过的课题，而日本（及中国）必须首先越过这个门槛，才能遇到真正的国家理性问题，亦即国际社会中的国家行动准则问题。论及原因，这是因为，肩负了近代民族国家指导原理的民族主义（nationalism），尤其是其中的本质性部分即"主权"概念是以主权民族国家的共存为前提的。因此无论这些概念怎样纵容国家狂放张扬的对外行动，它们与那种不承认自己以外的单位是世界真正中心的"中华—夷狄观"在任何意义上都是互不相容的。

自安政元年（1854）幕府与佩里签订《日美和亲条约》以来，与诸列强相继缔结的和亲及通商条约使"华夷观"逐渐失去了现实基础，而列强在萨英战争和长州战争中展现出的实力，也使"华夷观"发生了根本的动摇。但这些事实层面上的强制，并未立刻带来精神层面上华夷观念的转换。如果想要从这类事实和经验教训中导出积极的国家平等观念，就需要某种逻辑来充当中介。而扮演了这个中介的，正是儒教哲学。尤其是作为旧幕时代的教学正统而君临天下的朱子学的逻辑结构，在其中发挥了举足轻重的作用，这可谓是一个历史的反讽。正如欧洲的国家平等观念是以斯多葛主义和基督教的自然法思想为背景而形成的一样，在日本，关于凌驾于诸国家之上且同等制约诸国的规范[1]的认识，也是以朱子学内在的自然法观念为中介得到普及的。

---

[1] 这里的"平等制约各国的法"，指的是在形式上的"法前平等"，而不是为共同的法律所约束的国家在事实上有着平等的权利。关于国家平等观念，请参照田畑茂二郎的《国家平等观念的转换》，特别是第二章的《国家平等概念的多义性》。

自吉野作造、尾佐竹猛博士的研究[1]以来，日本导入国际法的过程已经逐渐为人们所了解，这里不再赘述。自丁韪良译介了惠顿（Henry Wheaton）的《万国公法》以来，"万国公法"便开始被称为"天地之公道""万国普遍之法"或是"宇内之大道"，而在这些理解的背后，几乎都有着对儒教"天道"观念的联想。包括惠顿在内的国际法学者，还未形成关于实在法的明确概念，他们的国际法学基础仍诉诸自然法。而这种将法的基础建立在人类先验理性上的自然法思想（自格劳秀斯以来），恰好与宋学形成呼应。宋学则是将其圣人之道的基础，建立在宇宙的"天理"和人类的"本然之性"（性理）上。

以上文提到的惠顿的《万国公法》为例。庆应四年（1868），瓜生三寅直接将该书从原文译成日语，以《交道起源一名万国公法全书》为名出版，该书的序文里写道：

> 天地之间人物之生，各有所赋之性理，而施之于日用事物之间，是谓之道。然至人之气禀及国之风习，或有不同者，欲使其不同者同之，则扰天地太和，非是所谓天下之达道也。故各国遣使，通情品节之取中庸，以为天下之公法，各国盟而守之。即是万国公道所由而起也。

从中便可清楚地看到，是程朱学充当了时人理解国际法的

---

[1] 吉野作造：《我国近代史上政治意识的出现》(《小野塚教授在职二十五年纪念政治学研究》第二卷)，尾佐竹猛：《近世日本国家观念的发展》。

中介。而小松带刀也正是从朱子学的"天理"对"私欲"的对立范畴出发，为《万国公法和解》做了题词："弱肉强食祸蔓延，愿去私欲存公法"。不限于狭义的国际法，遵守广泛的国际道德和国际信义的行动，也是通过"支配宇宙的条理同时也是人类社会之正道"的儒教自然法观念，而获得了内在依据。

嘉永六年（1853），俄国使节普提雅廷来到长崎，在横井小楠送给川路圣谟的《夷虏应接大意》中有这样一段话：

> 我国之所以冠绝万邦，被世界公认为君子国，是因为我国察天地之心而重仁义之故。因此，接待美国、俄国的使节，也只是在贯彻这天地仁义之大道……我国对待外夷的方针有二，其一与有道之国通信，其二不与无道之国往来。不分彼国之有道无道，一概加以拒绝的做法，有违天地公共之理，最终必将失信于万国。

尽管我们仍然可以见到"外夷"一词，但这里所陈述的以他国是否符合大道为标准决定接待态度的方法，以及拒绝有道之国必将失信于万国的逻辑，都在事实上承认了制约国家行动的平等规范，因此在实质上已经摆脱了华夷观念。正因为横井小楠早在佩里来航之际，就已经有了如下这等高明的见识，他才能成为倡导通过吸纳欧洲文明来"富国强兵"的先驱。他说："世之所谓的和魂者，无识无策，反将佩里斥为无道禽兽，视若仇雠，拒绝往来。以天地之量日月之明观之，不禁感叹：何其隘陋，误国家苍生，令人痛叹。"（《小楠遗稿》）当然，这并不是说，从朱子学素养出发一定能导出小楠这样的近代国际意识。大桥讷菴也同样从朱子学的素养出发，却变成了狂热的攘夷论者。应该说，小楠是基于他对时代透彻的洞察力，才使朱子学的逻辑发挥了积极的效果。但这一点并不影响我们的推论，即国际法和国际道德的意义，正是以儒教范畴这一德川时代的共有素养为中介，而相对顺利地为当时的知识阶层所普遍接受的。

那么，为什么以儒教逻辑为中介来理解接受近代国家平等观念的方法，跟本家的中国相比，反倒首先在日本得到了普及呢？这个问题如果深究下去，势必会牵扯到中国和日本近代化进程的整体分歧，在此没办法展开讨论，不过我们可以来看下述这个再简单不过的事实：一方面，日本在与欧洲诸国接触前，就长期以中国这一巨大帝国为邻，并从中吸收了大量的文化要素；另一方面，尽管对中华帝国而言，日本不过是与南蛮北狄同等的一介小东夷，但对日本而言，与这个帝国尽量维持对等的往来，就已经是自古代以来的最有尊严的事。它超越了"中华夷狄"的观念是从中国传来的事实，还触及了更为本质的问题。

早在江户时代，人们就开始鼓吹万世一系的神国观。但无论怎样鼓吹，跟"吾闻用夏变夷者，未闻变于夷者"的中华帝国的汉语世界图景相比，它那"神国"的世界图景在规模上都还差得很远。即便是国学者"日本乃万国之宗国"的思想，也没办法否定中国在事实上对日本产生的压倒性影响，应该说正因如此，国学者们才会如此强烈地抵制"汉意"的蔓延。而日本的儒者则因为把唐虞三代之治加以绝对化，更无法在逻辑上贯彻华夷思想。[1] 以大桥讷菴的《辟邪小言》为例。有人质问，"华夷内外之辨"不过是汉土的一家之言，在汉土看来，神州[2]不也是夷狄吗？这位最狂热的攘夷论者[3]这样回答：虽然"华夷"之论出自汉土，但人们原本将尚义之国称为华，尚利之国称为夷，而日本有真天子坐镇，且自古便是纲常伦理分明之国，因此日本才是真正的华夏中国。纵观日本的古制，三韩、渤海之类实属天皇的蕃臣，唯有汉土之国才是"对耦之国"。"日本与汉土风俗人情甚近，且我天祖天孙之道，与汉土圣人之教学符节相合，其细目条件皆奉行圣人之学，古之天皇……将其奉为我国之教，文物制度皆以彼为模范，故不可与（三韩、渤海之流）同列而语，当为对耦之国。"然而，如今汉土教化衰息，尤其在满清以后，实已沦为夷狄禽兽，真的华国唯有我神州。至于西洋之辈，伦理不存，"近乎异类"，自当谓之夷狄。正如这段文字所示，讷菴煞费苦心地调节儒教信仰和神国观念间的冲突，最终不得不依照"古制"，把古昔的日本与中国的关系规定为"对耦"之关系。于是，按照讷菴的说法，

---

[1] 在德川时代，自在崎门派的佐藤直方和浅见絅斎围绕"中华"的含义展开辩论以来，这一问题就经常在儒者间引发争论。
[2] 指日本。——译注
[3] 进入幕末，人们再也无法否定欧洲的技术，尤其是军事技术的优越性，于是例如象山的"东洋道德西洋艺术"（艺术意为技术），或桥本左内的"机械艺术取之于彼，仁义忠孝存之于我"的认识，基本在知识阶层间得到了普及。但是，讷菴的攘夷论非常彻底，"西洋的可取之处不过百般技艺，毕竟袄教之枝叶也"，讷菴甚至对西洋的自然科学技术也进行了强烈的抵制。借用讷菴友人的表述来说，在讷菴看来，采用外国的军事技术进行攘夷的看法，不过是"身而为人，为了与狗斗争，却学狗咬人"。这个表述还被讷菴本人赞美为"出蓝之妙言"。

"万国之列于宇宙间者，井然森然，孰非横目之民所居。而其所以有夷狄之别者何也。尚义之国谓之华，尚利之国谓之夷"（《题地球图》），所谓的尚义之国无论在何时，都可能发展出古代的中日关系所表现出的那种平等的国际关系。这里便暗示了古典意义上华夷思想的破绽。

下面我们来看国学的情况。国学者们与儒者不同，不会因中国古代的经典而束手束脚，他们反过来把皇国加以绝对化。那么，国学者们究竟是以怎样的逻辑为中介，最终从国学思想中导出了对国家平等观念和国际规范的承认呢？这个问题更为复杂，解决起来也更加困难。儒教或其他中国古代思想，一般都会设定出类似于天或天道的非人格的普遍规范，这类规范性概念约束着所有具体的人格者。但国学思想不仅排除了这类思考方式，还反过来将"道"放置在有着具体人格的皇祖神及其血统继承者的天皇身上，这是国学思想的核心。也就是说，国学思想本来是容不下作为普遍约束者的自然法的。[1] 因此，也就很难从国学逻辑里内在地导出，"皇国"与诸外国在平等的立场上必须服从的国际道德或国际法观念。但是另一方面，国学思想不以规范为尺度来批判事实，而是反过来将历史给定的事实如实地加以理解并做出"解释"。国学思想的这个层面，促使人们在处理幕末日本置身其中的历史现实及国际关系时，反过来用国学的逻辑去适应现实。大国隆正的《新真公法论》

---

[1] 不过，这点在提出了"天地自然之道"的贺茂真渊身上并不明显。而本居宣长则彻底否定了皇国之道的意识形态性。

（1867年）一书便是一个典型。

大国隆正在《新真公法论》中写道，"荷兰有格劳秀斯，万国公法之学兴盛"，隆正针对在西洋兴起的国际法，提出了源于日本古道的国际法，并将其命名为"新真公法"。他从"新真公法"出发，驳斥了锁国或驱逐外国船的做法（即他所谓的小攘夷），为与世界各国建立通商关系（即他所谓的大攘夷）奠定了基础。但是，日本的天皇与诸外国首相在对等的立场上缔结条约，与皇国绝对主义是矛盾的。于是，隆正提出，应当把大树公即德川将军置于与外国诸王对等的立场上，而天皇作为"万国统辖之君"理应高于外国诸王。按照隆正的说法，这才是优于欧洲国际法的"真正的"国际秩序。为了正当化这一点，他说："今若无万国统辖之君，则视万国同等的公法亦不可立。人有善恶之分。善人人皆尊之，恶人人皆卑之。由此推之，国亦有善恶尊卑之别……应取诸帝爵中最优越者，以为大帝爵之国，尊其国君为万国统辖之君"。正如欧洲国际法的基础在于天主，中国的在于天帝一样，日本的国际法基础在于天照大神。这里充分展现了那种假定所有非人格的规范背后都有一个人格者的国学逻辑。

这一逻辑否定了凌驾于"皇国"之上的制约者——规范，在这一点上，它与近代国际法秩序有着根本性的矛盾。不过我们不能忽略隆正对自格劳秀斯以来的"万国公法"的定位。隆正一方面说，万国公法要劣于他的"新真公法"，而另一方面，他又高度评价了万国公法在打破儒教中华夷狄观念上扮演的重要角色。"彼之万国公法在世间流行，连支那人也不得不予以承认，它挫败了将天下国家分为'中华''夷狄'，并把本国国王称为天子的支那僭称。"同时他认为万国公法还成功打击了遍布日本全国的儒者的固陋，这无疑是一种神的意志。仔细研读《新真公法论》一书可以知道，该书的重点在于抨击充当了狭隘攘夷论基础的华夷思想，从而使开国合理化。据他所述，"西洋的公法学在大日本唤醒了真的公法学，而这真的公法学必将最终波及万国"。并且，如果"壮大"的新真公法"未能在万国得到普及，尚有国家不予以承认时，应将其作为日本一家之私言暂且搁置一边，等待万国一同奉行此说之时"。最终因为新真公法缺乏现实意义，隆正在结果上承认了发源于欧洲的国际法的普世性。但这不过是对历史现实的一种妥协。随着历史状况的改变，其中潜藏的泛日本主义逻辑，随时都可能化为超国家主义的烈焰而熊熊燃起。不过就一般而言，一方面国学的确将国民思想从儒教范畴的紧缚中解放了出来，使国民能够更加自由地汲取西学，另一方面，大国隆正那样的国际认识，也的确起到了中和大桥讷菴之流的攘夷论的效果。于是，儒教逻辑与国学逻辑相互制衡并错综交织，一起把两者内部那形态不同的华夷思想，逐步转变为对国家平等观念的承认。

当然，上述过程与世间所谓"攘夷论"的演变不是同时发展的。应该说，现实里的攘夷运动越到幕末越激烈，而由所谓的"志士"发起的袭击外邦人、火攻公使馆、炮击外国船等接踵而至的血腥事件，也使运动进一步升级。木户孝允、大久保利通、西乡隆盛、岩仓具视等讨幕势力的领袖，将这类攘夷思想的能量从战术上加以利用，并成功夺取政权；接着，当新政权快速转向了开国、和亲时,他们又不得不努力平息由他们亲手煽动的攘夷的烈焰。但这些事件的经过并非我们当下的重点。本文所要关注的依然是,在既有思考范畴的内部,这种攘夷论的认识结构即华夷观念是如何被转化的。而这里本就有着根本性的局限。近代国际法意识、国家平等观念的真正确立,不是在传统思维结构的内部完成的,而是由那些从正面抨击传统思想的洋学者们完成的。然而,跟制度和机构相比,思想和观念的惰性很大。因此,如果想要新观念能够顺利落地生根,经常需要为它披上旧观念的外衣。

二、福泽谕吉
——国家平等观念的确立与国家理性思想的早熟

下面我们将正式讨论国家平等观念的展开过程。明治新政府在掌握政权后不久,便于庆应四年(1868)正月,树立了以开国和亲为根本方针的对外政策,并公开宣称要依据"宇内之公法"来处理国际关系:"与外国交际时,当依照宇内之公法,特此公示"。在明治日本走向国际社会的起点上,既孕育着希望,又充满了苦难,国民面对急剧转变的形势毫无应对之法。而在为这些束手无策的国民指明道路的思想指导者中,首屈一指的当属福泽谕吉。福泽不仅是幕末维新时期近代自由的领航人,也是第一个为国家在近代国际社会中的定位奠定了系统性基础的思想家。

福泽早在攘夷论还极为猖狂的庆应年间，便为"劝说江户中的老顽固赞成开国"，撰写了《唐人往来》。福泽以简洁明快的笔调写道：清国因"全力固守上千年甚至二千年的古人之说"而厌恶改革，沉浸在自我陶醉中，将西洋唤为夷狄。然而，一旦与夷狄开战，就招致了鸦片战争及天津事件那样的狼狈失败。福泽以此为例，向排外的"日本乃神国"的本国至上主义发出警告，并抨击了认为通商贸易会使国民生活陷入危殆的妄言，外国的侵略野心是毫无根据的。[1] 本书与加藤弘之的《交易问答》一样，都是在维新前便从洋学的立场出发主张开国论的代表性著作。

就本文的主题而言，我们尤其应当注意的是潜藏在该书底层的强烈的自然法观念。换言之，福泽在这里不断强调的是道德的普遍性：尽管世界上有着大小各异的国家，有着迥异的政治形态和语言，但却没有不奉行仁义五常之教的国家，没有不孝敬长辈、不忠于国（并非君主！）的治教。在国际关系上，他也着重强调基于"万国普遍道理"的自然法的制约。福泽还立足于这一点，驳斥了那种外国侵略野心说。譬如他说，万一有外国趁虚而入侵略日本，该国便"背离了世界之道理"，与之开战则是"合乎道理"的义战，届时自然会有国家出面援助日本，"守道之邦，不为外撼"。正如我们将要看到的那样，福泽在这里对国际社会上正义的绝对性的乐观态度，与他后期的

---

[1] 幕末大部分言论者都将鸦片战争视为"夷狄"侵略野心的根据，但福泽在这里却反过来将其视为华夷思想的破绽，这点值得我们注意。

看法形成了惊人的对照。

福泽在《唐人往来》里已经表达了模糊的国家平等观念，在明治五年（1872）以后陆续出版的《劝学篇》里，这一观念开始有了明确的逻辑结构。"天不生人上之人"，这句众人皆知的开篇语提示了贯穿全书的主题，我们从这里也可以看出，福泽的自然法思想在该书已经得到了全面展开。这本书借鉴了魏兰德（Francis Wayland）的《道德科学》，与启蒙自然法的结构正相呼应，书中总是将人际关系和国家间的关系相提并论，且关于这两种关系的论述都贯彻了平等和相互性的共同原理。譬如福泽先在第二篇讲了"论人与人平等"，紧接着便在第三篇讨论了"论国与国平等"，他还将两者的关系概括为那句有名的"人人独立，国家就能独立"。国家平等之理无疑正是人类平等之理的放大版。"国家是由人民组成的……一个人既没有加害于另一个人的道理；两个人也没有加害于另外两个人的道理；百万人、千万人也应该这样。事物的道理原不能由人数多少来变更的。"因此，人与人的平等并非"状况的平等"，即事实上的平等，而是"权理的平等"，即与事实上的强弱无关的基本人权的平等。同理，国与国的平等亦与事实上的富强贫弱无关，指的是国家基本国权的平等。尽管世界各国有着文明、未开等诸种差异，"但如现在有些国家想凭仗富强之势欺负弱国，则和大力士用腕力拧断病人的手腕一样，就国家权利来说是不能容许的"。

接着，福泽就应当在国际间推行的"权理通义"展开了如下的讨论：

日本和西洋各国都存在于同一天地之间，被同一太阳所照耀……要是人民情投意合，将彼此多余的物资相互交换，并进行文化交流……能同获便利，共谋幸福，并本诸天理人情而互相友好。只要真理所在，就是对非洲的黑人也要畏服，本诸人道，对英美的军舰也不应有所畏惧。如果国家遭到侮辱，全体日本国民就应当拼着生命来抗争，以期不使国威失坠。只有这样才可以说是国家的自由独立。

这可以说是近代国民独立理念的出色写照。在这里，"中华—夷狄"的藐视傲慢，被转换为一种新的国民自尊："只要真理所在，就是对非洲的黑人也要畏服，本诸人道，对英美的军舰也不应有所畏惧。"[1] 于是，福泽针对前近代人根据事实上的权力关系在傲慢与卑屈之间转换态度的状况，提示了"独立自尊"的人类理想。

以福泽在明治四年（1871）写给儿童的《日常教诲》为例，我们来看这一时期的福泽是如何彻底地排除了对道理与权力、正义与利益的混淆，并在方法论上贯彻了法律优位原则的。

桃太郎说要到鬼岛寻宝去。这太不像话了。宝物既

---

[1] 这种思考方式并非忽然产生的，我们不能忘了还是有横井小楠等人所做的铺垫。如"与有道之国通信，不与无道之国往来"，或是"我们要向海外万国表示：以天地有生之仁心为宗的国家，我们都支持，不信不义之国，我们会和天地神明一起严惩"。（《夷房应接大意》）

然是鬼精心收藏的，鬼便是宝藏的主人。桃太郎毫无缘由地去拿别人的东西，就是行盗窃的恶人。如果那鬼是恶人，在世间行了恶，桃太郎前去惩罚他，的确做了件好事；但把宝物盗回家交给爷爷奶奶，完全是出于私欲，卑劣至极。"

并且，不能忽视的是，在这里，即人际关系与国家间的关系之间并非只是单纯的类比。在福泽看来，只有建立在自由平等的人民基础上的国家，才能真正忠实于国家平等的原理，只有这样的国家才会本着理的原则而尊重弱小的国家，又从道出发不屈服于强国的威慑，只有这样的国家才能守护本国自由与独立。"没有独立精神的人，就不会深切地关怀国事。""在国内得不到独立地位的人，也不能在接触外人时保持独立的权利。"（《劝学篇》第三篇）

对内的解放与对外的独立是一个问题的两面。在这里，个人主义与国家主义，国家主义与国际主义保持了绝妙的平衡。这可以说是幸福的一瞬间。近代日本所面临的国际形势的变化迫使福泽在短时间内打破了这种平衡。

（未完）

我在《后记》中说过，原则上我不会为本论文集里收录的个别论文添加补记或补注。但本文是一个例外。本书收录的论文里，唯有这篇论文是以"未完"的形式发表在杂志《展望》1949年1月号（一）上的。当然，如果从实质内容的"未完"

来看，本书收录的其他论文也几乎都是"未完"的。但这篇论文的"未完"并非内容上的"未完"，而是形式上的"未完"。原本我打算在杂志上分回连载（原计划分三回），但只连载到第一篇，就因为我个人的原因而中止了。在我最初的构想里，我试图通过追溯明治中期以来频繁登场的"国是"一词（这个词作为 raison d'état 的译词其实并不合适）的象征意义，来展望自明治一〇年代到明治二〇年代包括福泽在内等人提出的各种"国权论"。我想借此强调的是，无论是民友社的思想家，还是与其立场对立的陆羯南、三宅雪岭、志贺重昂、福本日南等"国粹论者"，在认识到国家理性时，都对与国家理性形影相随的"魔性"有着清醒的自觉认识（至少跟大日本帝国膨胀期以来的状况相比）；并且，这与以陆奥宗光为代表的政治家们有节制的外交政策决定是一致的。因此，从我原本的构想来看，本文论述的福泽，只是他国家理性观念正式登场前的"前史"，论述在这里就戛然而止了。因此在最初策划这本论文集时，我原本不打算收录这篇论文。考虑再三，由于一件偶然的事，我决定收录这篇形式和内容上都未完的论文。

近日在中国，收录了我关于福泽谕吉研究论文的《福泽谕吉与日本近代化——丸山真男论文集》将由区建英翻译出版，该书便收录了这篇论文。中译者或出版社收录这篇未完的论文，有其自身的用意，因为与本文无关，就不在这里赘述了。不过，我作为原作者为中国版论文集写序的同时，还特意为该论文写了补注。在补注里，我一方面解释了我最初的执笔意图，为"未完"做了说明，另一方面，鉴于"国家理性"一词对中国读者来说比较陌生，还简单介绍了"国家理性"的观念。

按说应当趁此次筑摩书房论文集的出版，顺便把我最初设想的后续部分也写出来，好歹把形式上的"未完"变成形式上的"完成"才是。然而，无论从时间来看，还是从我本人的身体条件来看，这都是一件难以完成的工作。但是，从本论文集的主题上看，这篇论文所处理的时代和素材，跟本书收录的其他论文都有相通之处。而且，本文的执笔时间是在战后不久，在这个意义上这篇论文恰好体现了我那时的关心所在。因此，尽管这种做法非常虎头蛇尾，我还是决定将和中国版论文集的补注几乎一样的内容放在这里。筑摩书房编辑部对我说，"国家理性"的观念（并非用语）理解起来有一定难度，而且从实质问题上来看，"国家理性"问题与现代日本也绝非毫无关联。他们鼓励我，让我把我为中国版论文集写的关于国家理性观念的简略说明也呈现给日本读者。筑摩书房编辑部的建议，便是我这种处理方式的直接动机。当然，将"国家理性"观念引入叙述对象，这一做法本身的好坏需要另当别论。以上便是这篇论文和补注的原委了，还望读者能够谅解。（1992年补记）

《日本近代思想史中的国家理性问题》补注

对于这本中译版里收录的论文，我作为原作者，本不打算从今天的立场上再添加什么"补注"。但唯独本文，我认为有必要通过"补注"做个最基本的说明。主要有下述两个理由。

第一，这篇论文是在 1949 年杂志《展望》的一月号上发表的，本来我打算在二月号和三月号上连载论文的后续部分，结果计划流产了。一月号的这篇论文，还没未触及我最初构想的"国家理性问题"的历史展开的主干部分，就停在问题的"前奏曲"上终止了。因此，身为作者，我有义务简单介绍一下我本该论述的主干部分的构思和观点。这是第一个理由。

第二，无论在当时还是现在，在中国还是日本，"国家理性"这一用语对一般读者来说都比较陌生。该论文在日本发表时，这一用语还引起了不少的误解。因此为方便读者的阅读和理解，我认为有必要通过补注对"国家理性"做个最基本的说明。

为了使读者理解问题的所在，我将首先介绍一下在这篇论文发表时，这一用语带来了怎样的误解。论文的最后有这样一段话："……个人主义与国家主义，国家主义与国际主义保持了绝妙的平衡。这可以说是幸福的一瞬间。"有的读者以为这个"幸福的一瞬间"（即个人主义与国家主义，国家主义与国际主义保持了绝妙的平衡的状态）就是"国家理性"。"国家理性"本是从法语的 raison d'état 或德语的 Staatsräson 翻译而来。因为读者不了解这一由来，难免会有这样的误解。从字面来看"国家理性"一词，很容易会将其理解成：国家即是合理的存在，国家在本质上是基于理性展开行动的。当然也不能说这种理解完全不恰当，但至少就"国家理性"的思想内涵而言，这种解释是不充分的。其实我原本打算在后续论文里论述的是：

（一）1880年以后，福泽逐渐打破了前述那种"绝妙的平衡"，在这个打破平衡的过程里，福泽对"国家理性"的认识是如何觉醒的？同时代的思想家又是怎样认识到这同一个"国家理性"的？（二）像这样，明治前期里日本对国际强权政治状况的"早熟"认识，尽管仍然潜藏着一定的危险性，但与1930年代到1940年代日本军国主义的精神氛围还是有着一定的区别的，那么两者具体有着怎样的区别？在这个意义上，明治前期的日本是否就避免了迈内克在终章里展望的那种现代国家理性的"堕落"症候了呢？

鉴于读者对"国家理性"这个译入词的概念还比较陌生，我将在下文里做些补充说明，与正文的论述多少会有些重复的地方，还望读者谅解。首先，我将分条解说这个概念是如何产生的，然后，我会结合日本的情况，阐述我本人的关心所在。

*　*　*

（A）"国家理性"这个概念首先出现在文艺复兴时代的意大利，它在意大利语里被称为 ragione di Stato，接着在欧洲大陆传播，成了法语的 raison d'état 和德语的 Staatsräson。这一时期差不多正好是专制主义（absolutism）国家的形成期，而采用这个用语展开政治实践的人，也一般都是专制君主及他们的臣相。

（B）当这类专制君主或其意识形态的代言人，在使用"国家理性""国家需要"等用语来合理化政治行动时，这些用语在事实上都与特定君主或特定权力者的个人或王朝的利害密切相关。然而，悖论之处恰恰在于，"国家理性"的问题只有远离个人的、王朝的或统治阶级的利益关系，"国家"本身的存立与利益不能为特定权力的利益所代表，才具有独立的思想意义。这个发展过程恰好与欧洲近代统一国家的下述历史发展互为呼应：欧洲的近代统一国家，则是在与神圣罗马帝国、罗马教皇厅等超国家的上级权威的对抗，以及与封建领主、自治都市、地方诸教会等中世社会势力的自律的权力要求的斗争中形成的。

（C）因此，"国家理性"的概念从专制主义时代脱颖而出，一直被沿袭到多种主权国家并存的近代。大约到了17世纪，欧洲出现了所谓的"国际社会"（international community），在国际社会里，主权国家根据国际法的诸原则缔结外交关系，并通过条约、同盟、战争等诸种手段来追求各自的国家利益，因此它一般也被称为西欧国家体系（the western state system）。在这里有两个关键点，其一是主权国家平等的原则，其二是势力均衡（balance of power）的状况，"国家理性"的概念亦围绕这两个关键点展开。

（D）西欧的国际社会形成至今，其结构自然也有过变化。其中一个显著的例子是：战争作为解决国际社会国家间争端的手段，一度被视为主权国家毋庸置疑的法定权力，但在第一次世界大战后，以国联盟约、非战公约的签订为契机，国际法对战争施加了越来越多的限制，某种类型的战争——尤其是"侵略"战争——被认为是"违法的"，发动这类战争的国家，还会受到国际制裁。不过，国际社会及其组织仍以主权国家为基础，因此国际法高于主权国家的原则在实践中并不总是有效，时至今日，政治权力的力量制约关系在解决国际纷争上依旧扮演了极为重要的角色。近来还有一个很大的变化是，随着全球化（globalization）的发展，经济、社会、教育、文化等领域里的各种难题已经超出了主权国家范围（譬如环境公害问题、难民问题）。然而，尽管存在这样的矛盾，时至今日仍然很难说"西欧国家体系"的结构发生了根本的改变。

（E）换言之，现代的世界秩序其实是以"西欧国家体系"为范本，并将其中诸原则的适用范围扩大到整个地球而形成的。本文的开头也提到了19世纪下半叶以来东亚诸民族的"开国"的意义。无论在第二次世界大战后成为独立国家的"第三世界"国家群，怎样高举反西欧殖民地或反西欧帝国主义的大旗（他们有着充分的历史理由），它们仍然依托于"西欧国家体系"下的概念及原则来展开国际政治活动，例如国家主权概念，以及与之相关的"领土""领海""领空"等范畴，国家平等、不干涉内政等原则。在这个意义上，迈内克以近代欧洲史为素材提出的"国家理性"的思想史问题，对非欧洲的国家，也并非是完全没有借鉴意义的。

＊＊＊

结合我在（E）中陈述的问题，我想为现代中国的读者们再补充以下两点。

第一，中国古典，尤其是《战国策》、申韩刑名家主张中出现的"权谋术数"，在本文论述的"国家理性"问题中该如何定位呢？Machiavellism 一词有时会被翻译为"权谋术数"，"权谋术数"与欧洲"国家理性"的政治实践非常接近。不过，一般而言，"国家理性"的思想成熟，与主权国家的平等原则及以此为基础的"国际秩序"的面貌是一体两面的，而"权谋术数"则缺少了后面这两个要素。因此，可以说"权谋术数"是"国家理性"在古代的表现。

第二个论点在于，东亚传统的华夷观念及将这种观念制度化的"册封"体系，与"国家理性"的生发基础即"西欧国家体系"之间的关系。在这篇未完成的论文里，我讨论了华夷观念的克服（主要以日本思想史为对象），就受到了很多基于这个论点的批判。批判者强调，华夷观念与"册封"体系是有关"礼的制度"，属于道德、文化层面上的问题，这与以西方的"强权政治"为前提的"宗主国—属国"的国际关系有着本质的不同。这个论点非常有趣，但篇幅有限，这里没办法深入讨论。不过，我想指出以下这点。这篇论文本来不打算触及中国近代史上的华夷观念史，但就管见所及，在清朝末年的外交关系中，传统的华夷国际秩序观，真的只是纯粹的礼的层面，道德、文化层面的问题吗？对此我是持有疑问的。应该说具有讽刺意味的是，譬如李鸿章等"洋务派"虽然在展开国际外交时固守着"中体西用论"，但从他的言论和行动上可以发现，在19世纪东亚的国际形势下，原本以礼法秩序为特征的华夷内外上下区别的秩序观，已经被"重新诠释"，这里有一种华夷观念向强权政治转型的趋势。福泽认为，要想在东亚世界推行主权国家的独立、平等原则，就必须首先打破这种被重新诠释了的华夷等级秩序观。我之所以赞同福泽的这种思考方法，其原因即在于此。当然，我也并不否认这一主张尚有一定的反对余地。

＊＊＊

上文里我对"国家理性"的概念做了一定的说明。大约是从1930年代后半到40年代，我就国家理性的问题仔细研读了迈内克的这部经典，时值中日战争升级为全面战争并扩大为第二次世界大战。在这样的战争氛围里，迈内克在终章谈到"国家理性"在当代的危机和堕落，给我留下深刻的印象。在终章里，他将截至俾斯麦时代的德国与进入第一次世界大战的军国主义德国做了对比。国际危机的高涨掀起了国民大众狂热的爱国浪潮，而为政者自身也被这种排外主义的"巨浪"裹挟其中，在权力行使中失去了对自我的约束能力，使国家一步步走向败局。而这正是迈内克所亲眼目睹的第一次世界大战后德意志帝国的状况。我也不禁将这种状况与1930～40年代的日本重叠在一起。俾斯麦的德国与1914年的德国，在我眼中就成了明治前期的国权论与1930～40年代"皇国日本"的使命论。

就福泽而言，这个过程是这样的：1880年代，当福泽开始强调"国权论"时，正文中论述的那种"绝妙的平衡"的确被打破了（不过，福泽所谓的"国权"，正如他本人亲自标的注音假名一样，是 nationality 一词的翻译，与政府的权力＝官权的概念是不同的。这一点往往被福泽的批判者们所忽略。不过在此不打算触及这个问题）。不过，请注意明治一○年代福泽"国权论"的代表性著作《时事小言》（1881年），他开篇写道："天然的自由民权论是正道，人为的国权论是权道。或说，甲（即'天然的自由民权论'）是公，乙（即'国权论'）是私。"福泽甚至不惜使用中国古典中传统用语的"正道"对"权道"（或更准确地说，"经"对"权"），明确承认自由、平等、人权的普遍规范在道德上优于国际强权政治，然而当面对杀到东亚的西洋列强，他又宣称要敢于选择被他视为"私"道的"权道"。不仅如此，福泽甚至还把当时的世界形势形容为弱肉强食的"禽兽世界"，而日本国为了在这个世界中生存下去，也必须成为"禽兽"的一员展开行动。迈内克在目睹了一战的败北带来的德意志帝国的崩溃后，自我反思，逐渐远离深深影响他的黑格尔和特莱契克（H. von Treistchke）的国家观（将国家视为人伦的最高实现形态的国家观），并逐步认识到国家权力的"魔性"中潜藏的自然的、动物的冲动。而福泽的"国家论"早在1880年代，就已经将在国际社会中行动的日本视为"禽兽世界的一员"。当然，这并不是在说，福泽不支持日本在亚洲大陆上的权力扩张。但我们应当注意的是，福泽在针对日本及其权力行使，这里没有任何添加道德美化形容词的空间。

并且，无论是同时代的自由民权论者（譬如中江兆民）的"国权论"，还是明治二○年代初兴起的陆羯南、三宅雪岭等人的"日本主义"或"国粹主义"思想运动，尽管在程度和表现上有所不同，都有着这种类似的对"国家理性"冷静而透彻的认识（即国家理性是建立在"普遍理念"和"追求国家固有的权力利益"这"两个重要要素"的相克之上的自觉认识）。就算在明治前期，从"当局者"的言论与行动中，也能看出一种从政治现实主义出发，且尊重权力边界的态度。以甲午战争时期的外务大臣陆奥宗光的《蹇蹇录》（1895年完稿）为例，陆奥宗光在《蹇蹇录》中写道：国民因为沉醉在甲午战争的胜利果实中，对国际形势的判断陷入了"主观"偏见，反过来把主张尽量避免提出过分的领土、赔款要求的"深谋远虑之人"，称为"卑怯、不成熟、毫无爱国心之徒（略），应该去好好闭门反省"。他对国内的这种状况产生了深深的忧虑，甚至引用了斯宾塞（Herbert Spencer）的"爱国心是蛮族的遗风"，向日本政党和国民舆论中的"傲慢风气"发出了警告。

与此形成鲜明对比的是1930～40年代日本的精神气象。1930～40年代，不仅"弘扬皇道""东亚子民以沐皇恩之伟业""八纮一宇的精神""大东亚共荣圈"等华丽的辞藻泛滥成灾，当这些美化日本军国主义的辞藻成了"当局者"的宣传标语，并通过大众传媒传播到国民中后，随着事态的发展，"当局者"自身也逐渐忘了这些辞藻不过是宣传手段，转而陶醉其中。尽管日本政府一开始采用了"不扩大方针"，但中日战争还是升级为全面战争，并最终发展为第二次世界大战，可以说，这一过程正是"当局者"在为自己所煽动的大众舆论"浪潮"的控制下，做出了一个又一个糊里糊涂的政策决定（或不决定！）的过程。日本军阀的元勋山县有朋在第一次帝国议会（1890年）的首相演说上陈述军备扩张的必要性时，使用了

"主权线""利益线"的范畴,他强调,国防的关键不在单纯地防御"主权线",而在于确保"利益线"。这无疑是日本势力向亚洲大陆(譬如朝鲜)扩张的公开宣言。不过,"主权线""利益线"的用语本身,就体现了对国际强权政治中的"国家理性"的清醒认识。

而只要强权政治有强权政治的自觉,有国家利益的自觉,自然能意识到权力行使及国家利益的"边界"。相反,越是用道德的说辞把权力行使美化为道德或伦理的实践,人们越会在这些道德的说辞中逐渐失去对"边界"的认识。为什么"道德"的行使是有"边界"的,为什么要对其施加约束呢?因为"利益线"在本质上是有边界的,而"弘扬皇道"却没有,那里只有"无限"的扩张。在战争愈演愈烈的情况下,当我结合我所学习的日本近代史来读迈内克这本书时,正是这种精神态度的反差,让我有了一种不寒而栗的感觉。

* * *

除了上文提到的"国家理性"这一翻译不够准确外,在战后不久的日本,"国家"的威慑仿佛忽然销声匿迹了一样,以至于这篇论文的"意图"在当时的精神氛围里几乎得不到理解,"论坛时评"也对它置之不理。不过,暂且不论本文的"未完"和我的能力不足,我认为,时至今日,尽管围绕主权国家的"国家理性"问题仍然包含着种种矛盾和危险性,但在真的全球化世界秩序得到确立前,它仍然是一个非常重要的问题。

日本思想史中的问答体谱系
中江兆民《三醉人经纶问答》的位置

我既非专门研究中江兆民的，也已很长时间未曾接触过日本近代史的相关内容。做历史研究的人都会有这样一种认识：一旦你疏于研究某个时代，很快便会失去对这个时代的熟悉感。而当你重新回到这个时代，只要稍加学习，便可拾回昔日的知识储备。但本次演讲准备得有些仓促，我对中江兆民身处时代的熟悉感还未完全恢复。方才我向主持人江藤文夫询问了本研究会此前的讨论内容，万幸的是，研究会在此前已经进行过关于《三醉人经纶问答》文本的细节性讨论。也就是说，经过此前各位讲师的努力，在座的各位已经在强力的变焦镜头下熟悉了兆民的著作。而鉴于我对这个时代还有些生疏，还请允许我用35mm的定焦镜头带来从远处的观测报告。

之所以以"问答体"作为本次演讲的题目，也与此有关。《三醉人经纶问答》的内容很难在一次演讲中面面俱到，而这本来也是本研究会在整体上要解决的问题。因此，我将重点谈谈《三醉人》的形式。我为今日的话题取了个很大的题目——"日本思想史的问答体谱系"。但我以前并未就这个题目做过相关研究。昨天我临时抱佛脚，集中准备了一天，匆忙地做了些笔记。因为是笔记，难免有不少论述得不够充分的地方,还请见谅。

一

尽管我还没有十足的把握,但我认为在日本思想史上,大概是佛教的"法论"为问答体的形式提供了模型。"法论"的"论"与其说是单纯的议论,不如说是"论争"意义上的"论"。例如日本佛教史上最初的两位思想巨人最澄和空海——圣德太子则另当别论,这两位有过交锋的思想巨人的重要著作都是有关论争的书,并且都采用了问答体。虽然在时间顺序上会有点乱,我们先以最澄为例。最澄有一本非常有名的《决权实论》,因为我并不熟悉佛教的深奥教理,关于该书的内容我将一笔带过。法相宗有位名叫德一的学僧,该书在形式上便由这位德一进行问难,而最澄逐一展开反驳。这位住在会津的德一到底是不是藤原仲麻吕的儿子,这次论争是不是虚构的等等,该书有很多有争议的地方,暂且不论,让我们关注该书的结构。这本《决权实论》是关于"权实"的争论,"权"即一时方便,"实"则是真实。非常简单粗暴地概括便是:法华经是"实",相对的,菩萨、缘觉、声闻的"三乘"是为了表现法华经的真实而采取的临时形态,所以它们是"权"。而德一的观点是:这不对,反了,法华经才是"权"。这便是权实论争,简单地说,就是关于三乘与一乘的权、实之争。

至于该书的结构,看过书的人应该都有印象,首先是"山家问难"。山家就是天台宗。这部分由二十个问难组成。与之相对的是"北辕会释",也由二十个会释组成。二十个问难对二十个会释。所谓的"北辕"是虚构的,其实指的是德一。意思是"北辕适楚"——楚是中国古代南方的国度——本来想去南方,车辕却朝向了北方,也就是说,朝相反的方向走了,意图和结果颠倒了。给德一取这样有讽刺意味的称号本身,就已经是在对德一展开批判了。

而"山家问难"篇本身又分为"一问,二答,三难"。虽然在标题上这之后还有"四不通义",但在实际内容上只有"一问,二答,三难","四不通义"的实质性内容其实在后面的"山家救难"篇里才有所体现。"山家问难"篇有着双重结构,在问难中又展开了问答。"一问"即天台。"二答"是法相,也就是德一所持的立场。"三难"则是从天台的立场出发批判法相。不过"三难"在批判法相时引用了法华经,在这一点上与"一问"是不同的。因此,"山家问难"篇里的论争是由最澄虚构的。也就是最澄的自问自答,通过自己假设出法相的立场并展开批判的形式,在整体上进行问难。相对的,实际上德一的解答只有"二十会释"。在整本书里,德一的主张是以"北辕者说"的形式被介绍的。除了前文提到的"山家问难"篇、"北辕会释"篇以外,还有"山家救难"篇,该书由这三部分组成。

德一与最澄的论争是现实里的论争,这是日本古代思想史上最有名、水平最高的论争。这个论争恐怕实际上是在两人的书信往来里展开的。"山家救难"篇被认为是《决权实论》一书最先完成的部分。此前的内容是在追溯这场论争的经过，一般认为是最澄在执笔期间补充在"山家救难"篇前面的。当然，除了《决权实论》外，最澄的其他著作也经常提到他与德一的这场论争，因为该书最完整地保留了论争的形式，所以在此以它为例。

为了赶时间，下面我们讨论空海。空海笔下代表性的问答体著作是著名的《三教指归》。我记得桑原武夫在为岩波文库版《三醉人经纶问答》写的解说中也提到了《三教指归》。《三教指归》是用汉文写的，所谓的三教指的是"儒、道、佛"。请把此处的道教宽泛地理解成所谓的老庄思想。儒教、道教、佛教即三教。"三教"的含义在日本思想史上不断地发生着变化。比如在江户时代，神道取代了"道教"的位置，"神、儒、佛"成了新的三教。明治末年有过所谓的"三教会同"，这个三教指的又是"神、佛、基督教"。像这样，三教的所指随着时代推移不断发生着改变，这本身便是个有思想史意义的现象，非常有趣。但就空海而言，他笔下的三教与中国一样，指的是"儒、道、佛"。

看过书的人应该都有印象，跟前述的《决权实论》相比，《三教指归》在结构上更有戏剧性，比如它设定了场景和舞台。"兔角公"的公馆便是故事的舞台。舞台上的登场人物有：兔角公、龟毛先生、虚亡隐士、假名乞儿和蛭牙公子。从取名方式上便可看出，这些人物都是虚构的。兔角——兔不生角，龟毛——龟甲不长毛。蛭牙公子是兔角公的外甥，相当于现在的不良少年。三人挨个训导蛭牙公子，你可不能这样做，这便是该书的整体结构。龟毛先生是兔角公的宾客，代表的是儒教的"世间伦理"。《三教指归》的上卷是龟毛先生之论。龟毛先生展开了许多论点。与之相对，虚亡隐士代表的是老庄的脱俗立场。当然，严格来说，不能简单地把老子和庄子、老庄和道教混为一谈，但归根结底，老庄的思考方式以民众宗教的形式发生了通俗化，最终成了道教。

暂且不论这点。上卷中，龟毛先生从世间伦理的角度出发，对不良少年进行了谆谆教诲。到了中卷，虚亡隐士登场，他反驳道，你怎么用的药——他把不良少年比作病人——这种疗法还不如不用药，即半途而废的治疗还不如不治疗，这是老子的"无为"式主张。龟毛先生大吃一惊，说道，那还请先生多指教，便开始了由虚亡隐士基于道教的立场展开的议论。接着，在虚亡隐士与蛭牙公子对话——与其说是对话，《三教指归》的写法其实更像论争——或说论争时，假名乞儿过来与隐士对话。于是，下卷便开始了假名乞儿之论。这代表的是佛教，即空海当时的立场。乞儿在龟毛先生等人的邀请之下诚恳地讲解佛法，并最终说服了众人。全书结束于假名乞儿的诗中。这便是本书的梗概。

《三教指归》在结构上有两个特点：一是在取名方式上表现了故事的虚构性；二是把代表了儒、佛、道的理论构想家们集中在同一个舞台，让他们从自身的立场出发进行对话。

从思想交流的层面来看，《三教指归》与后世的问答体——尽管日本的问答体著作在数量上很多——的不同之处值得我们的注意。后世一般的问答体著作往往采取了这样的形式：智识水平较低的人向智识水平高的人提问，"这一点怎么样"，接着，智识水平较高的人自上而下地垂示教训，"应该是这样"。然而在《三教指归》里，代表不同立场的理论构想家们至少在对等的立场上进行的问答。尽管在实质上佛教的学说最终占了上风，但至少在形式上三人进行了对等的议论。并且，参与问答的不是两人，而是三人，如果把公子也算上就是四人。最澄、空海身处的时代，正是大陆传来的水平高超且彼此相异的世界观相互碰撞的时代，现实的历史恰恰为复数的异质世界观提供了相互交锋的场所，同时也为《三教指归》提供了现实舞台。当然，从结论上看，该书主张的是：佛教是对代表世间伦理的儒教和代表脱俗立场的道教的一种扬弃。但这并非在全盘否定儒、道的思考方法，而是主张，佛教是对两者进行扬弃后的更高思想。该结论是议论的前提，为了更方便地导出结论而采用了问答体。在这一点上，它与基督教的catechism（教理问答）是一样的。尽管如此，值得注意的是，跟后世的问答体相比，《三教指归》里不同世界观的代表们至少在形式上进行了对等的高水平议论。

这种"法论"便是思想史文献里问答体的原型。到了中世，佛教思想成为显学，法论不再是不同世界观的对决，而更多地表现为同一佛教内部的法论。例如9世纪下半叶天台密教的教相解说书——安然的《教时问答》（或《教时义》）。此后的文献没办法在此逐一列举，进入中世后，还有荣西的《兴禅护国论》，其中的"世人决疑门"（第三门）篇便采取了"问曰……答曰"的形式，由十几个问难和相应的会释组成。如果要详细地定义"决疑",就要牵扯到佛学,关于佛学我也是个门外汉,简单说来,决疑便是解决疑惑。该书的"决疑门"主张:疑惑基本上可以分为以下两种类型。一类是"因为不解而感到迷惑的疑惑"。这个"迷惑"指的并非现代日语里的"给人添麻烦",而是迷惑不解、感到困惑。换言之,这是因为无知而产生的疑惑。另一类是"学者执迷的疑惑",即因为固守某个立场而产生的疑惑。为避免歧义,在此补充一句,这个"学者"泛指进行学问研究的人,而非专门的研究者。以佛教用语来说,"学者执迷的疑惑"便是"见"。把"空"视为真理而执迷于"空",便是"空见",这是增上慢之基。虽然"邪见"也是"空",但容易看破。就"空见"而言,因为自以为拥有了终极真理,反倒难以看破。这个"见"与柏拉图的意见(doxa)有异曲同工之妙。总之,为了能在突破这类无知和偏见的过程中开示真理,就不得不采用问答体。

以日莲为例,日莲的很多著作都采用了问答体,从书名上便一目了然的是《圣愚问答抄》。目前还没有确凿的证据能够表明该书的确出自日莲之手。它在体裁上采用了由愚客发问、圣人作答的形式。不言而喻,圣人作答是从法华经即是真理的立场出发,来解说和批判其他诸宗。

因此,这种类型的问答体即使在同一佛教内部,也会因为宗派的不同而有着不同的真伪正邪之标准。例如在稍后的室町时代,生活在14世纪下半叶至15世纪的圣冏写过一本《鹿岛问答》,也被称为《破邪显正义》。该书从净土宗的立场出发,且顾名思义,是本问答体的著作。这里的"破邪"即破斥圣道门或其他基于咒术的宗派，通过这样的方法来显示净土宗的"易行"才是"正道"。换言之，真言宗和日莲宗在正邪上的立场刚好相反。到了后世，"破邪显正"的表述不限于佛教，得到了广泛应用，其中使用得最频繁的宗派是净土宗或说净土真宗一系。例如南北朝时代的僧人存觉上人（光玄）的《破邪显正抄》，这是真宗的，比《鹿岛问答》的时代稍早。当然未必所有的破邪书都采用了问答体，但问答的形式更容易明确地划分正邪。

南北朝时代有位诸位都很熟悉的梦窗国师。梦窗国师（疏石）与足利氏有着很深的联系，他有一本《梦中问答集》，收录了足利直义在修行佛教时提出的八十多个问题，以及梦窗国师对此做出的解答。因为足利氏的信仰非常笃厚，可以推测这些问答确是现实中实际发生过的。不过，这是先生与弟子之间的问答，与镰仓佛教相比，论净的性质并不明显，因此它在问答体上的思想意义不高。尽管如此，总的来说，以问答的形式开展佛法讲座的传统在佛教思想史上扎根了。

二

前面提到了空海的《三教指归》，它将儒释道三种不同世界观的对决以对话的形式进行呈现。如果要在日本思想史的发展过程中找到类似的问答体，那么其中具有划时代意义的，恐怕要数天主教的传来。自此日本出现了完全陌生的，且不同于一切旧有思想的世界观。那么这又引发了怎样的状况呢？不同于以往的"法论"传统，扎根于基督教 catechism（教理问答）的问答体开始登上了历史舞台。至于教理问答在基督教思想史上如何产生，又如何发展？这属于神学史的题目，超出了我的专业领域。在宗教改革时期，最先通过教理问答这一问答体形式来弘扬教理的并非天主教教会，而是路德一方。我认为这一点很有象征意义。接着，与之相对抗，反宗教改革运动中也有了罗马教会的教理问答。以耶稣会士为首的天主教徒来日本传教时，恰好是欧洲的宗教改革与反宗教改革思潮交锋得最为激烈的时候。面向日本讲解天主教根本教理的 Doctrina Christã（基督教教义，英文则是 christian doctrine）也是问答体。虽然这是基于天主教总部的罗马教会的教理问答写成的，但沙勿略（San Francisco Xavier）从传教一开始时便觉得：不能只是把一般性教理照搬到日本，需要考虑到日本特殊的风土人情。后来范礼安（Alessandro Valignano）在丰后传教时用的《日本基督教教理问答》，便在实质上实现了这一策略。战后的 1960 年，葡萄牙的埃武拉图书馆在当时日本赠送的屏风夹层中发现了该书的抄本，自此人们才发现，原来除了一般性基督教教义外，还有专门为对抗日本的传统教义（主要是佛教）而编纂的教理问答（在松田毅一和海老泽有道的努力下，该史料得到了修复）。

至于为什么要编纂日本专用的教理问答，我认为这象征了天主教传来在日本思想史上的意义。沙勿略及后来在日本传教的耶稣会士们都从传教前便高度评价过日本人的智识水平，并在传教后切身体验过日本当时的文化水准之高。因此，不同于给未开化人种的传教,他们必须为此做出充分的精神准备。对欧洲的基督教而言,与佛教这样有着宏大世界观和深奥形而上学的异教进行对决,恐怕还是与古典时代的希腊世界观对决以来的首次。沙勿略和其他耶稣会士都深知佛教在日本的思想和社会上的巨大影响力。并且,当时的禅僧已经具备了发展出儒教历史上最高哲学的宋学的知识。因此,为了与禅僧这样的强敌进行世界观论争,传教士们不得不竭尽全力。这样的思想状况与幕末维新以后的情况有着很大的不同,幕末维新以后,只需应对来自政治权力的弹压和民众因袭而生的恐惧,不需要与足以令人感到害怕的世界观进行对决。

我将尽量避免涉及一般性基督教教义的内容,仅简单地介绍著作的形式。本来,基督教教理问答的问答体一般采用的形式是:教师提问,学生作答。然而《基督教教义》虽然在开篇保持了教师提问、弟子作答的形式,到了中盘却反了过来,变成了:弟子提问"这是为什么",教师回答"这是因为……"。由弟子、学生提出问题,老师对此作出解答的形式,是日本的传统范式。中国的情况也是如此,《论语》就是一例,基本都是弟子提出了各种问题,而孔子以"子曰"的形式做出解答。当然偶然也有相反的情况……。这点深入探讨下去也非常有趣,不过这显然偏离了今日的主题,让我们就此打住。

总之,这个提问、解答关系的变化,也是传教士根据东亚的传统范式有意识地做出的调整。不过,《基督教教义》里却有几处例外,采用了师徒讨论体。有趣的是,这些例外讨论的是有关婚配圣事。这是基督教的第七个圣事,这部分虽然很简短，但在形式上却变成了讨论。众所周知，第七个圣事的根据是圣经里的"神所配合的，人不可分开"。弟子质问道，"就算两个人不投缘也不能离婚，这是不是太严了？"老师接过问题，"虽然这个教义看起来很难……"，深入地解说了它的根据。接着学生又问，"原来如此，我懂了。不过，一旦结婚便不能随意离婚，这样不是会出现很多因为嫌麻烦索性就不结婚的人吗？"对此老师说，"虽然你这个担心也有一定道理……"，并进一步展开了说明。严格来说这还算不上讨论，但至少弟子直率地提出了自己的疑问，不再是弟子单方面地接受教育。并且，这个问题本身也的确像日本人会提的问题。由此可见，《基督教教义》在制作上的确充分考虑了日本人的情况。

不过，《基督教教义》尽管在制作上得到了日本人的帮助，仍然是由耶稣会传教士编纂的。与之相对，《妙贞问答》则是纯粹由日本人编纂的教理问答的最高杰作。它并非简单的教义解说，还与日本的传统思想进行了正面对决。该书的作者是不干斋·巴鼻庵（Fucan Fabian），据说他曾在禅宗的寺庙里待过，具体信息不详。

《妙贞问答》由妙秀和幽贞这两位尼姑承担了问和答的角色，因此有了书名里的"妙贞"二字。值得注意的是妙秀这位女性的人物设定，她是位有教养的上流阶层妇人，碍于身份不便去天主教教堂。也就是说，不同于前述的那种形式，"弟子提出简短的问题，先生耐心且冗长地作答"，两位尼姑对等地讨论，发言的长度差不多，两人在智识水平上也足够分庭抗礼。妙秀关于天主教的教义提了很多问题，问题当中包含了从佛教到儒教、道教的思想。虽然在此不会展开详细的文献批判，但总之，神、儒、佛等一切既有教养在这里和天主教世界观展开了激烈的对决。因此，自然难以采用弟子向先生简单提问并请示教诲的形式。

就异质的世界观、意识形态在对等的立场上交锋这种问答体而言，前述最澄、空海所面临的类似局势在这里再次出现了。这个时代的经院神学早已通过亚里士多德的哲学完成了理论武装，用上了亚里士多德的形而上学——质料、形式等古希腊哲学的基本范畴，该书对这些内容的理解程度之深令人叹服。日本人再度这样深入地理解西洋哲学，尤其是古希腊哲学的世界观，还要等到明治中期以后。虽然战后发现了范礼安《日本基督教教理问答》，人们知道《妙贞问答》的基础议论其实依据于此，但这也丝毫不减《妙贞问答》的划时代意义。

我初次读《妙贞问答》时，看的是正宗敦夫等人于战前编纂的《日本古典文库》的文库本。虽说这是在战前还相对自由的时期里出版的，但比如天照大神、伊势神宫的有关部分还是在审查下遭到了删减。该书批判了当时以吉田神道等为代表的神道，暴露了记纪神话的意识形态性，这在战前可谓是空前绝后的。它用对话体的形式猛烈地抨击：说到底，所谓的日本神话和神道仪式，不管是最像那么回事的国诞生神话（在利用儒学进行合理化后，更显得像那么回事），还是鸟居、注连绳，都不过是在或象征性地或写实地表现男女性爱，根本就不得要领。因此在战争中它的读者非常有限。

如果要介绍《妙贞问答》的作者，那就说来话长了。巴鼻庵在写下《妙贞问答》后不久便弃教，他趁着镇压天主教的浪潮，写了反基督教的《破提宇子》一书。也许该说巴鼻庵才是日本思想史上的第一个"转向"者。巴鼻庵非常聪明，他在《破提宇子》中几乎原封不同地照搬了《妙贞问答》的论旨，并把每个论旨的价值判断都颠倒了过来。所谓的宗教教义从根本上说就是"教条"，无法用经验来验证，因此可以把以前肯定过的命题，原封不动地照搬过来并予以否定。例如就天地创造而言，《妙贞问答》基于唯一神从无创造天地的立场，对儒教——主要是宋学，儒教历史上第一次成系统的形而上学的便是朱子学——或说宋学的太极论、理气论等宇宙论的根本范畴展开了批判。然而在他弃教后，又反过来从否定人格神的"理"的立场出发，反问基督教，"提宇子"（Deus：天主）又是由谁创造的？不过《破提宇子》没有采用问答体。一般来说，若不是要挑战某思想或进行思想劝导，而是想开展单方面的思想、宗教攻击，就不会采用"问答体"。

暂且不论这点，虽然巴鼻庵的智识水平很高，能够敏锐地暴露出思想的意识形态性，但即使在《妙贞问答》里也可看出，他不善于把握内在的信仰。我们不难从这一弱点里发现他转向的契机所在。比如尽管《妙贞问答》对亚里士多德的哲学诠释得非常全面，但对于赎罪问题、基督学、三位一体的意义却说明得非常不充分。换言之，该书在整体上是主知主义的。尽管如此，不可否认的是，自古代的佛教传入后，到了16世纪终于久违地再次出现了不同世界观的交锋状况，正因此这一日本思想史上的杰作才得以以问答体的形式应运而生。

在江户时代的对比之下，这一点就更加明显了。单从形式上看，江户时代的问答体思想著作非常多。但在问答体的思想意义上，不如说进入近世以后反而倒退了。在我有限的研究中，近世思想史算是我比较熟悉的领域，然而，虽然采用问答体的著作在数量上很多，但它们的思想意义普遍都很低。下面我将对此做一个简单的介绍。

三

首先以近世初期中江藤树的代表作《翁问答》为例。从书名上便可得知，这是本采用了问答体的著作。这里有两个登场人物，老师一方是天君，弟子一方是体充。这两个人名象征性地使用了《荀子》和《孟子》的典故。该书在形式上保持了由弟子向老师提问，老师对此作答的传统。因此与保持了这种传统的著作一样，它的问题很短，回答很长。

熊泽蕃山的《集义和书》则是书信体的问答。它采用了"来书略""返书略"（"略"即"概略"）等书信往来的形式，可视为问答体的一种变型。虽然还包括了非书信体的问答，但都延续了旧有的范式，提问很短，回答很长，不算真正意义上的对话。就对话的意义而言，它在形式上较之《妙贞问答》出现了倒退。

纵观江户时代，《神儒问答》《儒佛问答》等以问答为书名的著作多如牛毛。还有如《神儒佛三教争论和谈》这样同时讨论三种意识形态的文献。但在内容上，它们都是基于一个立场的浅薄说教。

在国学出现后，又出现了怎样的情况呢？国学的著作基本也沿袭了同样的范式。即使是本居宣长的《铃屋答问录》，里面的回答也只是在阐发宣长自身的立场。因此，里面的问题都很短。国学是在与"汉意"唱反调，因此自然会有论争书。在宣长的著作中，最著名的例子是《葛花》。徂徕学派的儒者市川鹤鸣曾写下《末贺能比礼》一书抨击宣长的儒教批判，而宣长对此的反驳便是《葛花》。"葛花"一般用来消毒。以"葛花"为题，就是要消对手之毒。虽然该书对《末贺能比礼》逐节展开了反驳，但每次都只引了《末贺能比礼》开头很短一部分，便马上展开长篇大论的反驳。因此，如果不事先读《末贺能比礼》，就只能看到宣长的立场。该书的形式大致便是这样。

除了儒教、国学外，有着"法论"传统的佛教阵营又是什么状况呢？在江户时代，佛教在意识形态上基本转而采取了守势。尤其是针对儒教的排佛论，佛教强调自己绝非超然世外的避世之教，而那种主张"佛教否定了君、父"的抨击是不对的，像这样，在整体上采取了守势，拼命地从儒教和神道手里拥护佛教。因此，从佛教出发，强调神、儒、佛一致性的问答书很多。但都很普通，就不再举例了。

我接触的文献毕竟有限，如果有谁看到其他有特色的问答书，还请不吝赐教。那么除了上述这种刻板俗套的问答著作外，如果问及江户时代有哪些独具一格的对话篇，我认为首屈一指的要数安藤昌益《自然真营道》一书中的《法世物语》篇。这是部彻底的讽刺剧。里面登场的角色不是人，全都是鸟兽。比如鸠、鸢、雀、鸭等鸟兽聚在一起叽叽喳喳地开会。"法世"即人类社会，用现在的话说就是阶级社会，或说包括男女性别在内的身份差别社会。与之对立的理想社会是"自然世"。从"自然世"的立场出发批判"法世"，就是《自然真营道》全书的主题。《法世物语》篇通过鸟、兽的聚集来讽刺人类世界，展开批判。也不知昌益的创意源自何处，总之这个构思很有新意。例如在鸟类聚会时，雌雄鸳鸯就算在会议当中也毫无顾忌地嬉戏调情，于是受到了众鸟的苛责：在鸟前应该注意一些。鸳鸯辩解道："为什么只有我们受到了谴责。'法世'的统治阶级有很多官女，比我们还要纵情爱欲。"然而随着聚会的鸟儿越来越多，鸳鸯自然也被分开了，它们因此难过得死掉了。大概就是这样一个小插曲。

作为讽刺剧，它非常有趣，但可惜还不是后来那种辩证法式的对话体。并且，里面的鸟儿也并未如《三醉人经纶问答》那样，代表了某种实际存在的意见或特定观点，比如豪杰君便代表了当时社会思想的一个侧面。它只是通过鸟儿的台词在整体上批判了人类社会。因此，《法世物语》虽然可以称得上是一部辛辣的讽刺作品，但辛辣有余而幽默不足。不过就问答体的形式而言，它已经足够别具一格了。昌益的思想对当时的德川社会进行了全盘否定，是稀有的另类思想，因此他采取了鸟兽对话这一罕见的形式也并非偶然。

下面我们将一口气跳到明治时代。

明治维新无疑是自天主教传来后，日本又一个与异质思想文化交锋的时代。维新后不久，日本出现了许多问答体的小册子,被称为"开化物"。正如法国大革命时出现了很多写宣传册的作家一样,这类开化物简单说来便是文明开化的宣传册。尽管并非所有宣传册都采用了问答体的形式,但问答体的开化物非常多。比如小川为治的《开化问答》、儿岛彰二的《民权问答》等等,五花八门。

这类文明开化物有个特征:问答的一方都叫旧平或顽藏,顾名思义,他们代表了旧有意识。与之对立的则叫开次郎或才助,他们作为开明派去启蒙前者——大概就是以这种形式展开的问答。其主题从通俗的日常生活到士农工商的身份制,包罗万象。既有主张天狗不存在,打破迷信的;也有针对"人之所以有差别,难道不是因为天性吗"的提问,开明派的代表通过"当然不会因为是大名就有四只眼睛,因为是贱民就有两只眼睛"的比喻去说明人的平等的。它们对旧体制结构的批判尤其彻底。鉴于我们已经越来越接近《三醉人经纶问答》的时代,为了方便比较,下面我将直接引用原文。例如:

> 开次郎:(以前,)人民的见识狭隘,以为家是从政府借来的,地面也是从政府借来的,金银、诸工具是从政府借来的,妻子儿女也是从政府借来的,甚至连自己的性命也是从政府借来的。如果政府要求他把家交出来,便会答应,要求他把地面交出来,也会答应,(中略)尽管内心觉得这不合情理且惨无人道,咬牙切齿地捶胸顿足,(中略)也只能万念俱空地顺应政府之意,对其言听计从。
>
> 旧平,你想到这些事情,不会觉得以前的世界让人不

寒而栗吗?

以这样的方式来说明推行御一新、实现变革的目的。

值得注意的是,虽然它在思想内容上是近代的,但对为了实现文明开化而推行的"御一新"的问答,在形式上与旧范式没有任何区别。开次郎是老师,智识水平较低的旧平实际相当于弟子。弟子提问,老师则从开明的立场出发进行说教,这一范式基本得到了延续。不过,旧平与开次郎姑且算在平等地对话,在这一点上也算有了一丝新意。维新政府在成立后不久,进行了一个接一个的制度改革,从采用太阳历等与日常生活有关的改革,到废藩置县、地租改正等大的变革,还开通了电信、铺设了铁道、引进了新的技术,时代的变化让人应接不暇。诚如《文明开化童戏百人一首》里这首百人一首的模仿诗文所说的那样,"日日读新闻,朝朝览布告。乡关告父老,拜请钓鱼船"。

换言之,每天报刊上都有明治政府的布告,如果不读报,就跟不上时代的变化。这首模仿诗便很好地表现了人民的这种心情。与旧幕府时代相比,人们的生活环境发生了很大的变化。开化物便是在这样的社会形势下出现的。因此它们在现实上起到了拥护维新政府推出的文明开化政策的作用,使政策得到了正当化。所以,连那样严厉批判旧体制的开次郎老师,也对维新政府及其推出的开化政策保持了完全的沉默。至少就维新时期的文明开化物而言,它们在立场上与新政府保持了一致。从事实上来看,当时的新政府也的确是被称为文明开化的日本近代化的推进者。尽管进入明治一〇年代，随着自由民权运动的兴起，政府的立场开始变得十分复杂，但在此时，政府的确是真诚地一心一意地——因此也略显有些粗暴地执行着开化政策。开化物正是在这种背景下与新政府融为了一体。而它的问答体尽管在内容上很新，但在形式上却沿袭了旧有范式，便与此有关。讽刺的是，我们反倒在旧平的言论里看到了对新政府的批判。例如旧平说：

> 自御一新以来，做什么事都要收点租税，连放个屁都要收租税，（中略）因此在民间就有了这样的笑话，"最近天子是不是患上哮喘了，怎么收税收得这么频繁"等等，趁机说着坏话。

在幕府倒台后的数年间，社会上的言论一度非常自由。因此上述这种在此后的日本难以出版的言论还能在坊间流行。这也反映了维新后不久的时代氛围。不过，针对旧平的不满，开次郎说道：

> 日本人为了政府而上交年贡和运上税，也就是把自己的工作委托给天子，交纳了必要的手续费，（中略）因此这是理所当然的。

冷淡地否定了旧平的质疑。这里便很好地体现了"开化物""自上而下"的特点。

四

至此，我们终于来到了明治时代，那么，在这样的历史脉络里，《三醉人经纶问答》的体裁有着怎样的意义呢？在展开这个话题前，我想简单讲讲柏拉图的"对话录"。众所周知，这是欧洲思想史上对话的原型，为了方便比较，还请允许我对这个大家早已烂熟于心的内容做个简单的介绍。

柏拉图笔下的苏格拉底式对话，被称为dialektike（希腊语：辩证法——众所周知，该词与"辩证法"不仅在语言上，并且在意义上也有直接的联系），它与一个人单方面展开辩论的"修辞学"相对立。就柏拉图的对话篇而言，他并非出于突发奇想，觉得有趣便采取了对话的形式，这种形式与雅典民主是紧密相连的。苏格拉底出身于智者派，对柏拉图而言，dialektike并非与对立者的会话术，除了这种外在的形式外，它本身还是发现真理的程序，或更直接地说，是一个必须遵循的程序，如此我们才能认识到自己不经意间相信的东西是基于怎样模棱两可的理由，也就是说并非真理。在《普罗泰戈拉篇》中，苏格拉底向智者派的普罗泰戈拉建议，"赶快停止漫长的演讲，让我们一问一答地进行对话吧"。为什么要实行一问一答呢？柏拉图对话录的一大特征便在于，苏格拉底与对手进行一问一答的对话，"也就是说，按照你的立场应该是这样的"，以这种形式展开议论。就像法庭上的交叉询问——交叉询问的源头就在这里。让对手说出与自己相反的逻辑，并通过交叉询问来瓦解。让对手自觉地认识到，他那似是而非的意见里其实包含了自相矛盾的命题。也就是说，让对手了解到，他自以为知道的事，其实并不了解，这种自觉便是发现真理的出发点，即"无知之知"。苏格拉底说："如果说我哪里比你们聪明，那一定是，你们以为自己知道，而我却知道自己的无知。"从中还衍生出了"苏格拉底的讽刺"一词。这也是通过对话得到阐明的。因此，读过的人应该都有印象，苏格拉底的话很刁难人。

如果要从对话录中选出一篇与《三醉人经纶问答》做对比，我认为《理想国》最合适。《理想国》涉及了很多主题，其中最基本的问题是"什么是正义"。因此《理想国》也被称为"论正义"。当然《理想国》并非只有这一个主题，这个别称也并非柏拉图本人所取，但"什么是正义"在此后却成了贯穿欧洲政治思想史的主题。《理想国》的开篇有一位名为色拉叙马霍斯的智者派，比如在"正义"问题上，色拉叙马霍斯主张"正义就是强者的利益"。强者从自身的利益出发制定法律，违反这些法律的人被认为是不正义的，这便是色拉叙马霍斯的立场（为了避免歧义在此补充一句。日语里的"正义"往往被理解为伦理上的"正义"，但其实在欧洲的语言里，justice 一词自古便与法律有关。法务省的英文"Department of Justice"就是出自这一传统）。针对这一立场，苏格拉底说："原来是这样，那么强者就不会犯错吗？"色拉叙马霍斯说："强者有时也会犯错。"苏格拉底说："也就是说会有这种情况，强者从自己的利益出发制定了法律，但其实他做出了错误的判断，这个法律并不能让强者获利。"色拉叙马霍斯说："这有可能。"

苏格拉底说:"那么,你在说'正义就是强者的利益'时,指的究竟是强者的客观利益,还是强者自以为可以得到的利益呢?"简单概括起来,他们的对话大致就是这样的。通过这一问答柏拉图引入了如下的大问题:"正义"或广义的"善的理念"指的究竟是永恒的客观实在,还是人们从一时的"权宜"出发任意决定的东西?柏拉图的回答当然是前者,柏拉图在这个政治哲学根本问题上的立场,便是以这种讨论的形式得以展开的。不限于这个例子,苏格拉底的会话术看起来很刁难人。因此,关于苏格拉底—柏拉图,比如尼采就有一个著名的批判:希腊文明的堕落正是从这里开始的。在此我不打算讨论柏拉图,我也没有这样的能力。我这样讲,是为了让诸位能够想起,柏拉图的对话录在形式上还有着这样的意义。

从这个角度来看《三醉人》,首先,它显然不同于"法论"或教理问答,它没有把绝对真理或教条视为议论的前提,为了导出这个前提而采取对话体。换言之,从《三教指归》到《妙贞问答》再到《开化问答》,尽管文章的形式有着各种变型,但关于什么是正确的都有着明确的结论。一开始结论便是既定的,文章不过在用问答体的形式将它呈现出来。然而,看过《三醉人》的人应该都有印象,它显然没有采用"法论"或教理问答的传统,把绝对真理或教条(或好的意义上的教义,总之都是非经验性的命题)作为前提,并把问答体当成传达这一命题的手段。

那么它像苏格拉底—柏拉图的对话录那样,为了让人自觉认识到"无知之知",或甄别意见与真理,从而抵达未知的真理，而采用了辩证法式的对话体了吗？看起来并非如此。即使就柏拉图而言，他为了导出自己的立场，也同"法论"一样设置了许多出场人物。不过，对柏拉图来说，问答体并非一种方便的手段，而是发现真理的必要程序，这一形式本身在柏拉图的哲学系统中有着重要的地位。然而，就兆民而言，例如陈述他基本哲学的《理学钩玄》只是普通的文体。在他的著作中，《三醉人》的形式不如说是一个例外。并且，进一步看这里的问答可以发现，这并非严格意义上的一问一答体。每个人的发言都很长。先是绅士君在展开长篇大论。接着，在绅士君与豪杰君之间展开了一小段一问一答后，豪杰君又开始了长篇宏论。在整体上，三个人都在滔滔不绝地展开议论。南海先生偶尔会扮演着议长的角色，"姑且稍等"，"不妨再听一听绅士君的高论"，调解对谈的走向。然而在全文的最后，南海先生也批判了二人的观点，并展开了自己的论述——《三醉人》的形式大体上便是这样。也就是说，它并未采取苏格拉底—柏拉图作为方法的辩证法式对话。

让我们来看具体的例子。以本研究会使用的岩波文库版为例，请翻到153页[1]，绅士君在这里展开了长篇大论，但从第三

---

[1] 商务印书馆《三醉人经纶问答》（1990年版，滕颖译）第23页。在本次演讲中，丸山以该研究会所使用的岩波文库版《三醉人经纶问答》为准，多次列出了该书的相应页码，引导现场观众进行思考。为方便读者查阅，中译文将以商务印书馆《三醉人经纶问答》（1990年版，滕颖译）为准，在注释中标注出丸山所指段落在该版本中的对应页码。本论文中所引用的《三醉人》段落的译文皆依据商务印书馆1990年版。——译注

行的"也许有人说"到154页的第二行[1]，却并非绅士君的议论，更像是为托克维尔所影响的福泽谕吉的看法。因此，接着便有了绅士君的批判，"啊！这个意见，可以说是老生常谈"。如果是严格的对话体，那么这里不该用"也许有人说"，而应该通过设置一个新的出场人物，来呈现这一立场。然而这里承接了前面的议论，在对其部分肯定或部分否定的基础上说，"那么，这点又如何呢"，依次瓦解问题，展开议论。诚然，这里自然也有很像对话体的段落。例如162页[2]的"豪杰君将双膝向前略移，尔后说"，"洋学绅士立即说"，"豪杰君说"，"洋学绅士回答说"，"豪杰君说"，"洋学绅士说"，"豪杰君失笑大声说"等等，正是在描述一场讨论。但这类形式并未贯穿全文。因此这并非柏拉图意义上的辩证法式对话体。然而他就此照搬了传统模式吗？也没有。

　　首先，最显眼而易见的是，这三人无论在社会上，还是在价值上，都不存在任何上下级关系。它与那种由智识水平较低的弟子向老师询问，老师垂示教训的传统形式是无关的。相比之下，兆民还有本《平民的觉醒》，该书全文都标了注音假名，以通俗易懂的语言向平民娓娓道来。这也是本问答体的书，但它就完全采用了传统的形式。一位商人来到兆民先生身边，向他咨询，国会是什么，选举是什么……兆民以这样的形式，向平民诚恳地解释了各种近代内容。这本书才真正蹈袭了"开

1　商务印书馆1990年版第23页倒数第3行，截至"都提过制度必须与民众风俗的高下相适应的意见"。——译注
2　商务印书馆1990年版第29—30页。——译注

化物"里的那种传统。

那么，从问答体上看，《三醉人经纶问答》的特别之处在哪里呢？为了说明这点，我们首先要对《三醉人》的内容做个基本说明。纵观前述的"法论"或教理问答的代表性杰作，即使以《三教指归》为例，它也采用了一人代表佛教，一人代表儒教，一人代表道教的形式。在《妙贞问答》里，一方代表了既有的宗教（或儒教或神道），另一方代表了基督教。然而《三醉人》里的三个出场人物却不代表任何特定的教义。那么，他们代表着当时的主流意识形态吗？虽然有不少人正是从这个角度来理解文本的，但在细读文本后我们会发现，未必就是如此。譬如在当时的民权论中几乎没有绅士君所主张的彻底的和平主义或说世界主义的军备废除论。在后一个论点上可能会有争议。至少我是这么认为的。

从意识形态上看，每个人的发言里都有着各种意识形态的交织。对比豪杰君与绅士君的议论可知，二人并非完全对立，反倒有许多相通之处。有时应当从绅士君的嘴里说出的话，反而借着豪杰君之口展开了。我认为不如说这反倒体现了《三醉人》的独特性。三人代表的并非任何实际存在的意识形态，《三醉人》通过这三人的对话，在文中投入了复数的观点和看问题的不同视角——而这才是其特色所在。我在这里说的"观点"，并非指"立场"或"世界观"，而是看问题的角度。那么为什么要投入复数的观点呢？是为了向读者展示当时日本所面临问题的广度和深度——为了解决这个问题必须考虑多少内容？抑或如果朝着这个方向前进会跌入怎样的谷底？但朝那个方向走去，又会被这样的河流冲走。通过这样的方法，向读者展示问题的所在和问题的层次。为了实现这一点，就必须采用问答体。我认为在日本思想史上，也只有《三醉人》是为了展示看问题的复数视角而采用了问答体。

下面让我们进一步思考它的意义。我之所以强调观察的观点和切入视角，是因为豪杰君和绅士君在对现实的客观认识或评价上经常是一致的。就对世界形势的认识而言，148 页[1]比较了英国和法国的政治进化。这虽然是绅士君的言论，但放在其他角色身上也同样适用。针对法国大革命，文章先是大加赞扬，"法国与英国相比，稍后走上了自由之路，然而，一跃而迈入了民主制度，实在是伟大啊"，接着便表达了对革命反倒促成拿破仑帝国的嘲讽："还不如说是因为当时法国人受平等狂热病的热情所鼓舞，其身体、其精神全都远超于平常人之上。然而，法国人不久却忘掉了平等的大灵光的作用，反而被拿破仑的彩旗弄得眼花缭乱，放走了绰约的民主天女，豢养了狰狞的帝国猛虎，相率地以自己为其食饵。甘愿退到百年前的形势。法国社会的逻辑，顿时失去了它的次序。"不同于英国的渐进，法国先急速前进，又急速地倒退。但法国并不会就此恢复原状。英国的进步宛如教科书，法国走的则是一条曲折且充满戏剧性的自由之路。这种比较和认识，与其说是从绅士君的逻辑里演绎出来的，不如说是三人的共通认识。

---

[1] 商务印书馆 1990 年版第 20 页。——译注

在比较俄国与英国上的看法也是如此。例如189页[1]，"至于俄国和英国，确如绅士君所言"，豪杰君认可了绅士君的分析。而且，豪杰君还基本肯定了"从野蛮到文明"的进化方式。此外，比如恋旧因子和喜新因子、怀古派和喜新派，在不同世代的人身上会有不同的表现，三十岁以上的人往往比较恋旧。这两个因子除了有世代差异外，还有地域差异。比如在被置于多样交流网络中的藩，即在不封闭的藩中长大的人就有着相对较少的恋旧因子。在封闭的藩长大的人身上，恋旧因子相对更多。这个论点又是由谁陈述的呢？正是豪杰君。这个议论就算出现在绅士君的发言里也毫不奇怪。豪杰君指出，这两个因素的划分和意识形态的进步与反动并不一致，因此，自由党也有许多恋旧因子。

并且，最有趣也最重要的是，绅士君和豪杰君一致认为恋旧因子即怀古派是日本的癌症。尽管豪杰君并非在无条件地肯定喜新因素，但如果让他从两者间选一个，他会毫不犹豫地说，应当去除恋旧因素。并且他承认自己是恋旧因素。因此，他提出当由他率领日本国内的恋旧因素远征"位于非洲还是亚洲的大国"（话虽这么说，但其实恐怕指的是中国），这是去除日本肿瘤的行之有效的方法。那么，现在的小国日本该怎么办呢？万一外国人想要侵占旧日本，那该如何是好？这么小的岛国……总而言之，豪杰君甚至还说，如果把天皇和军队都迁至新大陆，留下来的民主派们一定会感到高兴吧（172—173

---

1 商务印书馆1990年版第47页。——译注

页[1]）。也就是旧日本国的迁移案。因此我认为，豪杰君的议论的确在某些层面上与日本帝国主义的膨胀逻辑有着相通之处，但在其他方面上则是毫无关联的。尽管以往的研究都不太重视这一断裂，但豪杰君的议论的确有着这样的一面。例如，在第二次世界大战晚期也曾出现过把天皇和首都一起迁往中国的计划，但那是在美国登陆日本本土时，不得不拥戴天皇逃往中国的被迫之举，是败战的垂死挣扎，与豪杰君的构想有着很大的差异。只要旧日本搬了家，那么日本国中便再无肿瘤，日本转而成为民权之国，这不是很好吗？尽管有着戏谑的成分，但这显然不同于那种把皇道政治洒向大陆的意识形态。

这一构想让人联想起的不如说是西乡隆盛的征韩论。尽管西乡征韩论的动机非常复杂，但他曾明确表示过一点：如果再放任这些因失业而感到不平的士族不管，他们积蓄的能量就要在国内爆发了。西乡说，必须想办法处理这些不平士族的能量，而最好的办法就是征韩。很难说兆民究竟在多大程度上参照了西乡，但184—185页[2]的议论的确与西乡的言论有不少相通之处。总而言之，我们从豪杰君的议论里，完全看不到后世的国粹主义者或右翼不断强调的那种国体论、家族国家论的影子，他的言论不如说与明治前期的开明氛围反倒是相通的。在此后日本对外扩张的意识形态里，还出现了"日本乃万国之宗国""八纮一宇"等主张。豪杰君的议论与这些构想毫无关联。

---

1 商务印书馆1990年版第35—36页。——译注
2 商务印书馆1990年版第43—44页。——译注

尽管豪杰君在国际关系上明确地主张强权政治，但他的主张是很干脆、很理智的议论，并非在正当化国家的对外扩张神话或伦理。

暂且不论这点，尽管二人都认为恋旧因素是日本的癌症，但在除去方法上却有着不同的见解，豪杰君认为应该携同全体肿瘤开赴大陆，而绅士君的对策尽管没有被明确地呈现出来，但鉴于绅士君是"进化神"的信徒，我们不难猜想他的乐观主义立场：即通过以理服人的方法来减少怀古派，增加喜新派。在豪杰君看来，这种不彻底的方法肯定行不通，必须做手术。换言之，为了达到共同的目的，两人在方法和对策上有着不同的主张。例如 187 页[1]。

豪杰君说："天下的事情都有理论与技术的区别，在议论的场合发挥力量的是理论，在实际领域里取得效果的是技术。"

"你请研究理论吧！我探讨其技术。"

这是一种分工意识。换言之，豪杰君提出了这样一种方案：为了除掉恋旧因素，建设新日本，我来探讨技术，你来研究理论。如果只是意识形态的对立，那么不可能有这样的分工意识。

于是，我们再次回到了前述"投入复数的观点和不同切入

---

[1] 商务印书馆 1990 年版第 45—46 页。——译注

视角"的问题上来了。在这里，重要的是恋旧、喜新因素的区别，跟兆民哲学的基本问题即"理"与"情"问题之间的关系。这个问题很大，对此我也没有十足的把握，在此姑且简单介绍一下我的看法。

兆民有个用语是"屈理之天地，感情之乾坤"，将"屈理之天地"贯彻到底便是哲学，也就是兆民所谓的"理学"领域。与之相对，人际交往的领域属于"感情之乾坤"。兆民所谓的人际交往关系，囊括了从国内的社会、政治到国际政治的各种内容。这个"感情之乾坤"正是豪杰君所擅长的领域。

"理"是逻辑的世界，也就是彻底的意识世界。世界观、意识形态、学问上的立场都是这个层面上的问题。虽然情感世界的一部分得到了意识化，但还有一部分未被意识化，换言之，它还涉及了无意识的问题。如果说"理"是逻辑的世界，那么"情"就是心理的世界。因此，针对豪杰君的议论，南海先生说，"豪杰君善探人心深处的奥秘，长于描绘人的快乐情感，仿佛是从心理学家的学说学来的"。在豪杰君的议论里，对心理领域的观察的确占了很大的比重。比如他曾指出，争是人之怒，战是国家之怒，而学者在论争时也会受到感情的支配，所以他们喜欢胜利，厌恶失败等等。无意识领域的问题难以上升到自我的意识上，因此一定会有不受理性控制的部分。借用马克思的比喻来说，"情"即是下层基础，"理"是上层建筑。因此从整体上看，绅士君代表的始终是"理"的世界，而豪杰君代言的则是底层的感情作用。在观察同一人类活动时把重点放在了哪里？是放在了逻辑的世界上，还是心理和动机上，不同的侧重点会带来完全不同的认识。尽管目标是相同的，但不同的方法和对策，就会带来不同的实际结果。换言之，我认为《三醉人》的特色恰恰在于表现出了这种观点上的不同。

提到"立场"，一般会联想到意识形态、世界观，更广义地来看，还有思想。不过，这种意义上的立场，和我在此强调的"观点"是不同的。即使从相同的立场出发，若投入了不同的观点，仍然可以让认识变得立体而丰富。正如舞台上——在场的山本安英和木下顺二变是这方面的专家——聚光灯的角度不同，同一人物或装置就会呈现出非常不同的效果。这不同于具体的"主义"。这一点在比如《三醉人》对旧自由党或改进党的批判上表现得尤为明显。请从179页[1]的"而且，民间人士中，同样提倡自由主义，同样主张革新之说，但怀旧、喜新两个因素仍在暗中发挥作用，使两派人各具特色"往下读。自由民权论者之所以为法国大革命所感动，并非因为大革命带来了人权宣言和拿破仑法典，奠定了此后新世界的共同基础，而是因为他们在大革命的暴力和流血中感到了快感。这便深挖了潜藏在他们意识深层的恋旧因素。兆民也深知这个抨击的刺激性，于是做了眉批，"旧自由党一定会生气，一定会嘲笑吧"。因此，这类人之所以"非常欣赏议会"，是"欣赏它便于大声疾呼，欣赏它便于对抗宰相大臣"。他们之所以喜欢改革，其实是因"专门喜欢改革，不论善恶都喜欢一起加以改革。喜

---

[1] 商务印书馆1990年版第40页。——译注

欢破坏，因为它表现出一种武勇。不喜欢建设，因为它有类似于怯懦的地方。尤其不喜欢保守，因为它有最类似于怯懦的地方"。去看他们发行的报刊吧，难道不是充满了颠覆、破坏、斩戮、屠杀等字眼吗？等等。

这种批判都是从自由民权行动者的心理层面出发的。当从心理层面出发来看自由党员的激进性，就会发现他们看似"喜新"，实则"恋旧"。

桑原武夫和岛田虔次在把《三醉人》翻成现代日语时，将"喜新因素"处理成了"新しずき"。虽然我认为这个词也未能全面表现出"喜新因素"的内涵，但至少比"趋新（新しがり）"合适。趋新的人虽然喜欢自由民权的主张，但不如说他们的意识深处其实潜藏了恋旧因素，而这正是兆民借豪杰君之口试图抨击的问题。兆民所谓的"恋旧因素"，并非有意识地选择了旧。自由党员有意识地"恋"上的，恰恰是作为新学说的自由民权。然而他们自己没法掌控的、潜藏在下意识里的其实是"恋旧"，因此这些人并不是真心想要弃旧图新。当兆民说这些人"并不是喜欢弃旧图新"时，这个"新"，并非单纯的"新"，而是实质上的"新"。再往下讨论就必须触及兆民的哲学，让我们就此打住。

前文提到的"法论"或教理问答的问答体，都是根本立场的碰撞。然而《三醉人》不仅有通俗意义上的立场碰撞，它同时还在对政治形势的认识方法上呈现了不同的着眼点和切入视角，使我们能更加立体地、深入地把握问题的所在。就一般意义而言，这种视角非常重要，除此之外，正如南海先生所言，这一点在政治社会里尤为关键。因此，南海先生说，绅士君和豪杰君乍一看似乎是对立的，但其实在"多虑"这点上是相通的。这同样不是在批判意识形态，而是通过将一个观点置于聚光灯下，来向我们展示：看似正相反的立场其实意外地有着相通之处。在对国际政治的形势判断上尤其容易"多虑"。也就是说，正因为绅士君和豪杰君的多虑，让他们产生了"眼看列强就要来侵略日本了"的认识，才有了他们正相反的极端解决方案。总的来说，我认为，如果不了解当时日本受到了怎样的国际冲击，国内体制上的议论因为国际冲击受到了怎样的制约，就难以把握《三醉人》的整体议论。暂且不论这点，这里的"多虑"也绝非"理"的层面或意识形态层面上的问题，而是"情"的层面、心理层面上的问题。因此，不限于绅士君和豪杰君的议论，当涉及国际关系、外交问题时，列强也多少会变得有些神经质，这其中就有猜疑心在作祟等等，南海先生就此举了许多例子。

像这样，特别是在认识政治形势时，尤其应该投入比如理、情等复数的视角，在不同层面上观察问题。像这样，把复数的观点通过三个人物提示给读者，正是《三醉人》的特色所在。通过这种方法，可以清楚地呈现出问题的多面性。而了解了问题的多面性，就能够理解解决问题的两难之境。解决问题时的两难之境是政治上常见的局面。只有在不能一次性地解决所有困难，不存在万事大吉的解决方案时，才会出现政治问题。这是为了达成特定政治目的或政策的成本或牺牲的问题。此外，这种情况下势必还会出现如果照顾了一方，另一方就会受损的两难之境，因此也就会出现比起 B 暂时先解决 A 的优先权问题，也就是确定优先顺序的问题。从这些问题出发重读《三醉人》，就会在书里的各个角落发现兆民成熟的政治之眼，这位激进的民权论者正是在这样的广度和宽度上讨论问题、展开议论的。

南海先生说，所谓的进化神并非如绅士君所想的那样沿直线前进，进化神是多情、多爱又多欲的，这正是对前述那种看问题方法的归纳。因此，从反面看这一命题，便可得到这样的结论：进化神讨厌的只有一个，那就是不顾历史及风土人情而强行推行"理"（194 页[1]）。也就是说，最大的政治恶就是对具体情况的忽视。绅士君和豪杰君不禁呆住，批判道，听闻南海先生常常口出奇言，但这个结论也太过平淡无奇、太过稳健、太过通俗了。

虽然这一点很重要，但兆民在哲学上是个原教旨主义的唯物论者，在这个意义上，不如说他是个绝对主义者，而不是相对主义者。他与福泽在这一点上有着根本的不同。我认为，兆民在政治哲学上的根本立场和理想（并非观点），是非常彻底的民主主义，用他那有名的用语来说：他并非"恩赐的民权"论者，而是"恢复的民权"论者。绅士君论述了政治进化的阶段，最初是受丛林法则支配的无制度社会，接着发展为制度社会，然后沿着君主专制→立宪制→民主制的路线不断进化，这也可看作是兆民本人的基本立场。不同于福泽，兆民的哲学比起自由更看重平等。因此，正如我在上文里反复强调的那

---

1 商务印书馆 1990 年版第 50 页。——译注

样，《三醉人》的特色不在于意识形态立场的碰撞，而是复数观点的交织，可这并不意味着脱意识形态化。此外，不能因为南海先生说，对时间和地点的忽视是最大的政治恶，就认为兆民主张的是：只要顺应了当时的形势便可万事大吉。兆民与政治的"见风使舵主义"毫不沾边。不过，对日本在现实里面临问题的困难性和多面性的了解程度越深，便越会意识到照搬原理和原则是没用的。"人们的脑髓里储蓄的是过去的思想，社会事业是过去思想的体现"（198页[1]），政治思想和社会思想并不是从天而降的，必须从历史的给予物中出发。因此南海先生对绅士君的理想主义发出了警告：不能因为民主制是最好的政体，就从专制政体里一蹴而就地进入民主政体，这样做的结果只会带来混乱。在这里，兆民对具体形势的具体判断，不如说与福泽的政治相对主义非常接近。"愚民之上有苛政府"是福泽的著名命题，而兆民也清醒地认识到，什么样的人民便会有什么样的政治和政府（与人民的政治成熟度相符）。因此，兆民虽然在"恩赐的民权"和"恢复的民权"之间画了一条线，但同时又强调不能从"恩赐的民权"一蹴而就地进入"恢复的民权"，甚至还说两者其实在本质上非常接近，并最终借着南海先生之口说出了那个平凡的结论：日本必须在立宪君主制下循序渐进地发展。兆民的这部分思想很难解读，因此人们在对它的理解上出现了很大分歧。我自己也没有十足的把握，不敢妄下断言。不过，我认为如果不同时从以下这两个方面出

---

[1] 商务印书馆1990年版第53页。——译注

发，一定没办法理解兆民的思想：即一方面，他从"理学"的立场出发对根本原理表示认同，另一方面，他重视看问题时的不同观点。《三醉人》是一种政治论，尤其是受国际政治冲击影响很大的政治论，因此自然需要把重点放在问题的多面性认识上——从各种不同的角度来看问题。因此，南海先生最后那个平凡无奇的结论，不是单纯排除了绅士君和豪杰君这两个极端后的稳健立场，而是一种近乎虚无主义的、有些失意的选择。虽说是虚无主义，但也并非不分青红皂白地否定所有政治立场，觉得所有人都在弄虚作假。那种不分青红皂白的否定，实际上不过是一种过度期待，与爱撒娇是一体两面的。兆民的虚无主义，是他在感受性很强的青年期里经过幕末维新这一大变动，目睹了骨肉相食的凄惨光景，看透了聚散离合的脆弱人心后产生的。因此，它表现为成熟的政治认识和政治判断。除了《三醉人》外，纵观福泽谕吉的著作，或陆奥宗光的《蹇蹇录》等，尽管它们有着不尽相同的立场，但我们仍然可以从中看出一种共通的、与虚无主义只有一纸之隔的、现实且敏锐的政治眼力。上文曾提到，豪杰君的议论与爆发于明治后期，并在太平洋战争中成为主流的大日本帝国主义膨胀论，或说日本是以皇室为本家的大家族的国体论有着根本的断绝——至少它们的色调是不同的，这点便与兆民近乎虚无主义的政治眼力有关。

说着说着就长篇大论了，今天讨论的目的不在于《三醉人》的内容，而是要从日本思想史的脉络出发，思考该书采取了三人问答体的意义。虽然还有些意犹未尽，姑且就在这里画上句号吧。

福泽谕吉、冈仓天心、内村鉴三

西欧化与知识分子

一

　　当福泽谕吉、冈仓天心、内村鉴三这三位思想家的名字被放在一起，我们大概很难立刻想到他们之间有什么共通之处。对这三位稍有了解的读者，甚至第一感觉是突兀。这三位思想家不仅主要的活动领域不同，每个人的性格和生活态度都有着鲜明的区别。三人中任意拎出两位放在一起，反倒是对立面更为显眼。尽管如此，如果我们稍作观察就能发现，他们所处时代的命运，在他们彼此的精神上安放了众多恐怕他们自身都未察觉的"内在回路"。

　　论及出身，福泽是丰前中津人，内村是上州高崎人，冈仓是越前福井人，三人均是德川御家门或谱代的藩士，与乘着变革巨浪而意气风发的萨长系人不同，他们或多或少都在维新的狂风恶浪中受到伤害。而且三位都是在大阪、江户、横滨等最早大规模受到"开国"冲击的都市里长大，少年时代就有了习得优秀外语能力的机会。最终，内村和冈仓以娴熟的英语将"日本人"和"日本文明"介绍到西欧，福泽则反过来，将西欧文明的诸种范畴极为巧妙地导入日语的文脉，他们中的任何一位，都无愧为欧洲与日本之间最优秀的文化架桥人。再者，福泽始终贯彻"终生布衣"主义，内村自敕语礼拜事件后，成了藩阀政府最尖锐的批判者。三人中离权力最近的冈仓天心，也最终以被东京美术学院放逐为契机，创立了日本最早的民间美术学院。换言之，在他们的生活方式和思想中，始终伴随着某种使他们挣脱日本帝国正统范式的冲动，而这正是他们作为思想家的生命力之源。

就连在宗教观上截然相反的福泽与内村，在思想素养方面也共享着比如弗朗索瓦·基佐（Francois Guizot）和托马斯·巴克尔（Thomas Buckle）的文明史这样的重要公共资源。而冈仓与内村在学生时代接触的黑格尔哲学和达尔文进化论，也形成了独特的"化合物"沉淀在他们的历史观中（尽管对它的活用方法有着莫大的差异），构成了他们的共通之处。论及年龄，内村与冈仓相差一岁，福泽则比二人年长上二十五六岁。时值世界历史的舞台正在急剧转换的1870年前后，这一代沟本应为他们在接受"近代"的姿态上带来巨大差异。尽管如此，内村与冈仓也在成长中充分汲取了维新后不久的开明精神，他们在这个过程里积蓄的养分直至晚年也未曾枯竭。

对福泽来说是不言自明的，就内村而言，在他社会思想活动最为活跃的《万朝报》时期，也曾说过"历史是人类进步的记录"，文明的进步与兴国同义（《兴国史谈》）等等。甚至连自称保守主义者的天心，也在另一方面高唱着"明治活跃的个人主义"，怀抱着对开放文明的展望："将来之日本非过去之日本。锁国了三百年的往昔，与成了世界运动重镇的现在不可同日而语。为了迎合外国在贸易上的需要，必须通晓外国的事情和生活，要与时俱进。因此，若只对固有的美术加以保存，难以在现在的环境中生存下去"。（明治二十年[1887]十一月六日的鉴画会演讲，《于鉴赏会》，《大日本美术新报》同年十二月三十一日号）在这里，浪漫的历史意识还未与自由进步的启蒙精神发生彻底的断绝。

并且，这三人作为集国际教养于一身的知识分子，不甘心只做东西世界的启蒙架桥人，他们将自己对日本的使命与日本对世界的使命紧密地结合在一起，成了终生背负强烈"天职"意识的思想家。他们对"开国"的必然后果怀有的深刻危机感，和他们对日本与亚洲的独立与完整的深切渴望，构成了他们思想言论的主导动机。甚至连被公认为西欧近代文明领航员的福泽也曾说，"首先要确保日本的国家和人民的生存，然后才能谈到文明的问题"[1]（《文明论概略》第十章），并迎头抵制"天地之公道"和"便利"观念等世界主义式的归结，敢于赞同被他称为"偏颇心"的爱国心；以及在"比起冷淡的数理，形同儿戏的""瘠我慢精神"中，找出国民独立的宝贵能量。而天心则在对亚洲的个性与传统的热情讴歌中，贯彻着"美术乃天地共有，不该分东洋、西洋。宗派乃弊之家宅"（同前，鉴画会演讲），和"我们只有变得更普遍，才能变得更人性"（《有关绘画的近代性问题》明治三十七年[1904]九月，

---

[1] 译文依据商务印书馆1982年版《文明论概略》，北京编译局译，后引《文明论概略》译文皆依据此译本，不再另注。——译注

于圣路易斯的演讲，原文为英文）的普世人类理念，在这一点上，恰好与福泽互为对照。"东洋各国及大洋洲诸岛的情形又是如何？凡是欧洲人所到之处，当地人民能否保全本国的权利和利益，并真正保持本国独立呢？波斯、印度、暹罗、吕宋、爪哇又如何呢？……所谓开化，究竟指的是什么呢？只不过是指该岛土人停止了吃人肉的恶习，而能适合做白种人的奴隶而已。……但观察今后趋势，支那帝国也将要变成西洋人的田园。"（《文明论概略》第十章）福泽的这一叹息，最终成了天心"东洋之觉醒"的煽情呐喊与内村对帝国主义的严厉弹劾，回荡在印度和美国的上空。

他们还异口同声地批判了维新后开化的肤浅的外在性。当然，他们拿所谓的"内在的文明精神"（福泽）或"自我内部的发现"（冈仓）与这种外在性进行对峙时，有着并不完全一致的内核；但例如福泽对"改革者流"的"轻信轻疑"的猛烈抨击（《劝学篇》第十五篇），与其他两人在论旨上形成了共振。不过，在他们身上，日本对世界的自我主张，在另一方面又为世界中的日本这一意识所抑制。日本究竟要通过什么为世界做出贡献——这是贯穿于他们使命观的共同质问，也是"独立"理念的归结。这与后日国家主义者"自我增殖式的"皇国使命无疑形成了根本的对照。

福泽在对学问和教育的"启蒙"上，冈仓在对日本美术的振兴上，内村在基督教的"日本化"上寄托了祖国的未来，并为此倾尽全力。不过，福泽未必就是"专业学者"，天心也未必只是"美术评论家"，内村也未必就是"宗教家"。不如说三人都是有意识地排除了狭隘的专业意识的文明批评家。他们总是把学问、艺术、宗教等领域里的主题，置于更广泛的文化关联中加以把握，尤其把它们视为国民精神结构的问题，做了深入考察。于是，他们不约而同地走上了强烈抵制各自领域里的因袭和形式主义，积极推进学问、艺术、宗教领域里的"改革"之路。

众所周知，福泽在《日本文明的来源》（《文明论概略》第九章）一章中猛烈抨击了旧体制下学问的有闲性和学者的封闭性。但不如说应当注意的是，福泽对"实学"的提倡绝不仅仅是——在德川时代的儒学和心学上同样可以看到——对"不实用"的虚学的排斥，抑或对那种把学问与生活相结合的观念的继承。根据福泽的说法，"被关在叫作政府的牢笼里，把这个牢笼当作自己的天地，并在这个小天地里苦闷折腾"（《文明论概略》第九章）的学者的行业性或职业性，与学问的非独立性恰恰是一体两面的。只有将学问从对既有社会关系的顺应即庸俗的实用主义中解放出来，建立在"真理原则"的基础上，学问才能为现实生活带来积极的效果，而这才是福泽实学的"逻辑"所在。

从天心明治二十四年（1891）在东京美术学校的讲义（《日本美术史》）里对"为了美术的美术"的抵制上，便可看出天心革新日本美术的方向："如果美术只能使人感到快美，没有任何实用价值，那么美术便不过只是一门技艺。恕我无法赞同。美术不仅要做到精美，还要能与当时的最高宗教或最高文学相提并论，否则称不上真正的美术。""为了美术的美术"的主张，通常被认为是一种美术至上主义,犹如是与实用主义截然相反的思考方式,但在这里不如说反过来,冈仓正是为了警醒世人"为了美术的美术"向技艺主义堕落的危险,而提倡"实用"。

这里流露出的思考方式,不仅与内村的文学观不谋而合,在某种意义上内村的宗教观本身也有着与其遥相呼应的部分。当然,这并不是在说,内村在与艺术相并列的意义上抵制"为了宗教的宗教"。不过,内村所谓的第二宗教改革——以激进的"无教会主义"与看上去似乎满足于自我充足的传统和制度的既有基督教教团对峙——不正是对"为了教会的教会"的批判吗?内村反复指出:如果宗教的绝对性转化为了教会制度的绝对性,一方面会造成宗教式的笼城主义,让宗教反而踏上一条妥协与追随权力、财富等世俗权威之路,另一方面会促成异教的未开国沐浴"文明"恩泽的伪善的布教活动。教会至上主义孕育了宗教家的职业化,而只有立足于对福音的纯粹信仰,才能真正发挥本来意义上的宗教的"实践"功能——这正是内村从加尔文主义的思想影响,以及对明治日本海内外传教士的真实状态的观察中得出的结论。探讨至此,这三位思想家在各自职业领域里的基本姿态和提出问题的方式上的内在相似性已经很清楚了。

二

像这样,三人以相似的时代环境为背景,从中提取了某种程度上共通的课题，而他们在各自领域里所扮演的角色，也有着比乍看上去要更多一些的平行要素。虽说如此，我们也不能因此就忽视横亘在这三人的个性、思想和生活方式之间的巨大断层。这里没办法就这些差异逐一展开比较，下文将着眼于三人思想的交叉点，以此为突破口，尝试着探讨他们在精神反应上的不同，如何最终孕育出了巨大的思想史分歧。

如前所述，他们通过在学问、美术、宗教领域里的"启蒙"，将自我的"天职"与日本的"天职"相结合，从而成了各自领域里的改革者。不过，恰恰是这一使命观的内在结构，在根本上为他们的资质和所属领域所界定，而这一点又使他们的"民族主义（nationalism）"——尽管都被称为"民族主义"——有了各自鲜明的个性。福泽在使命观上的思考方式，也表现为彻底的实用主义。对福泽而言，"当前该解决的课题是什么"首先是由对当前形势的判断而决定的。在传统的共同体和身份社会下，人类行动的场域基本是稳定的，因此形势研判的问题几乎没有任何实际意义。"他是谁"——是领主、百姓还是町人，"自动"地决定了"他要做什么"。人际关系被囊括在五伦五常或十诫等若干规范中。然而，随着文明的进步，国际和国内的人际关系开始复杂地交错，社会机能越来越多样，环境的变动也日益剧烈，人的行动方式也因此有了多面性。随着身份上的区别变得不再明显，"先验地"识别人与事物的准绳逐渐消失，在对它们加以辨别的时候，也不能再依赖于"他是谁"，而不得不依赖于"行动"即"他做了什么"。过去只需辨别善人、恶人便足够了，而今的现实却是："有德之善人未必行善，无德之恶人未必施恶"。再者，随着亟待解决"问题"的增多，人们不得不在它们中分出"轻重缓急"，并做出相对的选择。这也是属于形势研判的问题。于是，曾经根据习惯、"直觉"和传统规范便可轻易做出决断的事，越来越需要诉诸于知性认识。

这正是福泽所目睹的文明之大势。于是，"日本人当前的唯一任务就是保卫国体。保卫国体就是不丧失国家的政权。为此，必须提高人民的智力。……提高智力的办法固然很多，但是，首先在于摆脱旧习的迷惑，汲取西洋的文明精神"。(《文明论概略》第二章)这一著名宣言应该是同时包含了加入国际社会的日本眼下面临的课题，与福泽本人对日本的使命这两层意义，并且这一宣言本身显然是扎根在他对形势的认识中的。福泽对自身所扮演的"角色"，有着罕见的清醒认识。他的言行和选择的根据与其说是"自己想要什么"，不如说更多的是"在当时的形势下该强调事情的哪一面"这种冷静的思考。当《劝学篇》的第七篇引发了著名的"楠公权助"议论时，福泽以五九楼仙万的笔名在《朝野新闻》(明治七年[1874]十一月七日)上进行了申辩，他在申辩中批判反对者的猜疑心："人民同权即是共和政治，共和政治即是耶稣教，耶稣教即是洋学，基于自己的臆测想象混淆事物，因为福泽是洋学者，所以他的民权说也必是我们想象中的耶稣共和，所以必须全心地愤怒，不是这样吗？"他还针对这种"用一只眼看事物"的臆测，以下述的比喻做了回应："酒窖的主人未必是酒豪，饼屋的主人未必就不喝酒，世人切不可从其门前走过便匆忙对其内部指指点点"。这个比喻，不仅作为"衍生逻辑"与"机能逻辑"的对比非常巧妙，恐怕还在福泽本人都未察觉的情况下，象征了他使命观的基本动机。同时，福泽的创作活动，也就是他"店铺"里生产贩卖的商品，根据的未必就是他"本性"的嗜好，而是视情况的"需要"（基于他的判断）而决定的。不可否认，这也使全面把握福泽思想的尝试变得十分困难。在此意义上，就算是他的《福翁自传》，我们也有必要保持警惕：究竟有几分是他的自我表现，又有几分是他从"角色"意识出发而发挥的"演技"。

福泽思想中的理性主义部分与非理性部分的结合，也恰恰与此有关。在福泽的感情和血液中不如说潜藏着一种古朴的武士气质。不过，他始终把"文明精神"的传教士当做自己的首要使命，原则上尽量不把这种武士的感情直接加以思想化并投放到外部。尽管如此，如果福泽成功地彻底切断了其本性的好恶，与基于形势认识的发言之间的联系，将一切言行都置于"角色"意识的掌控下，那么势必会反过来发酵出一种难以消解的令人生厌的味道。福泽之所以能成功地免于给人留下这种印象，其秘密就在于他那非理性激情的间歇性爆发。

当内村被解除了一高教师的职务，同时又因丧妻而陷入悲痛与孤独时，他在给美国友人斯特拉瑟斯的信中这样写道："我必须理解，无论在哪个国家，为了获得政治的自由（liberty）与信教的自由（freedom of conscience），为其献身的子民都必须接受试炼。于是，我当感谢神选了我来肩负此等重任。"(《著作集》旧版，第十八卷，着重点为原文所加）内村的使命观，恰恰与马克斯·韦伯的"理性的、伦理的预言家"的使命观非常接近。他对耶稣与日本这两个 J 的炽热的爱，和反抗一切迫害时所立足的笃信，都并不来源于如"模范的预言家"或浪漫的泛神论者的那种自我与绝对者的合一，而是来源于"神的忠实奴仆"的自我意识。如果说福泽从实用主义出发，相对于"存在"，更重视"行动"；那么内村则是因为将成为实现神的绝对意志的"道具"当成了自己的使命，才会不断追问"应当做什么"。于是，虽然内村逐渐成了与"西洋文明的非爱国的感化（the *denationalizing* influence）风潮"做抗争的"极左的爱国基督信徒"（明治二十一年 [1888]，《著作集》旧版，同上，斜体与着重点为原文所加），这种"极左性"的内在根据却是与下述这种激进性一致：即古代以色列的预言家，为了打破律法的僵化，为其注入新的生命力，不得不与执掌日常祭祀和礼仪的僧职官僚制激烈对立，而这又使他们打破了既有社会阶层和价值阶层的融合，转而走向直接解放下层大众的潜在力量之路。正如内村的"第二次宗教改革"意味着对一切宗教常规的价值颠覆一样，他的"爱国"，无论在对内还是对外上，也都意味着对世俗、日常意义上的爱国观念的颠覆。最终，内村的"爱国"对内走向了平民主义，对外走向了对战争与军备的绝对否定。

对内村而言，"日本社会上层的一万人大抵是日本道德最低的一万人"（《万朝报》，明治三十年 [1897] 六月），相反，平民才是"国家天然的贵族"；而所谓的战争与领土扩张，带来的并非兴国，而是亡国。比如"信仰需要怀疑，建设需要破坏"或"世界只有建立在对立与反对上才能进步"等内村的逻辑，与福泽的"信之世界多伪诈，疑之世界多真理"或"自由之风气唯存于多事争论之间"乍一看非常相似。正如福泽曾说，"日本武人的权力就像橡胶一样……接触到下面的人就会膨胀，接触到上面的人就会收缩"，并将日本社会的结构归纳为"权力偏重"（《文明论概略》第九章），内村也把日本社会总结为"越往上越受到束缚，越往下越自由"的"倒金字塔社会"（《日本道德的缺陷》，《万朝报》，明治三十年 [1889] 三月）。他们二人都将个人的自由与精神独立，和国民的独立内在地相结合。并且，正如前文所述，这里的确可以看到巴克尔和基佐等共同素养的影子。但是，在福泽看来，"世间"与自我的对抗，始终是一个实用主义式的适应问题；而相对的，在内村看来，在"世间"与"只愿与基督同在"的我之间，始终有着日常性与非日常性的绝对的断绝与紧张，在这一点上，二人有着显著的分歧。这一分歧最终演化为各种对照：针对"权力偏重"的均衡论式解决（福泽）和价值颠覆式解决（内村）；以"中等种族"为核心的平民主义（福泽）和以"下层日本人"为承担者的平民主义（内村）；对日本国持续进步的展望（福泽）和对非连续性——末世论的"兴国"的期待（内村）。福泽那基于形势研判，优先选择紧要课题的"逻辑"，在遇到欧洲帝国主义瓜分亚洲的迫切现实时，迷失了日本的防卫与膨胀间的界限，最终与天心一样，得出了"要想不被战争机器（juggernaut）的车轮碾碎，只有爬到车身上去"（《在日本看到的现代美术》,1904年9月,冈仓于圣路易斯的演讲,原文为英文)的结论。正因为内村的使命观是绝对的,不为状况所动,他才能做出预言并发出警告:"坐上战争机器"最终会让日本迎来悲剧的结局。不过,不能忽视的是,即使在内村对权力和统治层抨击得最为猛烈的明治三〇、四〇年代,内村身上也始终体现着一种来自超越层面的"极左"倾向,也就是从反政治立场出发的政治激进主义。因此在这个意义上,随着日本和世界在此后的历史方向日益偏离内村的希望与期待,他青年时代里的文明与进步的史观自然会出现后退,而那种宗教的末世论也自然会终于走到台前。

明治二十五年(1892),在内村为《六合杂志》(四月十五日)写下《日本国的天职》时,他还非常乐观,期待日本能够成为把"机械的欧美"介绍给"理想的亚细亚",以进取的西洋敞开保守东洋大门的中介。然而到了大正十三年(1924),在内村又一次就同一主题执笔时,他认为只有复兴了被全世界抛弃的基督教,才会有日本的将来。而只有在"就算不亡国,也必须抛弃那一等国的地位后",日本才能实现这一使命,实现真正的崛起。与明治三〇年代一样,基督教的内在更新与"兴国"含义的转换还是紧密地结合在一起。尽管如此,同样不可否认的是,内村的爱国主义在政治和社会的层面上,有了显著的后退。其反政治的能动性逐渐转变为非政治的达观,与此同时,在宗教上的"激进主义"一路高歌猛进,我们不难从中读取内村使命观的本质特征。

如果说福泽有着彻底的散文精神，内村是个情非得已的诗人，那么冈仓无论在其生活态度上还是思想方式上，都是个彻头彻尾的诗人。如前所述，天心的民族主义一方面有着启蒙精神的影子，另一方面又深深地为浪漫的心情所渗透，不仅如此，我们从中还可以清楚地看到政治层面上的浪漫主义所特有的"逻辑"印记。

在冈仓天心的使命观和亚洲主义的内里，有一种审美的、静观的性格。冈仓也与同时代的内村一样，用"理想的"东洋与"机械的"西洋对峙。不过，内村的"东洋理想"，首先意味着包括基督教在内的宗教内容，而相对的，天心的"理想"核心，则始终是"美的内容"。但这当然不是在说，天心在与宗教相对立的意义上阐释东洋艺术。不如说天心更强调东洋艺术的宗教性。不过需要注意的是，他的宗教概念本身在根本上是审美的，因此也受制于审美。天心将东洋的特色归纳为"对终极和普遍的爱"，而所谓的终极，正是不知自我与非我有着根本分裂的不二一元状态（advaita）。预言家或加尔文主义者为实现神的意志而一边与"世间"对立，一边为"世间"行动，恰好与他们的伦理相反，天心的"理想"是通过冥想和出神，按照在"世间"本来的样子与宇宙合一从而超越"世间"的境界，在这个意义上，审美精神与神秘主义非常接近。这一点还孕育了内村与冈仓在接受近代科学思考方式上的巨大差异，在考察这种接受方式上的差异时，不能停留在内村是水产专业学者而冈仓是艺术家这类外在表象，还是应该回到这一点上。

当由革命唤醒的自我意识，在对革命的现实结果或未来感到幻灭后，转而通过在历史世界中翱翔，并把过去的时代或人物理想化，从丧失中恢复自我，这个时候浪漫主义产生了。要想通过在历史中翱翔的方式，从自我丧失抑或丧失的危险中恢复过来，这个"历史"就必须首先是能够给予自我以安定感的"历史"。而能够提供安定感的，一方面是伟大而富有个性的历史人物，另一方面则是在变幻莫测的历史中绵延传承的"精神"。浪漫主义者从历史中将它们筛选出来。而这个选择始终是立足当下的自我从当下出发所做的选择。在这个意义上，浪漫主义者的"精神"里，一方面有一种强烈的自我意识拒斥来自历史的压迫感，一方面反过来有一种通过直接体验来使自我与历史形象合而为一的冲动，这两种意识激烈地碰撞在一起。那样热烈地拥护东洋与亚洲的历史与传统的天心，同时又向我们发出警告：不要让"历史的同情心践踏了我们对美的鉴赏力"，他强调"艺术只有在与我们对话时才有价值"，"一味地迷恋古人，不重视自身的可能性，是一种耻辱"（《茶之书》）。

然而浪漫主义的精神结构的特质恰恰在于，浪漫主义者往往意识不到这两个对立灵魂之间的矛盾，这种矛盾被模糊并统合在无保留的自由感中。这是因为浪漫主义者对历史的理想化，总是通过对过去的"美"的再发现而完成的。美的判断跟知性判断和伦理判断相比，对直接感受的依赖度更高，因此在做美的判断时也更容易受到主观好恶的影响。这正是摆脱了来自理性法则和伦理规范的限制，沉溺在"不为任何东西所束缚的"自我的浪漫精神所需要的。于是，对历史给予物的尊重，与历史的奔放选择被不矛盾地统合在一起。这便孕育出了这样一种悖论：浪漫主义者们一方面指责启蒙主义的非历史性，另一方面又经常用历史素材打造出远比启蒙主义的历史叙述远为非历史的"民族精神"或"国民性格"。

那么，冈仓是如何将他那独特的自由理念与他的民族主义相结合的呢？前文曾提到，冈仓从"自我内部的发现"(《日本的觉醒》)中看到了进步的原动力，并将这一原动力与外发的欧化对峙。在这一点上，可以说福泽谕吉、内村鉴三和夏目漱石也都以相同的形式提出过这一问题。不过天心的特色在于，他把这一内发性的主张，与"种子即内含了树木成长的一切力量"(《东洋的理想》)浪漫思维里的有机体逻辑结合在了一起。在这种情况下，自发性和创造性作为内在的显现，与现实形势之间动态的相互作用被否定，相应的，"东洋理想"也必须从受到"近代冲击"前的历史中寻找线索。

于是，冈仓一方面肯定了近代带来了个人自由的理念，另一方面，又赞美以云为天涯、以山为卧床的东洋自由，比基于"生硬的个人权利概念"的欧洲自由"更为高远"，并给予了高度赞美(《东洋的觉醒》)。自我实现的自由，在不知不觉被吸纳到与普遍者的合一这一东洋"精神"中，几乎丧失了历史特质。不仅如此，不可否认的是，当冈仓说亚洲的荣光在于"将帝王与农夫合一的调和"，在于"崇高的一体感"(《东洋的理想》，原文为英文)时，抑或当他仅从"无论身份高的还是身份低的，都被统合在了伟大的新能量中"出发赞美明治维新时，这的确使有机体的思维与审美的历史观泛滥到了政治世界，隐蔽了统治关系，不当地美化了社会停滞。跟福泽与内村的民族主义相比，冈仓的民族主义对体制的批判缺乏力度，如果仅仅以这是艺术家的非政治性表现来说明这一点，显然是不充分的。实际上比如《东洋的理想》中便有这样的话："政治性抗争是自1892年君主赋予人民自由后，立宪制度既自然又不自然的孩子。在政治性抗争面前，来自皇位的一句话便能让政府与反对派和解。"这与内村所言"正确地来说，帝国议会不过是一个顾问团，正因如此它几乎不能被称作议会。——在必要时反抗君主的意志，表现人民意志的才是议会"(《万朝报》，明治三十年[1897]三月，着重点为原文所加)形成了鲜明的对照。如果说福泽思想的根底是多元的均衡，内村思想的根底是对立与紧张，那么冈仓的暗号便是调和、合一和不二一元。冈仓说："真的无限即圆环，而非被延长的直线。一切有机体都意味着部分对全体的服从。真的平等就是正确履行各自的职责。"(《东洋的觉醒》)就连黑格尔的辩证法，他也是从有机体论出发来理解的。

不过，在天心的思想中也贯穿着一个对立，即欧洲的"科学"与亚洲的"理想"(即艺术)的对立。在天心看来，"西洋侵略"的核心问题是为了"体系""区分"和"分类"，美被牺牲了。就冈仓的近代批判而言，他在对产业主义和大众民主主义带来的趣味低俗化和个性的同质化上，和基督教与水雷不可思议的同盟上的抨击的确是痛彻的，这些具体批判也是切中要害。然而，这些批判在"概念的解体"(卡尔·施米特)这一浪漫主义特有的逻辑下，获得了情感的高扬后，带来了什么样的后果呢？一方面，亚洲和日本在内部层面的对立以"调和"和"不二一元"的理想之名被予以否定，而另一方面，亚洲与欧洲在外部层面的对立，则被置于"艺术"对"科学"的名下成为象征性的对峙——从"种类"的区别一路猛进，奔向"范畴"的对立关系。当然，天心理应从日后的法西斯主义者加诸于他的"大东亚秩序的预言家"称号中"恢复名誉"，这一点也不难做到。尽管如此，当天心把东洋内在发展的逻辑，和与近代欧洲相对抗的图式结合在一起时，无论其本意如何，他的使命观都在致命的点上"跨过了卢比孔河"。

三

虽说这三人各自使命观的思想结构，有着"典型"的形态差异，但他们都对建立在明治初期被解放了的能量之上的日本和日本人的未来充满了信心（甚至包括内村这样的"亡国"预言家）。而这种信念总是与他们对"现状"的深切忧虑及对"课题"困难程度的自觉意识交织在一起，所以他们的爱国呼吁也总是有着长短两调的声部，这又在他们那独特文体的配合下散发出妖冶的魅力吸引着听众。他们的社会性发言里随处可见反语和讽刺的表现，这种奇妙的一致也许便与此有关。不过，就算在这种情况下，三人在反语和讽刺的内在结构上，仍然是不同的。比如就福泽而言，当他在说从权力与价值的制衡（checks and balances）这一方面来看，德川时代反倒比明治时代更自由，或提出"僧出于俗而胜于俗"的反论时，是立足于这样的形势判断上："日本国的人心有个弊病，动不动就凝聚在一起……极度偏其所好，对其所嫌则强烈地加以排斥……经常会奔着一个方向直线前进，然后忽然流产，不允许前后左右有任何可以变通的余地。"（《社会的形势学者的方向》，《时事新报》，明治二十年[1887]一月十五日至二十四日）他试图打破这种集中化的思考方式（即惑溺），而在"战术"上使用了反讽。相对的，内村的反语："我辈讨厌迷信。然而跟近代人的基督教相比，迷信更加可爱。迷信至少是诚实的，是认真的。这与沦为近代人娱乐的宗教有着天壤之别"（《文学者的基督教》，《圣书之研究》，大正九年[1920]五月），则是预言家的绝望和愤怒到达顶点后发出的一种呻吟，那里没有任何的"娱乐"要素。跟这两者相比，天心所言："西洋人视沉溺于和平与文艺的日本为野蛮国，而当这个国家在满洲的战场上大肆杀戮时，又视其为文明国"（《茶之书》），与其说是反论，不如说显然是嘲讽，并且是典型的在颓废与紧张之间不断自我保留的日本浪漫派的嘲讽。像这样，三人在"哲学"上的差异，亦使他们的反语和讽刺有了鲜明的特点。但值得注意的是，他们是从深刻的危机感出发不约而同地把反语和讽刺当成一种解毒剂。在这一点上，与那些炫耀自己才气的得意洋洋的"反论爱好者"无疑是不同的。

某种意义而言，福泽的"独立自尊"也是冈仓与内村所信奉的信条以及现实的生活态度。不过，与此同时，这三人都还有着孩童般的坦率和纯真之处，他们没有采用所谓毅然的姿态，而是将自身的孱弱毫无保留地表露出来。福泽、冈仓的这些侧面相对为人熟知，而有着"虽千万人吾往矣"的强烈信念，并以"我是武士之子"为荣的内村，也是如此的。比如当中江兆民在听到医生的死期宣判写下著名的《一年有半》时，内村对成泽玲川说："我就做不到。如果我从医生那里听到这样的噩耗，也许会哭到天亮，然后祈祷吧。"（《回忆中的内村鉴三》）当日本在甲午战争中胜利后，福泽在《福翁自传》中记载了他尽情的欢呼，就福泽而言，这种反应并不稀奇。然而在日俄战争前后曾那样热烈高唱非战论的内村，却在接到旅顺口海战的捷报后，不禁"高声万岁三唱，其声震四邻"，还将记载了满心喜悦的信寄给了山县五十雄（同上）。当然我们也可以说内村毕竟也是明治时代的人，但内村在言行上的这一鲜明对照还是足以让人惊讶的。

晚年的内村在《关于矛盾》（《圣书之研究》，大正十三年[1924]八月，原文为英文）一文中写道，"诗人沃尔特·惠特曼曾说，'我是矛盾的，因为我是大的'。正如他所说，因为神最大，所以神身上的矛盾也最多。他既施与爱，又施与恨。他既赐以爱，又赐以烧尽一切的火。而他真正的子民也总是与他相像。保罗、路德、克伦威尔……无一不是矛盾的组合。"某种程度而言，这段话可以视为内村的自我剖析。内村是这样，从总是基于形势进行发言的福泽、浪漫主义诗人冈仓身上，也能轻而易举地找到诸多自相矛盾的命题。但正如不露破绽之人总是缺乏身而为人的魅力一样，像形式逻辑学的教科书般井然有序的思想，其作为思想的价值未必就很高。但话说回来，无论那些念头有多么崭新，从毫无章法的突发奇想的杂糅中，也无法孕育出原创的思想家。在这三人的言论和行动中，有一个贯穿了一切矛盾的执拗回响的基调。正是这个基调，使他们的矛盾富有旺盛的生命力和紧绷的张力。真正富有个性的思想不正是这样吗？最具个性的思想，往往是最具普世性的思想，因此才最值得学习，同时也最不易"学习"。这也就是为什么，在最有思想家架势的模仿者中，往往只会产出最具思想家习气的思想从业者。

席勒说："一旦灵魂开口言说，啊，那么灵魂自己就不再言说。"思想一旦离开了思想家的骨肉，化为"客观的形象"，便开始了孑孑独行。并且，当它经模仿者之手，受到夸耀乃至"崇拜"时，那里原本蓄满的内在张力变得松弛，其棱角被磨平而变得圆滑，原本生气勃勃的矛盾被"统一"起来，或者，原本一体两面的矛盾仅有一面被继承下来，使矛盾丧失活力，僵化不变。正如内村在遗稿中所述，"我并非今日流行的无教会主义者"；如果福泽和冈仓活到了本次大战的战中和战后，那么他们也无疑会对"今日流行的"福泽主义或天心主义感到愤怒和些许看破，并发出同样的感慨。马克思有一个著名的感叹："我并非马克思主义者"。这不正是一切伟大的思想家，在目睹了自己的思想踏上命运的脚步却无力挽回时，发出的喃喃低语吗？

历史意识的「古层」

前言	291
基础范畴 A—生成（なる）	295
基础范畴 B—次（つぎ）	310
基础范畴 C—势（いきほひ）	319
关联与功能	332
结语	350

前言

本居宣长在其毕生巨著《古事记传》中写道：

> 从古至今，验之以世间吉凶推移，皆不违神代之貌，推之以后世万代，亦可知之。（三之卷）
> 凡世间种种，代代时时，善恶吉凶推移之理（中略）悉从神代之本来。（七之卷）

他反复强调：包括未来在内的一切"历史之理"，都凝结在"神代"里。乍一看这似乎是个超历史的命题，但在具体语境中，其实触及了诸如"意外后果的出现"、"历史进程中事件意义的翻转"等重要的历史哲学问题。宣长在此陈述的历史之"理"，虽然是就历史变化的实质性内容而言的，但无论是"好事"还是"坏事"，如果探究日本人关于这些历史事件的一般性构想和记述方式，其基本框架归根结底就是"悉从神代之本来"。这就是本文的一个假设。换言之，本文并非单纯把记纪神话[1]，尤其是开篇从天地开辟到三贵子[2]诞生的一系列神话，视作分析上古时代历史意识的素材，还试图从其构想和记述方式中，寻找在截至近代发展出的各种历史意识的深处一直执拗留存的思考框架。这正是本文的出发点。

世界上的各种民族神话，有着各种不同类型的宇宙生成论（cosmogony）。我们居住的世界、天空、大地、云雨、草木、鸟兽，乃至我们人类，究竟从何而来，又如何演化成当下的样子？我们往往以为这些"问题"只会出现在高度思辨的哲学里，其实不然。尽管通过文字传承下来的神话，已经经过了某种形式的"淘洗"，但不如说只要有神话想象力的地方，无论在哪里，这些"问题"都会自然地浮现出来。不过，这类宇宙起源神话或与之密切相关的神统谱，与历史意识是否有关，又有着怎样的关联？——记述宇宙和诸神起源的构想，与理解历史事件的方法之间，究竟在多大程度上是相互对应的？这些问题需要另当别论。它们不是自明的，必须在每个民族—文明中具体地加以考察。

以在很早就为日本人所熟知的中国的盘古神话和《山海经》等古籍中出现的女娲造人传说为例，它们在中国传统的历史叙述中所占的比重很小，而且这类神话的构想与中国的历史意识间的关联性也谈不上密切。那么，日本的情况又是怎样的呢？在日本，最具代表性的宇宙和诸神的起源神话，并非如中

---

[1] 即《古事记》和《日本书纪》。——译注
[2] 即天照大神，月读命，须佐之男。——译注

国的《三五历纪》《述异记》那样的"杂书",而是记纪,尤其是《日本书纪》,其性质非常特殊,自古便位居"六国史"之首。并且,记纪共通的天地初发(或天地"开辟",两者在思考方式上有着细微的差别,后文详述)神话,构成了皇祖神及大和朝廷有力氏族的祖神诞生与活跃的前奏曲。这里的整个神话故事,一方面构成了记纪的"神代"部分(分别是《日本书纪·神代卷》和《古事记·上卷》),一方面又在叙述上直接接续了以神武及其后历代天皇为中心的"人代"史。像这样,把包含宇宙起源神话的民族神话编入一以贯之的"历史"构成的做法,在世界上也实属罕见。

记纪神话的这一特征,是本文展开议论的前提。至于这一宇宙起源神话本身构想力的贫乏,或它被"叠加"到历史上的时间,并非当下的要点。随着比较神话学的发展,人们开始追问记纪神话究竟在哪种程度上称得上是神话。近日,作为对"事实史"研究的"反动",还出现了相反的研究潮流:包括记纪在内的所有日本神话传承,都被当成祭祀"结构"的反映而重新得到认识。虽然像这样,质疑或重构日本神话的尝试也非常有意义,但与本文的主题并无直接联系。一方面有人质疑记纪神话的神话性,一方面又有人告诫我们,在解释记纪神话时不要过度使用历史学的尺度,这恰恰体现了记纪神话介于纯粹的神话和历史叙述之间的"暧昧"性质。并且,无论是采用了寓意解经法的新井白石,还是与之对照,采取"因为不合理所以信仰"态度的国学,都声称对"神代"进行了正确的历史解释。那么,为什么在研究记纪神话时不能彻底"抛开历史"呢?这当然并非因为他们尚不懂神话学的方法，而是有一定的理由的。自津田左右吉博士的开创性研究以来，记纪神话的意识形态性，以及该神话传承被"人为"地加以体系化，便是争论的焦点。那么，为什么皇室统治的合法性必须建立在"天地开辟→国诞生→天孙降临→人皇"这一时间的推移上？并且必须建立在连续的谱系这种形式上呢？其中潜伏的思维模式才是问题的关键所在。正因为这种做法，不能完全归结于8世纪初宫廷知识阶层一时的突发奇想或他们有意识的行动，它才能对此后的历史思维方式产生决定性影响。本文从这个朴素的观点出发展开论证。

这里姑且将从记纪神话开篇的叙述中抽象出的构想范式称为历史意识的"古层"，并从中梳理出几个朴素的基础范畴，但"古层"并非指我们的祖先关于历史字面意义上"最古老"的思考方式。任何研究领域都几乎无法检验出所谓的"最古"，尤其对以"书写的历史"为素材的本文而言，这种检验工作更是没有意义的。此外，我想提醒各位读者：本文在展开"论证"时，有意识地采取了"循环论证法"。换言之，上述"古层"一方面是从开辟神话的叙述或用字遣词的构想中直接提取而来的，但同时也是通过下述方式导出的：即，先从日本自古至今的历史叙述或理解历史事件的方法底部，找到那个或隐或显而持续奏鸣的执拗低音（basso ostinato），再顺着这个低音旋律逆流而上，一路回溯到古代而导出。至于这一方法是否有效，就有待各位读者的评判了。至少跟世界上的其他"文明国"相比，日本"国"最晚从古坟时代后期开始，便在领土、民族、语言、水稻生产方式及与之密切相关的聚落和祭祀形态上，表现出堪称例外的同质性（homogeneity），并将这种同质性保持了数千年之久，这一厚重的历史现实为该方法提供了有效的基础。

基础范畴 A——生成（なる）

观察世界上各种神话的宇宙（包括天地、万物、人类）生成论，可以发现在这些构想的底层有三个基本动词："创造（つくる）""生产（うむ）"和"生成（なる）"。后文会详细介绍这三个动词在上古日语里的多义性及相互关联，这里暂时放下不谈。此外，不限于日本，在其他民族的语言里，与此对应的词汇有时在语源上也是同根的，或基于联想可以相互转用。我们姑且在逻辑上将它们区分开来。当我们把每个动词都视作一个关于宇宙生成论的命题时，就得到了下述三种不同的"类型"：（1）创造——我们生活的世界及其中万物，是由人格化的创造者基于一定目的创造而成。（2）生产——通过诸神的生殖行为而产生。（3）生成——通过世界内在的神秘灵力（比如美拉尼西亚神话的"玛那[mana]"）而得到了具象化。不言而喻，特定的历史性宗教或民族信仰中的宇宙论，很少会纯粹地、完全地从属于一个类型。尽管"创造（つくる）"、"生产（うむ）"和"生成（なる）"无论在语言上，还是在命题上都会出现重叠，但我们仍然可以在这个基础上，在一个民族或文明中，考察三者与该民族或文明亲密程度的相对比重，观察三者间的亲和关系。这无疑也是把握该民族或文明世界观特质的一个重要途径。

如果将"创造"逻辑加以提炼,那么创造者和被造物就是主体和客体,两者是非连续的,在这一点上与"生产"逻辑有所区别。在生产者和被生产者之间有基于血缘的连续性。在此意义上,"生产"和"生成",与"创造"对立。不过,从另一角度看,当我们在说"A(比如世界)生成了"("生る"或"成る")时,A无疑是主语。而相对的,因为"生产"和"创造"是及物动词,当我们在说"生产A"或"创造A"时,必须有个除A以外的什么来充当主语X,只有这样才能构成一个完整的命题。在这一点上,"生产"和"创造"在同一侧,与"生成"对立。

因此,如果把三者放在一条直线上,那么"创造"和"生成"位于直线的两端,"生产"则在它们之间游动。在部分文明里,"创造"逻辑的磁场更强,"生产"被其牵引过去;在另一些文明里,"生产"和"生成"之间则有着更大的亲和力。正如读者们能想到的那样,前者的典型是犹太教—基督教系的创世神话[1],与之对照的则是日本神话。在日本神话里,"生

---

[1] 当然,原始基督教是否从其起源开始,便对"创造"逻辑中的唯一神与一切被造物间的绝对的断裂有着清醒的认识,尚且存疑。笔者对这个领域也不甚了解,比如奥古斯丁在《忏悔录》第十一卷对《创世记》的开篇做出的解释——如果没有与希腊哲学、摩尼教、诺斯替派的思想对决,也就不会出现对永恒与时间关系的精密考察。"从无到有"的创造,乃至时间本身也是被创造的逻辑,也都在这些思想对决中经过洗练而来的。不过,"这个逻辑究竟是从何时开始被人彻底地认识到了",与《旧约》的世界创造论本来与希腊哲学、摩尼教、诺斯替派这三个理念类型的哪一个更相近呢",是两个不同的问题。所以,随着神之子基督、逻各斯的化身等犹太教中不曾有过的思想的登场,关于耶稣的定位,也成了在基督教神学中引发人们激烈争论的主题。就本文的主题而言,这个问题也可以说是"创造"逻辑下神和被造物的断裂性,与"生产"逻辑下的连续性之间的两难困境。

成"构想有着更强的磁场,"生产"被牵引向了"生成"一侧。[1] 因此,我们也就难以在日本神话中见到"创造"逻辑下对主体的关注和目的意识性。

本居宣长在《古事记传》三之卷中指出,"生成(なる)"在上古日语里有三种不同含义。"其一者,所谓无中生有(云人之产出者是也),所谓神之成神者,其意也;其二者,所谓由此物而变化为彼物,丰玉毗卖命产子时化成八寻和迩即此类也;其三者,所谓作事成终,'国难成'之'成',即此类也。"以英语来说,第一个含义是"be born",第二个含义是"be transformed",第三个含义是"be completed"。本文谈及的占主导地位的"生成"构想,便同时包含了以上三种含义。此外,本居宣长还提到了"木草之实之成(なる)""产业之成(なる)",但对它们与上述三个含义之间的关系持保留意见。当下有影响力的国语学者们[2]认为,"草木之实之成"和"产业之成"也是从"生成(なる)"中派生而来的。因此我们不妨把这两个含义也加进来。

宣长认为,虽然从汉字上看"生""成""变""化"这四字

---

[1] 从江户时代的神道系思想家到昭和的日本精神论者的作品中,不乏以"生成"和"生产"为基本范畴的日本主义哲学或解释学。但有的作品几乎堕落成了一种语言游戏(纪平正美:《原来如此的哲学》),其中最好的作品,例如对产灵 = "结合(結び)"的研究,也难免有一种对语源做扩大解释的倾向,现在的国语学研究已经不认可这种做法了。不过,他们一面接受着来自汉籍、佛典及西洋哲学的"洗礼",一面拼命地试图从日本思维中找出与之不同的什么(暂且不论他们是否粉饰了皇国),这样的行动包了一种从知觉中得出的真实,不能说他们所有的立论都是荒唐无稽的。

[2] 参见《本居宣长全集》(筑摩书房版)第九卷527页,大野晋补注。

的含义不尽相同,但在日本的古书里,"训同则通用,多与字形无关"。按照宣长这些人的说法,《古事记》开篇部分的"成神"虽然含有"成"字,但在意思上更接近《日本书纪》里的"所生",因此在解释"成神"时,不能局限在汉字"成"的意思上。而宣长之所以要区分"成"和"所生",是因为在汉语里,"成"的首要含义是成就、完成和成果。就《古事记》的文本解读而言,这样处理便可以了,但我们对问题的讨论不能止步于此。自古以来,生、成、变、化、为、产、实等字都被训读为"なる(生成)",也就是说,"生成(なる)"一词包含了所有前文汉字的含义。如果仅仅将其解释为"那时日语还未分化","古代日本人不在意汉字的本来含义",是无法解决问题的。我认为古代日本人已经有了囊括前文所有含义的"生成(なる)"的原型意象。进一步说,"诞生"、"所生"既可以被训读为"なる",也可以被训读为"ある",而就"ある"一词而言,它对应的汉字还有"存"和"有",此外还有隐性的东西得到了显现的"現"("現人神"的"現")。可见,古人在汉字的使用方法上并非毫无规则可寻,他们选取汉字的构想里实则潜藏了一定的倾向性。尤其是我们当下处理的记纪神话,其中既有宣长指出的那种随意假借汉字的情况,也有反过来,根据汉字含义选择对应的词或创造新词的情况。不过,众所周知,《古事记》和《日本书纪》的编撰态度和文体是不同的,因此两者在用字遣词上的方法也不能一概而论。下面我们将通过分析《古事记》和《日本书纪》开篇部分的叙述,具体地考察这三个动词的出现方式。[1]

首先来看《古事记》里最先登场的五位别天神，他们或"于高天原成神"，或"如苇牙因萌腾之物而成神"。[2] 从他们实际扮演的角色来看，最重要的无疑是两位产灵神，尤其是高御产巢日神。"产灵（ムスヒ）"的"产（ムス）"即长出苔藓[3]的"长出"，"灵（ヒ）"则代表了灵力。[4] 通过这种生长、生成灵力的发动和具现（从隐到显），泥、土、植物的芽等国土构成要素，乃至男女的身体部位得以依次生成（なって），直至伊邪那岐和伊邪那美的出现，故事告一个段落。接着，便是两位

---

[1] 这里简单概述一下本文的引用规范。第一，引用记纪时，直接在原文的基础上加了返点，未做训读。《古事记》是在强烈的和语化意识下编纂的，本来不该采取这样的处理方式，但因本文尤其重视文章的用字遣词，且现在已经有了多种记纪的训读版本，我既没有重新训读的能力，也不认为有这样做的必要。第二，引用中国古典时，因为本文将中国古典当成对比参照的材料而引用的，对文本的训读本身即是本文所要讨论的内容，方便起见只加了返点。第三，引用日本人写的汉文时，原则上都为引文做了训读，在与本卷（《日本的思想》第六卷《历史思想集》）收录的文本出现重复时，为避免文章过于冗长从而节约版面，有几处直接放了原文。引文的着重点皆为作者所加。——原注
译文在处理引文时的规范：第一，《古事记》和《日本书纪》的引文将直接引用原文。《古事记》是由变体汉文写成的，译本不该直接引用原文，但因丸山特别重视文章的用字遣词，译文也直接引用原文，同时为方便读者理解文意，译文以周作人的《古事记》译本（中国对外翻译出版公司，2000年）为依据在必要处加了注释，对《古事记》的文本做了简单的解释。第二，丸山在引用中国古籍时，为文言文加了返点，译文则省略了这些依照日语文法添加的训读符号，直接引用汉文原文。第三，丸山在引用由日本人写的汉文时，对汉文做了训读处理。译文在原则上也都尽量找到原文，直接引用原文。——译注

[2] "有物如芦芽萌长，便化成神。"译文采用周作人译《古事记》（中国对外翻译出版公司，2000年），以下皆同。——译注

[3] 值得注意的是，歌颂天皇治世的日本国歌《君之代》的最后一句便是"苔のムスまで"（意为"直到巨岩长青苔"）。——译注

[4] 此外，值得注意的是，被《新撰姓氏录》归为"神别"里的绝大多数氏族祖神，都是产灵神或灵神，而非具体的人格神。

神祇交合而"生下"国土的部分。在这个最为人所熟知的段落里，要特别注意以下几点。

第一，在天津神向两位神祇发出的"修理固成"之诏中，"修理"或"理"一般会被训读为"つくり"，这样一来，这便是"创造（つくる）"一词在《古事记》中的首次登场。诚然，从后续的段落可以发现，《古事记》的编撰者不仅区别使用了"创造（つくる）"和"生成（なる）"，还区别使用了"创造（つくる）"和"生产（うむ）"。伊邪那歧追着伊邪那美到了黄泉国，对伊邪那美说，"爱我那迩妹命，吾与汝所作之国，未作竟。故，可还"[1]。在前面的段落还出现了"既生国竟，更生神"，[2]说明"国诞生"的行为本身已经完成了。这个例子便明显体现了：《古事记》的编撰者在记述时，有意识地甄别使用了"创造"和"生产"。尽管如此，无论是"修理固成"，还是"未作竟"中的"つくる"，都不是 creation，不如说与《古事记》出云神话中速须佐之男口中的"故是以其速须佐之男命，宫可造作之地，求出云国……其地作宫坐"[3]，又或大国主神与少名毗古那神携手"造国"时的"作坚此国"或"吾独何能得作此国"里的用法对应，有经营、整备、建设、修理之意（即

---

[1] 周作人译："亲爱的妹子，我和你所造的国土尚未完成，请回去吧。"——译注
[2] 周作人译："生国土既毕，更生诸神。"——译注
[3] 周作人译："于是速须佐之男命在出云国，寻求造宫殿的地方……便在其地造起宫殿来了。"——译注

便如此，它的使用频率还是很低）。[1] 此为需要注意的第一点。

第二，让我们再次回到神话开头，伊邪那歧和伊邪那美生下了大八岛国，这无疑代表了"生产"逻辑的登场。《古事记》的编撰者特意给"以为生成国土，生奈何"[2] 加了注："训生，云宇牟（うむ），下效此"。国土诞生的场所淤能棋吕岛，本身是由从二神所提的琼矛末梢上滴落的盐堆积而"生成"（なった）的，后文里编撰者还特意为此加了训注，强调此岛"非（二神）所生"。换言之，编撰者并非不了解"生成"和"生产"的实质性区别。不如说，正因为编撰者明知两者的区别，还是把"国土诞生"记述为"成成而成余处"[3] 和"成成不成合处"[4] 相接合的结果，这一点才更值得我们的注意。在二神登场前，先出现了淤母陀流神（《日本书纪》里写作"面足尊"）。从这里也可看出，两性的差异被处理为人类的身体部位从面部

---

[1] 在日本神话里，即使在描述国土诞生或统治者的诞生时使用了"创造（つくる）"一词，其含义也是与creation的逻辑有所区别。或者不如说日语里"创造（つくる）"一词的基本意象是建筑、修理、加工。这一点还是由接触到天主教教理的日本人神父敏锐地指出来的。《妙贞问答》对比了日本神话的国土诞生和上帝创造天地。书中嘲讽了"国土诞生"，"仿佛是初学者造出来的，因为都在创造，自然有相近的地方，但'国诞生'的创造实在太草率了……先生了所谓的大八洲国，不仅有日本一州，还有上面的海山草木，这肚子得有多大啊"（中卷），相比之下，上帝创造天地则是，"虽说是创造，但并非造人的房子或造城。这类创造不过是拿已有的东西，改变它们的形状，抑或把它们混在一起罢了。主神创造天地是不需要材料的，也不花费力气，只凭着'要有'的念头就可以造出来，主神是真正的创造者"（下卷）。当然，在《妙贞问答》的作者巴鼻庵发生转向后，他对这两个逻辑的价值判断也发生了逆转。

[2] 意为"以此来生国土，如何。"——译注

[3] 周作人译："我的身子都已长成，但有一处多余。"——译注

[4] 周作人译："我的身子都已长成，但有一处未合。"——译注

开始逐步生"成"（なってゆく）的结果。顺着这一构想，故事开始进入基于性交而"生产"的新阶段。应当注意的是，虽然都体现了"生产"逻辑，但这里的构想，与中国基于二元对立的阴阳结合生发万物的构想，或基于目的意识的化育构想，有着微妙的区别（尽管如此，这些中国构想还是对日本的思想产生了重要影响）。[1] 在下文的"势"篇里，讨论到《古事记》开篇"天地初发"这一表述时，我们会再次提及这一问题。

两位神祇或共同（"共所生"）或分别（"持别而生"）生下八大岛国、周边诸岛及其他含义不明的神祇。不久，以生下火神为转折，伊邪那美遇到了"神避"[2]，在"神避"中，一连串神祇从伊邪那美的呕吐物、尿等化生而出（值得注意的是，日后成为伊势外宫祭祀的食物神或说稻灵神的丰宇气毗卖神，也在这个过程中作为和久产巢日神之子而诞生了）。伊邪那歧为伊邪那美的"死"而痛哭，在斩杀火神后追着伊邪那美去了黄泉国，这个过程中又有众多神祇从伊邪那歧的眼泪、刀上的血以及火神尸体各个部位上化生而出。伊邪那歧在抵达黄泉国，窥视伊邪那美的住所时，又有八雷神从伊邪那美身体的各个部位上"成居"而出。接着，从黄泉国逃出来的伊邪那歧在

---

[1] 日本古代的知识分子在处理"阴阳"这一中国观念时，时常会感到困惑。比如大化改新时发出的诏敕之一大化二年（646）8月14日的诏书，以洋洋洒洒的中文写道"原夫天地阴阳，不使四时相乱。……是以，圣主天皇，则天御寓"，其中"天地阴阳"的古训为"アメツチサムクアタタカニシテ"，非常绕，我们不难从中一窥古代知识分子的困惑。此外，国土诞生故事中的伊邪那歧和伊邪那美，在《日本书纪》中有时也会被标记为"阴神"、"阳神"。按照这个表述方法，天照大神既是日神，又是"阴神"，甚为奇妙。

[2] 神避：指天皇等高贵的人死去。——译注

日向"被禊"时，又有一连串神祇化生而出，而三贵子的诞生无疑是这个化成过程的高潮。

《古事记》在表述上述数十种化生神时，除了金山毗古神处用了"生神名"外，都是在"成神名""所成神名"后罗列具体的神名。只有在每小段结尾，对一连串化生行为进行总结时，才会用到"所生神"的表述。我们再往下看。当天照大神和须佐之男在天之安河"盟誓（うけひ）"时，无论是在天照大神求取须佐之男的佩剑后出现的三女神，还是另一边，须佐之男求取天照大神的串饰后相继出现的五男神，都是"于吹弃气吹之狭雾所成神"。[1] 在誓约仪式中诞生的诸神，依照天照大神的"诏别"，被分别确定为天照大神和须佐之男的孩子："是后所生五柱男子者，物实因我物所成。故，自吾子也。先所生之三柱女子者，物实因汝物所成。故，乃汝子也。"[2] 在这个"成"神过程的最后，我们还可以看到在天孙降临过程中扮演了重要角色的琼琼杵尊的父亲天之忍穗耳命，以及同样扮演了重要角色的天穗日命（这是《日本书纪》中的表记，它是出云国造的祖神）。换言之，在《古事记》神话的第二个高潮即天岩户传说前诞生的诸神，绝大多数都是"成神"或"化生神"；在三贵子的故事中，虽然伊邪那歧用了"生生"一词，但三贵子本质上还是在伊邪那歧独自"被禊"的过程中"成"神的，并非男女二神基于生殖行为而产下的。也就是说，虽然故事已经到了基于二神的生殖行为而诞生神祇的阶

---

[1] 周作人译："从喷出的雾气里生出的神。"——译注
[2] 周作人译："后来所生的五尊男神，是以我的东西为种子而生成的，所以是我的子女；前生的三尊女神，是以你的东西为种子而生成的，所以是你的子女。"——译注

段，但"生产"逻辑还是受到了"生成"构想的牵引。

那么，《日本书纪》的情况又是怎样的呢？《日本书纪》的编撰者以"正史"为标准采用了汉文体，这不仅带来了文辞上的问题，还牵涉到思考框架本身——至少在程度上较《古事记》更严重——因此就我们的主题而言，《日本书纪》处理起来更为麻烦。就"生成"范畴而言，我们从对天照大神（即日神）诞生的叙述上，便可看到《日本书纪》与《古事记》的鲜明对照："既而伊奘诺尊·伊奘冉尊（译者：即伊邪那歧和伊邪那美），共议曰，'吾已生大八洲国及山川草木。何不生天下之主者欤。'于是，共生日神。号大日孁贵。"在这段文字里，"生"是及物动词，而二神的生殖行为也显然基于一种明确的目的意识（即为了设定日本国的主权者），这不仅与《古事记》的记述非常不同，与"生成"逻辑也相去甚远。[1] 无论《日本书纪》最初的书名是《日本纪》还是《日本书纪》，书名里都带着"日本"二字，这象征了一种强烈的对外国家意识。但具有讽刺意味的是，当这种对外国家意识与日本对唐帝国的自卑情结叠加在一起时，反倒促使日本积极地导入"汉意"。然而，更值

---

[1] 平田笃胤的"神学"对于这点的解释是，"二位产灵大神在大倭丰秋津岛，创造了那物……相继造出了从宇比地迩到伊邪那美的诸神……修固国土，他用"生产……""创造……"的构想重构了记纪神话。此外，二神"生下国后，又生风神，以扫除弥漫在国土上的迷雾。伊邪那美神之所以生火神，是因为国土不能没有火神……他们从头到尾的行动，都是为了国土"（《灵之真柱》上卷）。二神的所有行为被逐一打上了目的意识性，这虽然不是对《古事记》的忠实解释，但却为我们提供了一个"生产"逻辑容易被"创造"逻辑所侵蚀的例证。这种把事情的结果理解为实现了事情开始时就有的意图的思考方式，是平田笃胤与本居宣长互为对照的一点，本居宣长是力拒这种思考方式的。即使不介绍本居宣长的思想或他对记纪的解释，这一点也是显而易见的。

得注意的是随之而来的后果，两者是一体两面的。也就是说，我们不能忽视：正因为《日本书纪》的编撰者在记述时采用了"庄严"的汉文体，并且在神代卷中以"一书"[1]的形式网罗了诸多不同于正文的传说，才导致《日本书纪》里随处可见不符合正规书面语的，或更准确地说，近乎俗语的字句和表述。

在《日本书纪》的正文里，最先出现的神是国常立尊："天地之中生一物。状如苇牙。便化为神。"此处的"化为神"一般被训读为"神となる"或"神となります"，暂且不论这点，我们先来看"化为"一词。在诸"一书"的记载中，国常立尊并非一直是最先出现的神祇，但无论在哪个版本的记述里，都既有"化为"或"化生之神""化神"等用语，也有在日语看来更为常见的"所生神""生一物"等词。接着，《日本书纪》在记述伊邪那歧和伊邪那美生国土时，尽管正文里的"阴阳始媾和为夫妇"采用了严谨的汉文体，但正文里的"因问阴神曰，汝身有何成耶"，又或"一书"记载里的"吾身具成而，有称阴元者一处"，反倒与《古事记》的记述有相近之处，因此在文体上也就显得有些散乱。同样地，"一书"记载里的"化作八寻之殿"和"又化坚天柱"，从书面语来看都很奇怪，一直以来这些句子都让人不知该如何训读。鉴于篇幅有限，本文无法就《日本书纪》里的所有传说逐一加以考察。简而言之，《日本书纪》受到汉文体的限制，往往以"生何神"的表

---

[1] 一书：在《日本书纪》，尤其是神代卷中，以"一书"或"一书曰"的形式夹在正文中的注释。记载了与正文不同的神话传承。——译注

述,来记载实质上的"成神"或化生神,但尽管如此,尤其是诸"一书"的记载,仍然保留了大量"此化为神""化成神也"等表述。这一点对本文的主题来说非常关键。譬如《钦明纪》(十六年二月条)中的"原夫建邦神者,天地割判之代,草木言语之时,自天降来,造立国家之神也",便从另一角度为我们揭示了上述这点所蕴含的意义。至于这个神是否是大己贵神等等,我们先暂且不谈。这段话出自苏我臣下达给百济王子惠的有关国家兴亡的训示。正因为《日本书纪》的编撰者是在这样的语境下回溯了神代卷开篇的神话,他才能在遣词造句上,从对大和语(ヤマト語)的顾虑中得到解放,转而安心地使用起"建邦""造立国家"等充满"汉意"的词汇。

上文简单讨论了,在记纪的宇宙和国土神起源论上,"生成"构想是如何渗透到"生产"逻辑中。通过这个"古层"所看到的宇宙,既非"有"永恒不变者的世界,也非终将归于"无"的世界,而正是不断"生成"的世界。而"可美苇牙彦舅尊"的"芦芽""破土而出"的景象,无疑正是"生成"构想占据优势时的原型意象。这一原型意象还贯穿于下文将要展开论述的"次(つぎ)"和"势(いきほひ)"的范畴里。而问题在于,作为有机物自然地发芽/生长/增殖之意象[1]的"生成(な

---

[1] "人草"、"民草"等"和风"词汇也与此有关。《古事记》在伊邪那美于黄泉比良坂发出诅咒,而伊邪那歧做出回答后,附加了这样一句话:"是以一日必千人死,一日必千五百人生也",这既是关于生死的起源神话,也是对生者在数量上多于死者的"现实"所做的说明。这句话并不是在表达了在生与死这一二元原理(或神对恶魔)的斗争中获得了胜利,而是一方面死了很多人,但在另一方面也有很多人出生了,最终在结果上表现为增殖(即"生成")。这是自然增殖的乐观主义构想,而这个构想便是基于产灵发动后带来的"芦芽"生长繁殖的意象而出现的。

る）"，却以"なりゆく（变迁）"[1]的形式约束了日本人的历史意识。其中的诸种含义，将会在后文与其他范畴的关联中得到逐步阐明。

在既非汉文也非变体汉文的和文历史文学出现后，"なる（生成）"以"なりゆく（变迁）"或"なりまかる（变迁）"的形式，直接成了表现历史进程的日语基本范畴。首先来看《愚管抄》的例子，"观察这自古以来便逐渐发生着变化（なりゆく）的人世间，可以发现，现在正是人世间衰败到了极点，正要开始好转的时候"（卷七），"几乎再没有人像这样不掺半句虚言地真实记录下人世间的变迁（なりゆく）之态了，只有本书记载了这变幻莫测的人世间还有一个不变的道理。"（卷七），"无论是不变的道理，还是我国今后的发展（なりゆく），都要在前文的事情完成后（指通过摄篆将军达到君臣合体——丸山）才能确定下来"（卷七），"无论是被消灭得干干净净的平家，还是源赖朝将军以古今稀有的器量镇抚天下的结局（なりゆく），都令人难以想象这是人类的所为。既然皇祖神已经定下这可见的世界是武士的世界，那么如今这世间的状况也是合乎道理的必然。"（卷六）至于最后一个引文里的"なりゆき（变迁趋势）"与"必然"史观的关联性，我们将在下文结合其他几个范畴一起加以考察。

---

[1] "なりゆく（变迁）"指那种"随着时间的推移，形势出现变化"的情况。这里有两个关键点，其一，这个变化包含了时间的要素；其二，这种变化与人的主体行为无关，是一种自然的、客观的变化。后文的"なりゆき（变迁趋势）"为其名词形式，指这种过程。——译注

再来看《水镜》的例子。在《水镜》开头，修行者被一位女尼叫住，修行者说，"自我开始记事起已十年有余，想到世间的推移（なりまかる），只觉心灰意冷。我不过学着人的样子迷茫地在世间游荡，只愿来世能得到拯救"。正如"なりまかる（变迁）"[1]一词所恰如其分地象征的那样，《水镜》所叙述的历史进程的旋律已悄然更迭，而这也同样在其他"物语"类作品和《愚管抄》中有所体现——"生成（なり、なる）"所蕴含的生长繁殖的乐观主义逐渐消散，取而代之的，是在荣枯盛衰间"推移（うつろひ）"的空虚感。这无疑是佛教"诸行无常"的世界观投影到历史观上的结果。尽管如此，值得注意的是，老翁作为《水镜》里叙述历史的主要人物，他劝诫修行者："……几乎所有人都轻率地觉得当下非常可恨，令人讨厌，以前则不是这样。无论是以前还是当下的三界，都不是令人痛苦的或悲伤的。当下的人世间也不过随着时代的推移，顺其自然罢了（なりまかる），切不可褒昔而贬今。"修行者在老翁的劝诫下，进行了"自我批判"，"每每听人讲起最近的事，都会感叹世间为何如此令人痛苦，坏事一件接一件，这让我越来越难过，最终使我遁入佛门。我和其他人一样，也憎恨着这世间，请问我也有罪吗"，并向老翁说"请告诉我，我想听"，于是老翁开始讲起他"在神代的所见所闻"。接着，老翁在展开他的历史哲学前，作为绪论先介绍了《俱舍论》第十二卷中

---

[1] "まかる"对应的汉字是"罢"，意为"退出"。"なりゆく"的发展变化，既可以向上发展，也可以向下发展。"なりまかる"则带有下行的方向性。——译注

四劫（成、住、坏、空）的时间论（这也是《愚管抄》的主旋律）。至于对四劫的介绍是在怎样具体的语境中展开的，请看如下段落："像这样，人的命运和果报也随着人世间的推移，在逐渐变化着（なりまかる）。所谓的世间不正是这样吗？拿日本来说，日本在很久前也一片混乱，现在不是出现了同样的状况吗？（中略）但绝不可悲观地认为末世就要来了。"换言之，这里对四劫时间论的介绍，是为了引出如下命题：即在佛法传来前的日本，与失去佛法而"变得越来越坏"的当下的日本，其实有许多相似之处，因此我们不能以旧日的美好时光为标准一概而论地批判现在。

对《水镜》的作者而言，了解世间如何"变迁（なりまかる）"的一个重要意义是：这样可以纠正对发展至今的历史趋势一味做否定评价的片面潮流（在《愚管抄》中，向着"末世"一路下行的下降史观，因为作者对"振兴、恢复"的不断呼吁而得到了缓和，关于这点请参见本书《历史思想集》的第二章[石田雄执笔]）。至于个别历史故事采用这一史观的实质动机是什么，并非当下的重点。目前我们只需确认以下这点便足够了：哪怕"变迁之世（なりゆく世）"的范畴，因为佛教世界观投影到现世而带上了最为悲观主义的基调，它的历史叙述里仍有一种基于"产灵"的发动而生长繁殖的宇宙生成意象，像顽固的低音一样，安静又执拗地发出声响。

基础范畴 B——次（つぎ）

　　本小节仍将以记纪的开篇叙述为线索展开论述。首先来看记纪分别是如何介绍造化三神（后世的叫法）的：在《古事记》的记述里，天之御中主神最先生"成"（なった），"次高御产巢日神。次神产巢日神"；而在《日本书纪》的正文叙述里，最先"化为"（なった）神的是国常立尊，"次国狭槌尊。次丰斟渟尊"。接着，《古事记》不厌其烦地以"次成神名……"、"次……"的形式介绍了神世七代诸神的诞生，在记述伊邪那歧和伊邪那美生国土时，也频繁地使用"次生"一词，逐一介绍了所生岛屿的具体岛名。《古事记》还以同样的形式，记述了国土诞生后出现的一连串神祇。从国土诞生到伊邪那美的"神避"为止，"次"字共出现了47次。部分学者把《古事记》的"次"解读为，"并非时间上的先后，而是列举事物时的顺序"（次田润：《古事记新讲》）。我不打算反驳专家的说法，断言"次"意味着时间上的先后顺序。在《古事记》和《日本书纪》中，个别神的出现顺序并不完全一致，这两套记述里的神名也极为错综复杂。但是，如果《古事记》仅以"次"来"列举事物"，那么似乎没有必要这样不厌其烦地重复使用"次"字。接着，在记述伊邪那歧逃出黄泉国后，于其"被禊"过程中诞生的化生神时，也出现了相同的问题。从伊邪那歧的"被禊"到三贵子诞生只有两段话，但"次……所成"（或仅仅是"次"）却出现了多达21次。并且，至少《古事记》在记述从"漂浮不定"的创世阶段到天照大神的诞生时，这里的故事情节在实质上没有发生过不自然的中断，而是以连续的形式展开的。如果编撰者只是为了表达"成"神或"化为"神的神祇在数量上很多，那么完全没有必要如此频繁地使用"次"，只需在合适的地方分段，对此前出现的诸神加以概括便足够了。

围绕"次"的另一种思考方式是：因为《古事记》基于口头传承编纂而成，所以"次……次……"的记述形式，与祝词[1]的文体一样，表示的是与特定仪式有关的节奏，而"次"在含义上也一定与祭祀仪式的"顺序"有关。当然，无法否认"次"的确有着这样的一面。但不能忽视的是：连用汉文体编纂的《日本书纪》，也经常以"次有"或"次生"的形式介绍诸神和各个岛屿的诞生。恰恰因为《日本书纪》采用了汉文体，"次"在时间上的先后性才更加明显，例如有关天地初判的诸"一书"中的"始有……次……"，又或正文在记述国土诞生时的"先生蛭儿……次生淡洲"和"日月既生，次生蛭儿"。这些"次"表示的既非价值判断上的前后，也非逻辑上的前后。人们通常把稚产灵的诞生和保食神的死亡故事，视作日月、山川、草木及食物的起源传说，据《日本书纪》记载，火神迦具土神与埴山姬生下了稚产灵，稚产灵的"头上生蚕与桑。脐中生五谷"；保食神死亡时，"唯有其神之顶，化为牛马，颅上生栗。眉上生茧，眼中生稗，腹中生稻，阴生麦及大小豆"。这两则记述都以身体的空间位置表现起源，这种表现

---

[1] 祝词：指神道在祭祀时，向神诉说的语言，有着固定的文体、措辞和格式。——译注

方法与中国神话更接近，例如在前文提到的中国盘古传说中，盘古尸体的各个部位就成了（"为"，なった）日月、四岳、江海、草木（《述异记》）。采用汉文体记述时，这种表现方法其实更方便。那么，为什么那样讲究文体的《日本书纪》的编撰者，在记述宇宙和诸神起源时，会无休止地使用"次生……次生……"、"次小便化为神……次大便化为神"这类显得有些散乱的文体呢？[1] 我认为，这里潜藏了一种试图"把世界叙述为时间序列上的线性展开"的顽固构想。

正如"生成（なる）"以"なりゆく（变迁）"的形式发展成固有的历史范畴一样，"次（つぎ）"也以"相继（つぎつぎ）"的形式，成了一种固有的历史范畴。于是随着"生成"和"次"向历史范畴的转变，"生成"和"次"之间也逐渐有了一种亲和性，而最能象征地表现这种亲和性的，无疑就是血统连续的增殖过程。

"次"是"つぎ"，"继"也是"つぎ"。本居宣长认为"つぎ""有纵横之别，纵者父后子嗣之类也，横者先生兄次生弟之类也"，并且提醒人们，《古事记》中的"次"表示的是诸神间的横向关系，而"非父子之代继，又或前神之世过而后接次神"。（《古事记传》卷三）尽管宣长的纵横论很有趣，但对当下的主题而言，重要的是：宣长也认为"つぎ"一词的含义不

---

[1] 在济州岛的始祖传说里，虽然"太初无人物，三神人，从地丛出……长曰良乙那，次曰高乙那，三曰夫乙那"里的"次"与这里的"次"有类似的地方，但济州岛的始祖传说里的"次"只表示了始祖三神中的长幼顺序，与《日本书纪》的"次"是有所区别的（参见三品彰英《日本神话论》，《论文集》一卷，11 页往后）。

仅包含了亲子的继承（承袭），还包含了兄弟的依次出生。众所周知，在宣命[1]的体例里，"弥继继（いやつぎつぎ）"是用来彰显并歌颂"天津日嗣高御座"谱系连续性的套话。但"弥继继"指涉的不仅只有亲子"继承"，它囊括了宣长所说的"纵"、"横"两面，表示同时向"纵"、"横"两方向伸展的皇室血统的连续性和时间的"无穷"性。而所谓对"一系"的尊重，赞美的正是下述这种"无穷"性：即一个宗族呈扇形展开的增殖过程的相继不绝（而非如后世那样，只看重嫡子承袭的正统性）。并且，对此种意义上"弥继继"的尊重，不仅可以被宣命体用来歌颂"天津日嗣"，还可以表达对辅佐大和朝廷的各个重臣之"家"统的赞美，例如大伴家持的万叶歌："恭尔奉仕，无忝尔家。家绪不绝，有如斯川。相续相承，如山绵延（この山のいやつぎつぎに）。敬执所事，以至永年[2]"（《万叶集》4098）。而且，随着"弥继继"的适用范围从摄关、武将之家，逐渐扩展到本愿寺的"一家众"，乃至江户时代艺能、工匠、商贾延续的"师承"时，这种意义上的"弥继继"成了一个普世化的重要价值意识。而社会的发展亦可说是多个"弥继继"的连续谱系的并行展开。于是，"万世一系"这一意识形态的优势性，与其说在于"一君万民"的个人统治（例如中

---

1 《日本书纪》中记载的历代天皇的诏敕均为汉文，而《续日本书纪》及之后的史书中的诏敕多为和文，为了与前者进行区别，称后者为"宣命"，后者的文体被称为"宣命体"。——译注

2 译文依据中国友谊出版公司1992年版钱稻孙译《万叶集精选》。中间两句的原译文为"不舍昼夜，有如斯川，历久弥坚，有如此山"，与丸山的阐释略有出入，译者做了部分改动。——译注

华帝国），不如说在于：在上述那种多个"弥继继"的连续谱系并行展开的社会里，皇室基于它那"贵种"中的最高贵种（primus inter pares）的性质，为"社会"上的其他连续谱系所广泛支撑着的状况。于是，在既容不下宗教上的超越者，也容不下自然法上的普遍者的日本文明里，正如"御世之荣，万代不绝。圣子神孙，累世愈巩"（《大镜》第一）所示，"相继"的无穷连续性与"万世"（也写作"万代"）的表象相结合，弥补了"永恒者"的缺席，发挥了代替作用。

儒教关于统治权合法性来源的"天授"观念，也受到"相继"无穷连续性的表象的影响，发生了微妙的改变。下文将简单介绍"天授"观念的变化。"德治"与"血脉"这两个异质逻辑间的冲突，意外地很早便暴露了出来。一方面，如"天皇是神之御子，子承孙继，相继统治大八岛国。天皇既是天津神之御子，也有在天之神的授意"（《续日本纪》宣命第一）所典型表现的那样，皇位（天津日嗣）的正统性被认为来源于天津神的"授意（事依さし）"和"弥继继"的"相继"谱系的连续性这两个契机的结合（这一结合集中表现在天照大神的神敕上）。这种观念早在7世纪中叶已经形成，且如前文所述，它还成了宣命的常用表述。另一方面，也正因如此，在发生了道镜事件[1]的时代里，称德天皇于在位期间发出的宣命，与前文那种基于"惯例"的宣命形成了鲜明对比。在《续日本纪》

---

1 道镜事件：769年，深得称德天皇信赖的禅师道镜，利用宇佐八幡宫的神托，企图夺取皇位，并以失败告终，也被称为宇佐八幡神托事件。——译注。

所收录的称德天皇在位期间的十八个宣命中，没有任何强调正统性来源的套话，甚至连"天津日嗣"一词也不过出现了三次（宣命第三十一、四十三、四十五）。[1] 与之对应，这一时期的宣命中出现了以宣命的体例来看很奇怪的句子，如"坐拥日本国统治大八洲国的倭根子天皇"（宣命第四十二），而强调天命正统性的句子也开始频繁登场，如"然而天地不承认那人（淡路的废帝，即淳仁天皇——丸山），他不是天授之人"（宣命第三十三），或"所谓帝位，若没有天授就没办法巩固，甚至会给自身带来毁灭"（宣命第四十五）。无论是本居宣长（参见《续纪历朝诏词解》），还是其后的国体论者，都极为感慨这个时代的思想混乱。没想到这一混乱竟是以这种形式，客观上暴露了"自天津神以来的弥继继"这一谱系的历史连续性观念，与中国的"天授"观念之间的矛盾。

这两个围绕正统性来源的逻辑之间的相生与相克的关系，最终成了贯穿日本政治思想史的一大主题。这里我想指出一个与"相继"范畴有关的点：随着儒教天命思想的渗透，"继天"、"继天立极"等套话的出现频率越来越高，这反倒逐渐削弱了中国古典思想中由"天"之"天子"而来的超越性。就我有限的认识，"继天"并非中国古典的常用语[2]，即使中国古

---

1 这点已由金子武雄在《续日本纪宣命讲》中指出，参见该书 484 页。
2 《春秋榖梁传·宣公十五年》的"为天下之主者天也，继天者君也"，或唐代司马贞为《史记》补写的《三皇本纪》中的"太暤包牺氏，风姓，代燧人氏，继天而王"，都是为数不多用了"继天"的例子，但这些"继天"与"立极"都是没有关系的。"继天立极"出现在朱子《大学章句》的序文里："此伏羲、神皇、黄帝、尧舜，所以继天立极，而司徒之职、典乐之官所由设也。"江户时代文献中出现的

典里出现了"继天"的表述,它表示的也主要是对天帝意志或"德"的继承。然而在日本,特别是江户时代的儒者,或受儒教影响的思想家们,他们在强调日本的立国传统与精神时,经常喜欢使用这一表述。可以推测,他们通过"继天"的表述,使皇统自天津神(或天照大神)起便被连续承"继"的观念,与天命、天德的观念重叠在一起,由此规避了将德治主义思想进行"本土化"时的困难;或更准确地说,他们希望有关正统性来源的天授和神授、德和血这两个对立逻辑能在一起发挥协同效应——至少他们在无意识中为这种直觉所驱动。从江户初期的林罗山在《本朝神社考》序言中写下的"夫本朝者神国也,神武帝继天建极已来,相续相承,皇绪不绝,王道惟弘,是我天神之所授道也",到幕末的饭田忠彦在《野史》序言中写下的"天七地五(意为天神七代,地神五代——丸山),邈矣悠哉。自人皇继天立极,以定神器,圣子神孙,永守其成,万世一统,极天罔坠",不乏可以证明这点的例证。[1]这样看来,这可说是文化接触时对异文化进行选择性吸纳的极好例子。

不过,虽然"次(つぎ)"和"相继(つぎつぎ)"范畴

(接上页注)

"继天立极"大概就出自这句话。不过,从朱子在该序文里的表述("一有聪明睿智,能尽其性者出于其间,则天必命之,以为亿兆之君师,使之治而教之以复其性")中可以知道,朱子所谓的"继天立极"指的是圣人尊奉天命做君主,建教化准则,没有脱离儒家德治正统性的本来意义。

1 "继天"已经成了一种套话,甚至连"民间"神道家的增穗残口也使用过:"所谓继天立极,指的正是从无极的无到太极的有。是代皇天而人皇出,从无形无色中生出色彩,是定人,是立民。"(《神路之指引》中卷)

的核心观念是血统和"家"的连续性、非中断性,但就宣命和《万叶集》中的具体例子而言,"次"和"相继"不仅可以用来表述血统和"家",它们还被广泛用来表述事业和行动的连续相承。《续日本纪》宣命第九为了督促皇太子学习五节舞,把五节舞传承下去,有这样一段话:"……天地与共,万代不绝。世代相传,相继相承。"而"秋天来了,天河云雾弥漫,若在河上放些石头,就可以继续相会了吧(継ぎてみむかも)"(《万叶集》4310),无疑指牛郎能继续和织女相会。像这样,"世继"一词逐渐发展为表示历史展开的一般象征。《大镜》的书名来源于"将历代天皇的事迹毫无保留地呈现出来,带来新发现的,是古镜呀"这一和歌。暂且不论《大镜》设置的故事讲述者大宅世次(即"公之世继")是不是"世继"一词在历史上的首次出现,《大镜》一书又被叫作《世继之翁物语》。而在《大镜》之前问世的《荣花物语》,也不知从何时起,开始被称作《世继》,《今镜》亦逐渐被称为《续世继》,正如伴信友在《比古婆衣》中所陈述的那样:"所谓'世继',原本指连续讲述御世的事迹,后来渐渐成了叙述这类故事的出版物的书名","世继"最终成了用和文叙述历朝故事的作品的统称。

"次(つぎ)"和"相继(つぎつぎ)"等时间连续性的表象,逐渐发展成一种"固定观念(idée fixe)",甚至还被奉为一种艺术形式。而最具代表性的便是日本的绘卷,尤其是说话绘卷等连环绘卷。本来,在绘卷的本家中国,"简而言之,所谓的绘卷只是方便卷起来的横向延伸的画。把它展开来看的时候,既可以从左看，也可以从右看"。[1] 然而，当绘卷这一形式传入日本后，卷轴带上了单一的方向性，需要从右向左按顺序观看。绘卷的鉴赏者们通过这个观看行为，共享了绘卷上的事件在时间上连续发生的感觉（自不待言，单方向的展开是"时间"这一特质最直接的空间表现）。美术史家所谓的"异时同画"[2] 的手法在日本的绘卷上得到了淋漓尽致的展现。

造型美术在本质上是一种空间艺术，"异时同画"的手法把时间的连续性自然地嵌入到造型美术当中，这个手法是西欧人经常拍手称赞的日本传统之一。绘卷上的这种线性（linear）连续，还表现在包含了花道的歌舞伎舞台、"道行"及演员台词的"相继"交接上。可见，这种线性连续的形式不仅只是日本绘画史上的阶段性产物。此外，值得注意的是，如"大交响乐的进行"（矢代幸雄）般的《伴大纳言绘词》的"应天门炎上卷"、《信贵山缘起绘卷》《平治物语三条殿烧打》等一系列说话绘卷的最高杰作，都集中涌现在12世纪下半叶到13世纪之间。正如第三节的"势"篇将要论述的那样，在日本史上，最符合江户时代历史叙述中"天下大势为之一变"这一表述的，正是这一时期的历史状况。换言之，我们应当注意的是："相继"所象征的世代和事件的线性连续观念，并不意味着每个历史瞬间因此就有了均等的历史意义，也就是说，这与认为历史中有里程碑式的历史阶段或历史转换期的观点是不矛盾的。

1　矢代幸雄《日本美术的特质》第二版，380页。
2　武者小路穰《绘卷物与文学》（岩波讲座《日本文学史》，第四卷），18页。

基础范畴 C——势（いきほひ）

与"生成（なる）"和"次（つぎ）"不同，记纪神话里并未直接出现"势（いきほひ）"这一词汇，"势（いきほひ）"在记纪神话里是以一种实质性构想的形式出现的。在进入开辟神话的问题前，我们先来看上古日语中"势（いきほひ）"的含义。当然，本文不会就此展开一般意义上的语义学讨论，下文将主要考察它与历史意识的关联。

"いきほひ（势）"的"いき"与"生く"（いく，动词）同源，由此得出气息（いき）、呼吸之意。我们暂且把这种语源学讨论放在一边。从上古日语的具体例来看，"いきほひ（势）"在上代文献中作为气、胆气、威、威福、权、势、权势等词的训读出现时，作为大和语的"势（いきほひ）"与这些汉字在含义上基本对应。而相对的，把"德"训读为"いきほひ（势）"的用法，则体现了日本特有的价值意识。《倭训刊》一书中"神代纪中的德，与斋部、八个祝词中的德，都是势"，指的便是这点。这一用法在《日本书纪》里的首次登场是："伊奘诺尊、功既至矣。德亦大矣。于是，登天报命。"（《神代》上，正文部分）《书纪私记》乙本特意为"德"字做了训注："いきほひ"。并且，"德＝いきほひ"的用法不限于《日本书纪》的神代卷，还出现在其他卷中。例如《钦明纪》十六年二月条（见前文），滞留在日本的百济王子惠说道："依凭天皇之德，冀报考王之仇。若垂哀怜，多赐兵革，雪垢复仇，臣之愿也。"一般情况下，《日本书纪》的"天皇之德"都

会被训读为"すめらみことのいきほひ"。结合上下文语境可以发现，与之相同，《钦明纪》中"德"的实质含义，与其说是一种规范的伦理观念，不如说更接近汉字的"威"和"势"。

"德"这一用法的特征在《雄略纪》中得到了淋漓尽致的体现。雄略天皇先是被记载为："天皇以心为师。误杀人众。天下诽谤言，大恶天皇也。"（二年十月条）而四年二月条又记载了一条有关雄略天皇的评语："是时，百姓咸言，有德天皇也。"在《日本书纪》的叙述者看来，"有德天皇"这一"百姓"之言，与"大恶天皇"这一"天下诽谤"是不冲突的（叙述者自然不是为了通过这样的记述，来表现人民的评价在一年半间发生了逆转，民意如风，完全靠不住等等）。并且，结合上下文可以发现，引文中的形容词"大恶（はなはだあしくまします）"代表的是一种一般性伦理意识。于是，我们可以得到一个推论，《雄略纪》中的"有德天皇"或"至德天皇"等称赞中的"德"，不含有中国古典里常见的那种规范性。中国正史里的人物描写，就不可能在把一个人描述为"大恶"的同时，又说他是"有德"的。[1] 正因为《日本书纪》的编撰者明明知道（广义的）儒教规范观念，却仍然经常这样来描写人

---

1 中国古典的相关用例不胜枚举，例如"古贤王好善而忘势"（《孟子·尽心上》）。并且，这种用法不限于狭义的儒家。比如"段干木光于德，寡人光于势。段干木富于义，寡人富于财。势不若德尊，财不若义高"（《淮南子·修务训》），这段话是魏国的文侯经过在野布衣段干木的故乡，仆从劝他不要行礼时，文侯所做的回答。在这里，"德"与"势"和"义"与"财"一样，被当做一组相对的概念。

物，这种人物描写才更为关键。[1] 如果把问题简单化，那么可以说，并非因为有了"德"才有了"势"，而是相反，人们把得"势"者称颂为有"德"者。

为了进一步展开问题，下文将介绍几个相关的上古日语，首先是"いつ"，一般会被写为汉字的"稜威"或"严"，然后是经常与严、重、茂等词一起出现在祝词中的"いかし"。首先来看"いつ"的用例。天照大神听到须佐之男试图登上高天原，便武装起来与之对决，"所取佩伊都（此二字以音）之竹鞆""伊都（此二字以音）之男建（训建云多祁夫）蹈建"[2]（《古事记》），又或"臂著稜威之高鞆（稜威，此云伊都）……奋稜威之雄诰……发稜威之嘖让"（《日本书纪》）。此外，比如在"用清净（いつ）的木棉结成假发……在清净（いづ）的斋屋，以粗草铺设清净（いづ）之席，将御膳之斋（いつ）瓮烧出黑底"（《出云国造神贺词》）中，"いつ"还有禁忌、斋戒层面上的"sacred"之意。本居宣长等人将此种含义上的"いつ"，与表示破竹之势的"いつ"做了区分（参见《古事记传》六之卷）。不过，正如前文的"生成（なる）"一样，尽管人们试图将这些含义区别开来[3]，但既然都是用同一词汇来表

---

[1] 这并不是在说，中国古典中的"德"完全没有"いきほひ"即能量这一要素。"德"的规范性观念与能量要素没有被彻底地区分开，正如马基雅维利用作关键词之一的 virtu 一样。我们需要注意的是，在特定文明里，这两个部分的相对比重向哪边倾斜。不限于"德"这一个问题，在把握文明"特征"时，一般都应该这样看待问题。谨慎起见，特此说明。——后注

[2] "伊都"音"いつ"，意为"戴上威严（いつ）的竹鞆"。这句话的完整意思是"发出威严（いつ）且有震慑力的声音等候"。——译注

[3] 《时代别国语大辞典》上代篇中的"いつ"项写道：没办法严格区分上述两个含义。

述,那么这两个含义之间就绝非是毫无关联的。例如《神武纪》里,"用汝为斋主,授以严媛之号。而名其所置埴瓮,为严瓮"一文中的"严(いつ)"和"严瓮(いつへ)",不仅带有极浓重的宗教色彩,还有在军事上击破八十枭帅的灵力之意。关于祝词的惯用语"いかし",则可以参考"祈年祭"祝词中的"将长势很好的(いかし)稻穗,献给诸神……",又或"祈求繁盛(茂:いかし)之御世越来越繁荣……",又或著名的"中臣寿词"中的"持威严(茂:いかし)的长矛进行侍奉"等句,尤其是如后两句中的"茂(いかし)"字所表现的那样,"いかし"如果离开了对旺盛之"势"的赞美,就无法表现尊"严(いかし)"性。[1]而"势"的观念,正如"神灵、灵威、恩赖(みたまのふゆ)"所象征性地表现的那样,以对生长、增殖、活动的"灵"或"灵力"的信仰为中介,与"生成"范畴发生了联动[2],强化了既有的价值序列。

前文已经详细介绍了记纪神话开篇的叙述流程,是如何以两位产灵神所象征的生成增殖的"破土而出"的能量为起点,发展到了三贵子的化生(或诞生)。下文将从与时间表象的关联性出发,探讨《古事记》开篇的小标题"天地初发之时"的表述——自本居宣长以来,它的训读方法就一直存在争议——及其中蕴含的意义。

前辈学人早就指出,从汉语来说,跟《日本书纪》中的

---

[1] "はや"与"ちはやふる"之间也有着同样的关联,在此不再举例。
[2] 在《倭训刊》里列举的人名中,有一个橘逸势,其中势就读作"ナリ"。

"天地开辟""未剖""初判"等表述相比，《古事记》中的"天地初发"非常奇怪。[1] 此外，还需注意的是，不仅《日本书纪》的正文及诸"一书"中并未出现过"天地初发"，连用正规的汉文体书写的《古事记》序文里，也未出现过"天地初发"一词。《古事记》的序文反倒采用了与《日本书纪》一样的表述，即"乾坤初分""阴阳斯开""天地开辟"等用语。也许连《古事记》的作者安万侣，也感到正文中的"天地初发"并非"庄严的"汉文体。反过来说，正因如此，《古事记》开篇使用的"天地初发"，并非作者突发奇想造出的词，而是基于"言意并朴"的"上古之时"（序文中的用语）的构想精心挑选的词。

不管是"天地开辟"，还是"初判"、"乾坤初分"，这些汉语表述有一个共通的观念：即尚未分化的天地向着"天"与"地"（或阴和阳）的相反方向分离。中国的盘古神话也以朴素的形式表现了这一观念：巨人盘古进入天地之间，随着盘古身体的不断成长，在经历了神话般漫长的时间后，盘古将天地推往上下两个方向（《三五历纪》）。如果在哲学上加以抽象，那就是《日本书纪》的开篇在解释说明时借用的《淮南子》俶真训或天文训的"天先成而地后定"。换言之，在这种观念里，宇宙论的核心在于天地、阴阳、乾坤的二元对立，而世间万物，正如"天地絪缊，万物化醇；男女构精，万物化生"（《易经·系辞下》）所示，都通过阴阳二元的结合化生或

---

[1] 相对的，还可以从中国文献找到"初发"的用例进行反驳。在此不再详细展开，但应该注意的是，某个表现偶尔出现了，不代表它就是一个常用语。此外，笔者关注的与其说是天地初发的训读，不如说是它在用字法上蕴含的实质含义。

化育而出。这当然是典型的"生产"逻辑，但从"生产"逻辑来说，它的下述两个特征值得我们注意：（1）包括性交联想在内的空间表象在此占据主导地位；（2）往往与圣人统治同步宣讲，带有很强的目的意识性。

尽管《古事记》和《日本书纪》的编撰者深受这类中国古代观念的影响，他们还是敏锐地捕捉到这一观念与日本古老传承之间的某种不协调。不过，正如前文所示，因为采用汉文体编纂的《日本书纪》借用了《淮南子》《三五历纪》的表述修饰开篇，虽然多少做了些调整，但还未能妥善处理好中国古代观念与日本古老传承间的那种不协调，文章便以"故曰，开辟之初，洲壤浮漂"为转折，直接进入后文的传说部分。如果忽略神名和诸神出现顺序上的不同，此后的正文记述以及"一书"的第二、第五，在叙述和基本构想上，与《古事记》"天地初发"后的内容基本一致。也许正因如此，《日本书纪》才会在"故天先成而地后定"后忽然进行了话题转换。这就导致了先学早已指出的"故曰"含义及其作用的暧昧，以及上下文衔接的不顺畅。

在记纪共通的基本构想中，与天地的分离与固定形成对照的核心意象便是上文提到的"芦芽"。在这种构想下，不是"天地位焉"的空间秩序的形成，而是大地、泥、砂、男女身体的具体部位基于"芦芽破土而出"的生命能量相继生成（つぎつぎとなりゆく）的过程（因此，不能一概而论地把它们说成万物的化育）。它的表象与其说是天地运行"四时不忒"（《易经》）的环形法则性循环，不如说是"世界"在"初发"

的能量（因为缺失了绝对者，所以带上了无限的可回溯性和不可观测性）这一推进力下，被不断喷射出来，单方向无限展开的状态。[1] 在此为了突出论点，我有意识地夸大了"乾坤初分"（↑↓）与"天地初发"（←或↑或↖）在构想上的细微差别。但是，至少就其投射到历史意识上的方法而言，这一细微差异必将带来千里之别。

众所周知，在"天地初发之时"成神的三位神祇中，上文提到的高御产巢日神随后以人格神的形式在天孙降临的过程中扮演了重要的角色。不仅如此，在《日本书纪》的记述里，当第一代人皇神武发起东征时，高御产巢日神不仅被首先回忆起来（卷三的开头部分），在东征过程中，正如神武向道臣命发出的诏敕"今以高皇产灵尊，朕亲作显斋。用汝为斋主，授以严媛之号"（参见本书第 322 页）所示，他还凭依到了神武身上。换言之，"天地初发之时"所蕴含的象征意义，已经远远超出《古事记》开篇的一个小标题，从中可以窥见整个神代史的主题。事实上，在日本历史意识的历史上，这一表述逐渐与"生成（なる）"的范畴和"次（つぎ）"的范畴融合在一起，共同构成了一种历史乐观主义的出发点。尤其正如下文将要提到的那样，当"天地初发之时"所蕴含的象征意义，与以"现在"为中心的观念相结合时，"现在"（生る→现る）作为新的

---

[1] 因此我认为这个"发"接近于"出发"的"发"。日语的タツ，无论是"旅立つ"的タツ，还是"烟立つ"的タツ，都不同于如《论语》"三十而立"的"立"中带有的不动和自主性，日语的タツ表现的是一种向特定方向的运动性。形容人的姿势的"立つ"也同样，包含了从坐到站的姿势改变。参见大野晋《古事记传》补注。

"なりゆき（变迁趋势）"的出发点，正是从这个有着深不可测的巨大动量（momentum）的"天地初发"的场域，不断汲取通往未来的行动能量。当这一观念在中世"末法"的悲观主义中幸存下来以后，又在《神皇正统记》的著名命题——"天地始者，今日是也"——中重见天日。[1]

在日本神话里，无论是以人格神的形式，还是以非人格的"理"或"法（dharma）"的形式，都不存在相当于太极、"全一者"（ekam）、太一（《史记》《吕氏春秋》）、本不生际（《大日经》）等绝对的创始者或不生不灭的永恒者，这一点自古便让试图把神道整合为"神学"的理论构想家们感到困扰。不过，正是让基督教式的唯神史观或规范主义史观难以在日本确立的这种"缺席"，支撑并助长了"势"的历史乐观主义，抑或更准确地说，这种状况与"以生成能量本体为原点"（太初有"势"）的特殊"逻辑"其实是一体两面的。因此，正如在神武创业传说里被唤起的产灵之灵，或天照大神"威严且有震慑力的声音"的不断回响（《日本书纪》），在历史转换期里，常常可以看到这样一种倾向："初发"之"势"充当着通往未来的行动能量的源泉。"以前，太祖神武天皇自筑紫起军东征，中原称之为天之压神，众人深感畏惧，皆因为太祖得势所至。啊，太祖之事业能够速成，亦因太祖成功煽动了天运

---

[1] 正因为这个著名命题并非北畠亲房一个人的特异思想，它才能以如下的形式为垂加神道家所继承："上古之天地与今日之天地是一样的。今日之天地一片混沌，正如天地开辟时的情况一样，天地始者，今日是也，正是此意。"（玉木正英：《玉签集》卷之二）

之势，率先制造了众人难测之势。""中宗天智天皇能够中兴，也是因为世人愤恨苏我氏累世的逆威，天智天皇乘此势而起，趁机谋求独得大织冠，诛戮帝侧之逆贼，一鼓作气，成功煽动起这势运所至。"在这里，回想起神武创业和大化改新的，正是攘夷志士真木和泉守保臣（《势断劳三条》）。

为了阐明作为历史叙述范畴的"势"所蕴含的巨大意义，我们有必要从汉语的"势"入手，探究汉语"势"与日语"势（いきほひ）"之间的亲和关系。

虽然没有特别在电脑上检索过，但我以为，在古来就为日本所熟知的中国古典中，无论从汉字"势"的出现频率看，还是从"势"被赋予的价值分量来看，四书五经类的儒教古典最不重视"势"这个概念；与之相反，对"势"及其关联概念"机"给予重视，并进行深入考察的则是兵家。而法家和杂家对"势"的态度则介于两者之间。当然，对"圣人之道"的认同度越高，对"势"概念的相对评价自然也就越低（参见本书第320页注1中的中国古典用例）。但就本文主题而言，值得注意的则是管子、韩非子等法家系统的"势"论，与孙吴等兵家的"势"论侧重点的不同。当然，在例如"君之所贵权谋势利也"（《荀子·议兵篇》）和"权势者人主之所独守也"（《管子·七臣七主篇》）等意义上的"势"，或"地势"、"形势"等用法上，两者是相通的。下面我们以引出了著名"矛盾论"的《韩非子·难势篇》为例，来看两者的分歧点。在《难势篇》里，韩非子将"势"区分为"自然之势"和"人之所得设"之势，并明言"吾所为言势者，言人之所设也"，而非自然之势。韩非子说：如果圣贤如尧舜者，生来就坐在君主位上，那么即使下面有十个桀纣，也无法扰乱天下；反过来，如果桀纣生来就坐在君主位上，因为天下之势已乱，即使下面有十个尧舜，也治理不好这国家。这些例子里，国家之治和国家之乱都不是人能随便制造出来的，因此是"自然之势"。韩非子接着说，他关注的不是这类案例，而是既非圣人亦非暴君的普通人坐在君主位上的那种最普遍的情况，这时就需要通过法制加以控制。这便是"人之所得设"之势。跟"圣贤之治"相比，韩非子更看重"势"，这一点便清楚体现了法家与儒家的对照。但更准确地来说，这里的"人为之势"其实是基于静态的法的安定性，才受到韩非子的重视。

那么兵家"势"论的侧重点又在哪里呢？这里仅举一例。《孙子兵法·兵势篇》中记载道，"激水之疾，至于漂石者，势也。鸷鸟之击，至于毁折者，节也……势如彍弩，节如发机"，"故善战者，求之于势，不责之于人。故能择人而任势。任势者其战人也，如转木石……故善战人之势，如转圆石于千仞之山者，势也"。这里的"势"，正如圆石从千仞高山上滚下来的比喻所示，被理解为一种动态的动量（momentum）。这里的"势"，尽管与《韩非子》的"自然之势"即天生拥有的势，有着细微差别，但它本质上还是个人的意图和能力无法随意改变的有势头的运动，因此以《韩非子》的分类来说，还是"自然之势"。不过，虽说两者都是与儒教的"道"相对立的概念，但法家是以法治对抗圣贤之治，兵家的重点则是以"变"对"常"。"一切之事，知常不知变时，临事则误也。况军争乎。两军相争，变化无穷，不能通达变化之理则不能胜也。"（荻生徂徕《孙子国字解》"九变第八"）从这种军事现实主义的关切出发，不难理解兵家对"变"的重视。而与日语"势（いきほひ）"在传统用法上最具亲和性的，并非静态的法家的"势"，而是兵家把"势"和"变"相结合的动态层面。当这种意义上的"势"，被理解为植根于历史时间推移中的观念时，"时势"或"天下之大势"等概念[1]（中国的史书也很少使用这些概念）也逐渐发展为日本的历史认识和价值判断中流传甚广的范畴。

这里有两个关键环节在发挥着协同效应。其一是，《孙子兵法》的那种力学动量（momentum）的"势"，与在时间序列中展开的生成、增殖之灵的"势（いきほひ）"发生融合；其二是下述历史现实：即在一定时期后，武士亦即职业战斗者登上历史舞台，并在实质上发挥了重要的作用，这带来了巨大的历史变动，不仅带来了日本史上的一个转折点，还使日本从此走上了不同于其他东亚邻国的历史道路。

下面我们将试着结合具体的史论来进一步加以考察。"时

---

[1] 我们可以简单看看中国古典中的"时势"："圣人从事，必藉于权而务兴于时……故无权藉，倍时势而能事成者寡矣"（《战国策·闵王下》）；"孔子曰，来吾语女。我讳穷久矣，而不免命也；求通久矣，而不得时也。当尧舜而天下无穷人，非知得也；当桀纣而天下无通人，非知失也。时势适然"（《庄子·外篇·秋水》）。虽然这些"时势"与日本的"时势"概念比较接近，但基本上还是意味着时代的形势，与根植于时间流逝中的"势"这种思考方式，有着微妙的差别。在此无法详细比较中国和日本的"时势"概念，感兴趣的读者可以对比赖山阳爱不释手的苏洵的《审势》(《唐宋八家文》所收）中"势"的概念，与包括赖山阳在内的日本人使用的"时势"或"大势"的用法。此外，可以参看经常为日本儒者所引用的柳宗元《封建论》（同上所收）里，"封建非圣人之意也，势也"这一命题是如何就"势"做出价值判断的。

势"、"天下之大势"等概念里的"势"必包含着这样一种认识：即随着时间的推移，当朝着一定方向发展的"势（いきほひ）"或"机（はずみ）"抵达某个阶段后，不要说逆转，就算想改变它的方向，也是不可能的。针对"楠木正行战死得太急了，应该再等一等"这种议论，藤井兰斋说："盖天下者势而已，势之所趋不可挽矣"（山县祯：《国史纂论》第七卷所收），又或是赖山阳议论源赖朝获得在全国设置守护和地头的敕许一事时，道："大江广元之议，源赖朝之请，皆济时之急务，而朝廷许之，亦时势然也。虽然，使时势至此者必有由焉……总国司者，亦徒有其名，而其实则归于总追捕者，是虽时势之使然，其初植六十六人私党以篡天下……朝廷以为，是不过六十六员，何能为。而不知其失天下之实而天下之势终大变不可复。"（《日本政记》卷十）这些"时势"都体现了上述那种认识。

赖山阳不仅在史论中灵活运用了"势"或说"机"的范畴，他还将其视为一般性理论进行了深入的原创性考察（尤其是在《通议》中）。但无论是赖山阳的史论，还是江户前期山鹿素行的兵学，都绝不是在盲目地强调"势"的必然性。他们恰恰从各自的实践现实主义出发，一方面把"时势"和"情势"看作人的自由意志无法掌控的"动量"，一方面又不断强调把握扭转"时势"、"情势"方向的时机和决断的必要性。然而，难以否认的是，当"时势"、"天下之大势"的范畴出现在历史叙述中时，正如"时势不得止"，或"无论时势变迁的道理，究竟是天地自然之理，还是神的安排，都是凡虑难以揣测之事，是人智和人力无法改变的事"（伊达千广：《大势三转考》)所表现的那样，一般都带上了与"时运"一样的，近乎宿命般的必然性语调。在这个意义上，时之"势"，与对时之"变迁趋势（なりゆき）"的客观主义认识的一面发生了合流。

在江户时代，关于历史不可逆性的认识基本得到了确立。不可逆性的认识与"天下大势为之一变"的命题相结合，集中体现在从王政到武家政权这一转换期的历史叙述上。我们来看赖山阳的例子。苏我马子杀害了崇峻天皇，而圣德太子对此采取了旁观的态度。对山阳来说（江户时期的大部分史论也持有同样的观点），这是佛教传来的坏影响的首次大规模出现，他断言道："夫人臣行弑逆，开辟以还所无。可谓天地之大变。"（《日本政记》卷之二）不过，这顶多是"天地之大变"，未被视作"天下势之大变"。至于"天下之势终大变，不可复"的契机，正如前文所引用的那样，无疑在于赖朝在全国六十六国设置守护和地头这件事上。"天地之大变"和"天下势之大变"在表述上的差异，并非出于偶然。"天地之大变"无疑是源于儒教名分论的构想，与之相对，"天下势之大变"的表述背后，则横亘着这样一个"问题"：在后人眼中十分明晰的巨大历史转换，究竟是从何时开始的？或换一个更为"现代的"说法，历史在量上的连续变化，究竟在何时转化成了质的变化？在使用了"天下之大势"这一范畴的历史叙述里，基本都贯穿了一种不同于是非善恶的规范主义价值判断的历史意识。同样的，山县祯（号太华）也提出："王室之衰弱，由来久矣。其失道亦非一日也……世有以赖朝首夺王权责之者也。则赖朝亦不得难逭其罪矣。虽然时势之至于此，盖有虽赖朝亦不自知其然者也",接着他追溯了这一问题的起因,并发出了这样的议论:"朝廷纲纪日弛,后白河以上皇为政于院中……如伊通者,虽有志于振纲纪,一人之力固不能回颓波,支崩厦。天下之威权渐归武门,朝廷日衰替以至大乱,天下之大势遂变。可胜叹哉。"(《国史纂论》卷之五)山县太华一方面在价值判断的层面上,明确表示"不得难逭其罪"或"可胜叹哉";同时又运用"时势"、"天下之大势"的范畴向历史"发问":"武家政权确立的转机是什么,不可逆的转换是从何时开始的?"赖朝自称"天下草创"的"幕府",这个政治、军事机构的出现无疑是日本史上的一个里程碑,即使是熟悉中国史的人,亦不可否认"幕府"体制与中国的情况有着显著区别:中国自秦汉帝国以来,尽管王朝更迭频繁,但建立在文人官僚制基础上的统一帝国模式还是保持了下来。自日本史上这一划时代的事件以来,不仅出现了政治、军事的多中心(poly-central)倾向,"武"士思想亦日渐成为显学。在这两个因素的作用之下,"势"及与其相关的诸范畴(情势、时机等等),不仅成了兵学现实主义的基础概念,同时还成为用来表现治乱兴亡的历史力学的最普及的用语。

关联与功能

在上文里,我们提取了三个有关思维方式的基础范畴,这三个基础范畴既是日本历史意识的古层,又在之后的历史展开中作为执拗低音持续奏鸣。如果强行把这三个基础范畴浓缩在一个短语里，便得到了"相继生成之势（つぎつぎになりゆくいきほひ）"。需要说明的是，我既不准备把日本历史意识复杂多变的历史变迁，全部归结到这个单一的短语里，也不认为日本人思维方式的基础范畴只有这三个。这些范畴在任何时代里都不是历史思维的主旋律。不如说，作为支配性主旋律走到台前的——不限于历史思维，其他一般意义上的世界观上也同样——是儒、佛、老庄等大陆传来的各种观念，维新以后，则是从西欧世界舶来的诸种思想。不过，前述的基础范畴对这些"相继（つぎつぎ）"吸纳的诸观念进行了细微的调整，甚至偶尔会在无意间，使旋律的整体基调都带上"和风的"韵味。而这正是执拗低音所扮演的角色。前文对每个范畴进行说明时，已经提到了不少具体案例，在本节，我们将结合诸范畴之间的相互关联性，重新阐明这种修正和观念演变的情况。

如果抛开前面讨论"势"时提到的兵家例子，在日本的历史思维中，引用得最频繁的中国古典是《易经》。易学里的万物流转和变化万相，恰好为解释历史变动的尝试提供了便利的"哲学"。事实上，比如易学的"变通"概念，便与前文的"时势"、"大势"范畴发生联动，成了用来表现历史力学最流行的概念之一。但不可忽视的是，"变通"的概念来源于《系辞下·传》的"易穷则变，变则通"，而这一小节不仅说明了运动、变化是宇宙万物的实相这一《易经》的整体思想，还特别强调了变化中的不变之理。正因如此，"易穷则变，变则通"的命题后面，跟的是"通则久，是以自天祐之"，高唱的是遵循循环不止的天"道"——法则性的圣人统治。《易经》中的"观天之神道而四时不忒,圣人以神道设教,而天下服矣"(《彖传·观》),或其他中国古典中的"天生烝民,有物有则。民之秉彝,好是懿德"(《诗经·大雅》)等也贯彻了这一基本观念。

赖山阳的《论势》(《通义》卷之一)是将"变通"的命题和"势"的范畴相结合的典型,但具体来看《论势》可以发现,这里的"变通"跟易学的"变通"相比,已经有了细微的改变。在这里,"变通"被认为是"势极则变,变则成",被认为与小节开头的"势者以渐以变,以渐而成。非人力所能为"的命题相照应。换言之,山阳的重点在于提出一种十分现实的领导力论:如果政治、军事性力学关系过于向一边倾斜,发展到一定阶段后,必然会带来不可抗拒的大变动,因此重要的是适时地对"势"加以"裁剪"。正如他的好友篠崎小竹对《论势》所做的猛烈批判一样,"不论道理,只论制势,非孔孟之宗旨也",在《论势》里,"变通之理"的伦理规范性被大大削弱。当然,我们也可以说因为山阳并非狭义的儒者,所以他持有这样的"变通之理"也是理所应当。不过,再来看太宰春台的例子。虽然跟师父荻生徂徕相比,春台的历史感觉还不够丰富,但春台曾说过,理解易学的第一要义在于"时","若不知时而施政,纵尧舜三王之道,龃龉于时,亦不可行"(《经济录》卷十)。在这个议论的基础上,春台定义了《易经》在"先王之道"中的位置。即,本来,除《易》外的其他五经才是"先王治天下之常道","以此(除《易》以外的五经——

九山）治国家，至百世之末，而政无弊，国无危乱也"。但尽管如此，"先王之道"还是需要《易经》："虽先王之天下，及末世而政弊生，（中略）终至祸乱四起而国祚不存。此乃阴阳消息之理，物极则变，天地有常之故也。是为易道也。"于是最后导出了这样的结论："学易经，则可知此义。然不学易经，依观时之意，考时之宜与不宜，而施政，则亦无差矣。"（同上）太宰春台作为萱园学派的中流砥柱，一方面高度认同了"圣人之道"的普遍适用性，另一方面又强调基于历史思维和经验观察施行统治的必要性，而正是这两个方面的冲突，令他把《易经》从"五经"中分离出来，这一点很能说明问题。

我们再来看另一个幕末史论中"变通"的例子。"治乱盛衰，则天地之气运，而人情趣向，亦与时推迁，是自然之势也，故圣人有通变之道，随时而变化，其道不穷矣。（中略）今欲使太古简朴之风长无变，人情趣向常如一，则非天地自然之理也。"（山县祯：《国史纂论》卷之二）在这里，"天地自然之理"的朱子学范畴，与人情的推移这一"自然之势"不仅不是对立的，甚至还正相反，随时而变通，其道不穷者，才是圣人之道。这个史论的作者是谁呢？正是山县周南的后裔太华，他用朱子学取代了自山县周南以来一直被奉为萩藩藩学的徂徕学，面对吉田松阴的国体论，他还针锋相对地提出"道者天地之间一理，其太原自天出"（《讲孟劄记评语》）这一普遍主义逻辑，与之对峙。就连在明伦馆校长的山县太华身上都可以看到《易经》命题的重心转移，这点值得我们注意。

当然，从近世思想史的脉络看，这个命题重心的差异也可说是，将圣人之道视为"通古今亘万世而一也，天人亦一也，理一也"（《梦帝赍良弼论》，《罗山文集》卷二四）的儒教自然法发生改变，或得到修正的过程。不过，就本文的主题而言，这一变化与其说是从"正统"到"异端"的发展，不如说是长久持续的古层露出地表的过程。（1）天主教受到全面镇压，佛教在社会、思想上的威信降低，基于"元和偃武"的泰平等等，这些条件孕育了一种现世主义倾向；（2）锁国阻断了来自外部的信息刺激，这一方面既是儒教成为教学正统的前提，另一方面也使包括儒教在内的"外来"意识形态，与"古层"间的不协调逐渐暴露了出来。江户时代的历史活力，不在于"近代化"进程的单线展开，而在于近代化进程与"古层"的隆起二者相生相克的复杂的多声部合唱。江户时代的这种动态展开，并不局限于思想史领域，但即便仅就思想史而言，以宋学为例，不管是宋学的理气哲学还是华夷内外论，它们在传到日本后都受到了修正，而这些修正都被深深打上了这一双重性质的烙印。[1] 从更长的思想史脉络来看，江户时代被视为"正统"的思考范畴和概念工具，未必就是强韧的传统，反倒是那些对"正统"进行"修正"或"反叛"的思潮——无论当事

---

[1] 在此不会深入讨论江户儒学史，仅举几个简单的例子。例如伊藤仁斋就非常排斥那种对立地理解生与死的看法，我们不难从他对天地生生不息的赞美的乐观主义里，听出来自"生成"和"次"的古层的变奏："天地之道，有生而无死，有聚而无散。死即生之终，散即聚之尽，天地之道，一于生故也。父祖身虽没，然其精神则传之子孙，子孙又传之其子孙，生生不断，至于无穷，则谓之不死而可。万物皆然……故谓生者必死，聚者必散则可，谓有生必有死。有聚必有散则不可。生与死对故也。"（《语孟字义》卷之上）

者是否有自觉——与执拗低音更为契合，这可谓是一个历史的反讽。而正因为这一反讽与本文的主题有关，所以才会在此展开这样的一般论。前文中山县太华使用的"天地自然之理"这一朱子学常用范畴，便是个很好的例子。附加其上的"日本式"修饰音符，可以说从"自然"在古代被训为"おのずから"开始，便孕育其中了。

当然，汉语的"自然"是独立于人为和作为的存在，在这个意义上和"natura"一样，与日语的"自然（おのずから）"意思相通。然而，无论是汉语的"自然"，还是"natura"，都还有另一层重要含义，即事物的本质，或事物应有的秩序。与之相对，日语的"自然（おのずから）"则始终以"自然生成"这一自然的生成观念为核心，与事物的固有本质这一定义多少有些不相合。在这一点上，不管是儒教的自然法，还是其他"诸子"，都如"道者万物之所以成也"（《韩非子·解老篇》）抑或"道之尊，德之贵，夫莫之命，常自然"（《老子》五十一章）所示，将自然之道表征为一种最终理念。而这种自然之道，如若不加以修正，便无法与万物皆自然生成的世界合而为一。神道的理论构想家们为了赋予国立尊常以绝对创始者的性格，费尽心思地参考了易学或宋学的"太极"概念、真言密教"阿字本不生"的逻辑，却反倒暴露了问题的所在。

再来看《愚管抄》的例子。《愚管抄》中流露出的卓越的历史感，与慈圆对"道理"的理解不无关系。慈圆将"内外典中灭罪生善的道理、遮恶持善的道理"等"确定"的自然法道理与历史内在的道理相甄别，并把历史内在的道理多重意义地加以运用。对慈圆来说，所谓"代代推移"的历史道理，并非同一个道理在不同时代里有着不同的具体表现形态，而是"随着世间的道理的改变而被重塑"，"世间就在不断重塑道理、不断重塑道理中发展"，不同时代会有不同含义的道理被制造出来（请注意，这里没有明确指出制造的主体是什么）。在欧洲，黑格尔在历史意识的发展史上享有的重要地位，在于他不把"理性"视为对于历史现实的超越性批判原理，而是让"理性"内在于历史过程，并致力于构筑历史中的理性（Die Vernunft in der Geschichte）。然而，对黑格尔而言是唯一的"理性"，对 13 世纪的慈圆而言，则是复数的"诸道理"（Vernunften）。因此，跟其他文明相比，日本有着方便"历史相对主义"落地开花的土壤。

而这种历史相对主义的土壤，正是由"自然而成的相继生成之势（おのずからなりゆくいきほひ）"的乐观主义培育出来的。因此，那种向太古寻求理想社会，以此为基准审判历史现实的"复古主义"，或反过来，把历史的目标托付给未来，把现在当成通往目标的阶梯的"进步的观念"，在扎根到这土壤中时，就必然会与它发生摩擦。

首先来看"复古主义"。如前所述，镜物系列虽然产生于佛教末法史观流行的时代，却仍然摆出了"切不可褒昔而贬今"的态度。说到底，以史为"镜"的观念本身，尽管还混杂着中国式的"鉴戒"思想，但"忠实地反映出古今之推移"这层含义更加根深蒂固。不过更为全面地暴露出"以史为镜"观念中规范主义与"反映论"之间暧昧的紧张关系的，则是江户时代的名分论史学。不仅在近世的史书里，就算在自古以来的历史叙述中，《大日本史》也是最大规模正式采用纪传体编纂的史书。它的《论赞》部分最终遭到了删除，被定义为安积澹泊的个人著作，就本文的主题而言，这个事件非常有象征意义。在这块大义名分思想的发祥地上，因为"非其失得善恶，是盖一家之私议，固非天下之公论也"（《水藩修史事略》[1]）这样的思考方式占据了上风，《论赞》遭至删除。在历史学里，这类"排除价值判断"（！）的倾向，往往被称为实证主义的态度。但我们不能忽视的是，在《大日本史》的"实证主义"态度的深处，还潜藏了一种认为客观的"变迁趋势（なりゆき）"中内在的价值（灵）会径自显现的乐观或说"安心"感。《大日本史》的编纂方针"据事直书，则劝惩（劝善惩恶之意——丸山）自见"，便在无意中暴露了这种安心感。对"变迁趋势（なりゆき）"的客观主义认识，和排斥"从外侧"向历史事实注入价值判断的"一家之私议"的态度，无疑是一体两面的。

我们再来看另一个典型的大义名分论者，崎门学派的中流砥柱浅见絅斋的例子。有人认为北畠亲房的《神皇正统记》把"失去正统之名的天子视为正统"，有些自相矛盾。针对这种言论，浅见絅斋这样为亲房辩护："（亲房）生于千载后，身为人臣，不该擅自评论神武以来的天子，讨论此可为天子，此不可为天子等等……往昔之是非已有了既定的轨迹，无论我

---

[1] 转引自久保田收《近世史学论考》117 页。

们说什么也无法改变。按照每个时代的具体应对，讨论各个时代的是非得失是可以的。按照各人心中的是非标准，为天子换名、改位，这等行径，不过是匹夫独坐家中时的牢骚遣兴之语罢了。依照这样的逻辑，朱子也该把有关正统之名、弑君弑父夺其位者从纲目中通通删去，取消他们的谥号和天子位。事情已经过去，就算再口诛笔伐，也无法弥补所造之善恶，但可以辨其中之是非，以为万世鉴。"（《劄录》上）

絅斋曾经毫不留情地抨击朱子的正统论作为名分论不够彻底，但在这里，为了强调"无法弥补所造之善恶"的论点，反倒援引了朱子的《通鉴纲目》。正如"按照各人心中的是非标准，为天子换名、改位，这等行径不过是匹夫独坐家中时的牢骚遣兴之语罢了"所示，絅斋对价值判断的排斥，与水户学对"一家之私议"的批判，显然在根本上是相通的。但综合地来看这两个例子，无论是在对乱臣贼子的弹劾上，还是在不计成败地高唱节义上，他们的态度就算在江户时代里也非常突出，而且他们还引用着那些与忠实地陈述既成事实的倾向相去甚远的学派。

当然也有例外，比如《柳子新论》的作者山县大贰。大贰基于"正名"的规范主义和复古主义，一以贯之地猛烈抨击着历史现实，并且，他试图复的"古"直指从"神皇肇基"到武人专政前的时代。但尽管如此，他在制度（礼乐）理念上设定的参照标准却是"唐虞三代之治"。在《柳子新论》完成（宝历九年[1759]）后，老儒松宫观山为此书撰写了私跋："野人议乎朝政，为有僭越之罪。故君子慎为。（省略）盖未投著圣贤之肺腑，不察有俗风，有时势。而不可悬一定权衡以推万方。汉学儒风之偏见为祟者耳。"大贰针对这个评论，特意回信反驳道：原来如此，时势是难以名状的，但虽然"然圣人亦因此，以为教其中，而姑处之以权（随机应变的处置——丸山），渐变之，以至于道也"，"夫道一而已矣。不得已而后权焉。若不然而诿曰，时势尔，风俗尔。则是为人所化，而不能化人者。将何以能御天下哉"。从"时势"范畴发挥的具体作用看，这也是个非常有趣的例子。正如人们所熟知的那样，等待大贰的，却是松宫观山所担心的"汉学儒风"最猛烈的"作祟"。即使到了幕末安政三年（1856），针对吉田松阴对历史上王政复古论的批判："不审事机，不察时势，甚至使朝廷获罪于巨室"，默霖从正面展开反驳："时势之言一出，为世人之口实。然孔孟未审时势而说尧舜，则其志可知也"（《松阴全集》，1934年，第3卷，41页）。对松阴产生了深远影响的默霖的这一"逻辑"，与大贰的主张是一脉相承的。这一"例外"在这里反而证明了前述的一般倾向。

"古层"的结构，一方面使"复古主义"的规范难以在日本扎根，另一方面又与字面意义上的"进步史观"产生了冲突。这是因为，18世纪的古典进步史观（ideé de progrès），其实是世俗化了的唯神史观，而它的发展阶段论，也多少带有以一个未来的理想社会为目标，从那里向后逆推的性质。也正因如此，无论进步史观怎样讴歌着人类的"无限"进步，作为历史逻辑的进步史观，仍然总是呈现为一个完结的体系。然而，"相继生成之势"的历史乐观主义，却始终是（生长增殖的）线性延续，不存在所谓的最终目标。也正因此，奇妙的是，跟进步相比，这个古层与以生物学为原型的无限适应过程——且不是个体基于目的意识的行为的产物——的进化（evolution）表象更为投缘。达尔文主义在传入中国后，遭遇了永恒不变的"道"的传统的强烈抵抗，也因此承担起相应的革命使命；在日本，明治初期，达尔文主义刚传来不久，便吞并了"进步"观，如过无人荒野般在日本蔓延开来，无论是在朝还是在野的人士，无论是国体论者还是各种"主义者"们，都为它所吸引。中日之所以会出现这样的对照，其中一个关键便在于前述论点。正如人们所熟悉的那样，日本的社会主义走的不是"从乌托邦到科学"的道路，而是从进化论到唯物史观之路。

于是，在古层中承担历史图景核心的，既非过去，也非未来，而是"现在"。日本的历史乐观主义，与对"现在"的尊重是相结合的。[1] 过去本身是可以无限回溯的生成，因此我们必须立足于"现在"，从"现在"出发，具体地定位过去；而反过来，被把握为"生成"和"生产"过程的过去，不断地具现为现在，在这个意义上，现在实则代表了（re-present）全部的过去。而未来，正是满载了源自过去的能量的"现在"，

---

[1] 日本主义者们也注意到了这点。"'今（いま）'是在'生间（いま）'活动的现在，亻意味着活动，（中略）与いま、いのち、いきほひ、（略）いそぐ、いつ等词的词根相同。"（三井甲之：《敷岛国之路原论》39页）此外，在中国古典中，如"凡先王之法，有要于时也。时不与法俱至，法虽今而至，犹若不可法……有道之士，贵以近知远，以今知古"（《吕氏春秋·察今》）所示，贯穿于从荀子到法家的后王观或"更法"思想，之所以能够相对容易地为日本所接受，便与此有关。

是从"现在"开始的"初发"。既不是未来的乌托邦为历史赋予目标与意义，也不是遥远的过去成为历史的规范。本居宣长将宣命中的"中今（なかいま）"一词，解读为对现在的赞美："在后世的语言里，我们把'现在'称为'降世'或'后世'，这些表述的感觉不好。'此时此刻'将现在描述为正值鼎盛的世，有着赞美之意，是个好词。"（《历朝诏词解》卷一）尽管这个解读还存在争议，但至少如"……请告诉彼国的王：我国直到如今（今も今も）也在蒙受惠泽、保持着长久的和平与安宁"（《续日本纪》卷三十四，宝龟八年[777]四月二十三日宣命），或"天皇的朝廷直到如今（今も今も）也保持着日益安稳的趋势……"（《文德实录》卷九，天安元年[857]二月十七日宣命）中的"直到如今（今も今も）"，一方面意味着持续运动的每个瞬间，一方面与表示将来永恒性的表象相结合，典型地表现了日本的"永恒的现在"——或更准确地说，"现在的永恒"。

因此，就连那种对血统谱系的连续性做出的高度评价，尽管一方面的确表现为所谓的祖先崇拜，但并没有就此转向尚古主义，而是具体化为对赤子诞生的祝福。在刚诞生的赤子身上，不仅有着潜力最大的"生成（なりゆく）"之灵，从"清明心"、"明净心"（尽管与本文的主题无关）的伦理价值意识的古层来看，亦体现了最纯粹的无垢性。林家的《国史馆日录》记载了出云大社的社人谈："今国造者，自天穗日命以来，血脉相承无绝，系图分明也……每世国造疾则未死时，家督出在别社，续神火。而父死而子代为国造。其族不哭前国造，唯贺新国造。子不会父葬而无一日洁斋，自相续日喫鱼如常。盖以六十余代国造拟天穗日命永存而不死也。"[1] 暂且不论这里记述的上古习俗有几分可信度，不难看出，此处对出云国造继承仪式的重视，与大尝祭仪礼中天孙降临的"赤子"表象有着相通之处。

　　这个问题不仅关乎血脉相承。"天津神·国津神"的非终极性和不特定性，不仅使从"现在"的立场出发"自由"唤起祖灵的行动变得容易，同时还使如下这种特异的思维方式成为可能：即因为新的变革与适应，都是被唤出的"太初"的具现，因此它们可以被连续地加以把握。自大化改新开始的一系列革新，正是以同时代的——也就是"现在"的——中华帝国的制度为范本，与"昨日"的旧习进行的诀别。因此，一方面这些革新在意识形态上自然而然受到了儒教民本主义的影响，另一方面，跟其他中国风的诏敕相比，例如"随天神之奉寄，方今始将修万国"（大化元年 [645] 八月），抑或"惟神（惟神者，谓随神道。亦谓自有神道也）我子应治故寄……是故，今者，随在天神，属可治平之运"（大化三年 [647] 四月）等诏书，在文体上更接近宣命体，这些诏书便体现了前述意义上的那种把太初的天津神作为"现在"的参照对象的逻辑，这值得我们的注意。自古学者们就围绕该如何理解"惟神"的注释而绞尽脑汁，这个同语反复的表述恰恰道出了神"道"的非规范性。基于从"初发"的混沌中再出发的意象，以当时

---

[1] 村冈典嗣《神道史》17页。

（即"现在"）的外国文明为范本的变革，得以顺利与天津神的"授意（事依さし）"相结合。这一模式无疑在明治维新时基本得到了再现。《岩仓公实纪》里记载的玉松操关于王政复古——神武创业的构想，被认为发轫于前文引用过的真木和泉守。"重振三千年前之古礼，或可开启全新的世间之旅"，真木的这首和歌，超出了他的本意，暗示了"复古"以后的未来。如果神武创业的"业"里，有着类似周的井田制那样具体的内容，且有着将之规范化的传统，那么"文明开化"这一顺应"世界大势"的政策大概也就不会那么顺利地实施了。反过来说，如果"复古"的标语，如卢梭的"返回自然"一样，是与现实"文明"完全相反的理念，那么也许能发挥出如恩斯特·特勒尔奇的"革命的自然法"那样的效果。暂且不论明治维新面临的社会、政治诸条件，仅从历史逻辑这一层面来看，维新变革作为在国家范围内扩大的"藩政改革"来说，这个转换过于巨大了，但反过来，作为全面革命来说，这个变革又过于温和（moderate）了。维新变革的这一特性，便是与尊重"现在"的逻辑里内在的那种两面性密切相关。

也许读者已经从上文的叙述中有所察觉，以"现在"为中心的历史乐观主义，对个人生活态度产生的实践意义也未必是单一的，而是包含矛盾（ambivalence）的。在近世，以本居宣长为代表的国学，强调古代人"平稳安乐地"享受现世的生活态度，并试图将之"复刻"到近世。然而，不能忽略的是，无论是《古今和歌集》的世界，还是《万叶集》的歌人，都在各自的立场上克服了佛教的厌离现世和"三世"的因果报应哲学。"生者必有死，凡物无参差；人生在世间，行乐须及时"（《万叶集》349）、"但得今生乐，来生复何校？即或生为虫，抑或生为鸟"（《万叶集》348）、"纵云无价宝，宝于我何有？莫如饮一杯，可宝唯浊酒"[1]（《万叶集》345），这些和歌显然都是在理解了"生者必灭"、轮回的思想等"无价珠宝"般的佛法意义的基础上，以包含了自嘲和讽刺的口吻提出了享受"今生"的态度。这些和歌的态度，绝非贺茂真渊和本居宣长所想象的那种"全面的"现世肯定。甚或更准确地来说，这些万叶歌其实正体现了，佛教的世界图景给讴歌自然之生的素朴性带来的沉重打击。尽管如此，即使冒着五戒之一的饮酒戒，即使来生堕入畜生道也无所谓，这种义无反顾的态度也绝非大伴旅人这类知识分子的个人特性，而是有着孕育它的广泛社会基础。在这一点上，"诸行无常"的观念，一方面与"生成之势（なりゆくいきほひ）"的乐观主义发生着激烈冲突，一方面又与把一切都置于"不断变化和流转"之相下而非"永恒之相下"的"古层"的世界图景相互吸引，有着甚为奇妙的命运。

当彻底的现世否定逻辑渗透到日本历史意识的古层中之后，佛教哲学的"三世"即过去世、现在世、未来世的"因果"，也都逐渐带上了作为现世历史的过去、现在与未来的因果连锁的意味，可以说在这一点上，它反倒丰富了印度哲学那匮乏的历史思维。不仅如此，只要对"现在"的肯定，不是对生的积极价值的肯定，而是对不断流转变化的现在的肯定，那

---

[1] 译文依据中国友谊出版公司 1992 年版钱稻孙译《万叶集精选》。——译注

么受到肯定的现在就一定是"无常"的，而反过来，也就能把无常的"现在世"细分为无数个"现在"进行享受。作为"变迁（なりゆく）"之物的现在，随着下一个"现在"的到来，被时刻编入过去，因此对"现在"的肯定与享受，也总是伴随着不断迎接下一个瞬间来临——不是遥远的未来——的那种不安定的情绪。

于是，当"来世"被把握为下一个瞬间，即"今生"的线性延长时，就会催生出一种淡泊至极又飘然赴死的行动。这里深藏了一种两面性，一面是对生的享受，一面是对生的执着的淡泊。和辻哲郎曾以不同于本文的主题和视角，分析了日本人的这一两面性，他敏锐地指出，"情死"并非单纯源于精神上的"彼世"信仰，应该说是"由对永恒恋爱的欲望凝结而成的瞬间昂扬"的产物。[1] "同赴黄泉解脱路，凄恋美名千古流"（《曾根崎心中》），这句近松版"爱中死"的结束语，令歌剧《特里斯坦与伊索尔德》的作者也自愧不如，这句话便简洁表现了佛教的"来世"观所发生的日本式变质。当然，这一从"忧世"到"浮生"的转化，无疑也是衡量江户时代宗教世俗化程度的一个重要指标。然而，即使没有发展到情死，人们也期待对"现在"恋爱的享受能原封不动地，甚至以更为自由的形式转移到"来世"，《万叶集》的歌人便将这种希冀酝酿为"今生未可卜，来世定相从，现世人言盛，他生总可逢"（《万

---

[1] 参照《风土》，《和辻哲郎全集》第八卷，136 至 139 页。

叶集》541）。[1]

这样，在从对佛教和天主教这两个世界宗教的"否定逻辑"的否定出发的江户时代的思想脉络里，对"现在·在这里"现实的重视，带来了这样两个侧面：（1）针对空虚的观念游戏，强调经验观察的清新的一面；（2）效法被给予的现实的陈腐和鄙俗的一面。这两个侧面往往在一个人的内心里微妙地交错，不得不说这几乎成了时人难以回避的命运。换言之，正如前文提到的历史相对主义一样，"现在·在这里"的个体性认识的成熟过程，在形式上也同样表现为近代化进程与"古层"的隆起这一双重展开。林罗山作为近世正统朱子学的鼻祖，高举着"古今亘万世而一"的"理"之大旗，他曾说过："圣人之志，虽在虞韶、夏时、殷辂、周冕，然公言之则唯曰，'我从周'……是尊时王也。（中略）游诸州，竟归鲁，是不忘本也。迟迟而行，是忆父母之国也。（中略）生乎今不可以反古，在乎此不可以慕彼。虽信美非吾土则奚觅之哉焉。"（《文集》卷六十四）可以说，近世思想史在时、处、位的名义下不断注重具体性和现实性的发展过程，在此时已经初露端倪。

江户后期，日本的自由思想家们极尽口舌地嘲弄着身为"精英"的儒者们的教条主义，他们对教条性的批判可谓"人外有人，天外有天"："儒者的双眼被青表纸所迷惑，什么都看不见……无论多少精妙的议论，于现世无用之论终究是无用之论。先王的礼乐刑政，说起来都非常精妙，但于现世没有丝

---

[1] 译文依据湖南人民出版社 1994 年版杨烈译《万叶集》。——译注

毫用处，纯粹是一种消遣"（海保青陵：《万屋谈》）；"佛教是天竺之道，儒教是汉之道，但国别不同，非日本之道。神道虽是日本之道，但时机不对，非现世之道"（富永仲基：《翁之文》）；"为唐人的反古所缚，身体无法获得自由，如被晒书籍上的蠹虫一样，啃了书的四角八面，不仅生不出智慧，甚至不如世间的普通人。不如把他们叫作腐儒，叫作放屁儒者"（平贺源内：《风流志道轩传》卷一）。然而他们所攻击的抽象的普遍主义，真的在"腐儒"间扎根了吗？不如说这才是值得质问的。因此，青陵一方面说着"有趣的是世间的推移。世间是活动万变的，此乃常态"（青陵：《谕民谈》），保持着对历史的动态认识，一方面又以礼赞霸道的"投机取巧"方式肯定现状："青陵案，观今日世间之形势，霸道最合乎天理，王道不符合世间现在的人情。（中略）因此自江户起，诸藩国之政皆为霸道"（青陵：《养心谈》）；而源内说："井底之蛙的学者偶然也会喜欢唐风，他们把我们出生的日本称为东夷，甚至附会地吹嘘天照大神定是吴的太祖"，"唐人风俗与日本不同，天子仿佛可以随意更换，不喜欢就换掉。天下非一人之天下，乃天下人之天下，操着强词夺理的歪理，夺取主君的天下，正是混账至极的国家才会出圣人。日本是守护仁义的国家，就算不出圣人也会太平"（平贺源内：《风流志道轩传》卷五），其清新的经验主义与现实主义，与国学者们那平庸的特殊主义逻辑有着微妙的相关性。这正好对应了"变迁趋势（なりゆき）"里"势（いきほひ）"的范畴的政治态度。"变迁趋势"里"势"的范畴在政治态度上，一方面表现为"当今之世要尊敬并服从当今的法律"（宣长）的被动服从态度，另一方面，则又表现为"乘势而行"，充满活力，但又"无二亦无三"的能动实践。这乍一看相反的态度，在把世界理解为——正如绘卷所象征的那样——以每时每刻的"现在"为中心单方向展开的精神倾向中，被结合在了一起。

结语

　　历史认识既不能单纯从超越时间的永恒者观念中产生，也不能单纯从对自然时间延续的认识中产生。无论什么时候，在什么情况下，历史认识都是在永恒与时间的交错中，被我们意识到。正如前文所示，在日本历史意识的"古层"中，扮演这个永恒者的是谱系连续的无穷性，而日本式的"永恒的现在"也建立在这一观念的基础上。但这个无穷性，并非时间的超越者，而是位于时间无限的线性延长上的观念，因此，它始终不同于真正的永恒。尽管如此，当它受到来自汉意、佛意、洋意的永恒图景的刺激时，通过与这些永恒图景的摩擦和竞争，"古层"成了培育历史因果认识或变动力学的最好土壤。不过在现代，家系的无穷连续性认识，在日本人生活意识中所占的比重早已今非昔比。而另一方面，规范着经验性人类行动与社会关系的不可见的"道德感觉"，也早已失去了对我们的约束力。这使我们那利于历史相对主义发展的土壤，也逐渐沦为"变迁趋势（なりゆき）"的流动性与"相继（つぎつぎ）"推移的深不见底的泥沼。现如今，正因为关于"现在"的感觉从一切"理念"的桎梏中解放了出来，转而成为对变幻莫测的瞬间的享受，所以宣命中"中今（なかいま）"的赞歌仿佛还在持续地奏鸣。把一切都历史主义化了的世界认识（不断缩短的"世代"观不过是它的其中一个表现），却反过来要求现在的每时每刻被非历史地加以绝对化。放眼"西欧"世界，尼采在一个世纪前无意中说漏嘴的秘密——"上帝已死"——越来越贴近日本的当下。也许，"变化的持续"这一日本历史意识的特征，反倒使现代日本在"上帝已死"这一层面上，也成了世界的最先进国。这一悖论究竟是世界史上另一个"理性的狡计"，还是会快速迎来落幕的喜剧呢？——但这种文明论已经不是本文的内容了。

关于思想史的思考方法

类型、范围、对象

前言

我虽然是个思想史领域的研究者，但这不代表我在思想史的方法论上有什么独特的理论。关于什么是思想史、思想史的方法等问题，我既没写过论文，在公开场合讨论该主题也是第一次。所以，请不要期待我在本次演讲中会简明扼要地介绍我多年来提炼的方法论研究。毕竟踏入思想史的方法、研究对象等领域，我自身也仍有很多未明的问题。这些问题长久以来一直困扰着我，没能得到彻底解决。在我看来，思想史还未形成能作为学界公共资源的思考方法，因此在这里，我也只能尝试着提出一些假说。

思想史还谈不上是一个公认的独立学术研究领域。时下拥有思想史相关课程的大学寥寥无几，就是一个很直观的指标。我在东京大学负责的是名为东洋政治思想史的课程，但据我所知，截至1960年，国立大学中开设同名课程的只有一所（名古屋大学）。大学里虽然也有一些讲授日本政治思想史的学者，但基本都是在政治学或政治史的名目下进行授课的。这就牵涉到非常现实的问题。每年有本科毕业生跟我说想主修思想史时，虽然有些过意不去，我都会试着劝他们放弃。因为即使学生煞费苦心地研究思想史，取得了博士学位，却根本没有对应的职位。当然，在整个学界，研究性职位本来就一席难求，但不管怎么说，像历史学这类传统学科，大学里基本都有相应的课程，情况会相对好些。而思想史因为没有对应的课程，即使学生运气好找到了教职，也要面临暂时放弃思想史研究转而讲授其他课程的无奈境地。这又进一步对思想史专业的人才培养造成了不良影响，从而陷入一种恶性循环。想必历史学领域里的思想史也面临着相同的困境。

前不久，与我相熟的旧书店老板跟我抱怨说，思想史的书籍难以处理。因为不知该放入哪类书架。书店的书架一般按照哲学、宗教、法政、历史等条目分类摆放。如果是政治思想史类的书籍，店员就很难判断是该放在政治的还是历史的书架上，又或者因为书籍内容涉及了思想领域，干脆就放在哲学的或宗教的书架上。总而言之，连书店里也没有它的"容身之所"。而思想史的书籍普遍销量不佳，也许就跟这类书籍没有专属的摆放空间，总是被分散地放在不同类型的书架上有一定关系。我就跟旧书店老板开玩笑说，在大学里开设独立的思想史课程实在太难了，至少旧书店应该先开辟出属于思想史的独立书架。

因此，在谈及思想史时，我很难就其方法、对象、范围等来陈述类似学界的定论。但这似乎并不仅仅因为这个研究领域还不够成熟。即使从思想史的研究对象来看，也并存着多种不同类型的思想史。因对象不同，思想史的类型亦多种多样；而相应的，其研究方法也必然是多样的。因此，很难抽象地去比较哪种方法更好，这种比较本身也是没有意义的。

当然，并不仅限于思想史，就一般而言，任何方法论都不能保证在所有场合下通行无阻。所以，任何研究领域，特别是思想史，要对纸上谈兵的做法保持警惕。我们要深入思想史的密林，在和对象实际对峙的过程中，针对出现的各式问题具体地讨论思想史的方法。脱离实际问题空谈方法，并不适合思想史。我想以此为前提，展开以下的讨论。

一

诚然，先验地讨论方法论的做法固然不妥，但从古至今，世界上的思想史研究也一直持续不断。至少这些既有的思想史研究可以根据对象分成若干类型。我想先从这个问题入手展开讨论。当然，基于不同的思考方法会有不同的分类，我认为可以大致分成以下三种类型。

第一种是教义史（History of doctrine）。例如基督教教义史，或日本的儒学史、佛教教义史等，都是这种类型的思想史。又如马克思主义的历史，尽管有多种阐述方法，但我们也尽可将马克思主义视为一种教义，以此来阐述其发展史。这种类型套用在具体学科上，就是所谓的学说史。学说史既可以是诸如政治学说史、经济学说史、伦理学说史等通常类型的学术史，也可以是某个学术领域内特定理论的发展史，例如剩余价值学说史。这些都可以纳入学说史的范畴。当然，这里的"教义"是个广义的概念，它的对象既可以是包含世界观在内的教义体系（源于德语的教义史[Dogmengeschichte]就是这种情况），也可以是不同于价值判断的经验理论层面的内容，两者的性质大相径庭。不过，无论在哪种情况下，充当这种类型的思想史对象的，都是高度自觉的、抽象度很高的体系或学说。这类思想史研究会追溯这些对象的历史展开。因此，如果对象是人，通常都是相对著名的思想家或学者。

第二种是观念史（History of ideas）。其实这种类型的思想史还没有固定的名称，在此为了与第一种教义史或说学说史相区别，方便起见，可称之为诸种观念的历史。这类思想史可以这样简单地加以定义：它的对象并非历史上某个具体人物的思想，而是在某个文化圈，一个或几个时代里通用的特定观念；这类思想史从中抽取这些特定观念，在它与其他观念相结合或相分离的过程或社会过程中，考察它的机能方式的变化。以西欧所谓的"进步的观念"（idée de progrès）为例。不限于狭义的思想领域，文学、政党纲领等各领域里都有它的身影。从各领域里提取出这一观念，对它的结构加以要素分析，进而追溯该观念随着时代或文化的推移是如何发生变化的，便是一种观念的历史。就"进步的观念"而言，有些以此为书名的研究论著早已成了某种"经典"（话虽如此，书名里有类似字眼的著作，未必就是以这种方法进行记述的。问题不在于名称，而在于实质上的类型）。此时，一个观念的社会性基础、承担者等当然是很重要的影响因素，而根据对它们施以不同的处理方法，观念史也会呈现出多彩的神韵。不过归根到底，以特定观念的内部结构，或这种观念与其他观念的化合或混合关系为对象，并追溯其历史展开的研究即是观念史研究。

但是，所谓的"观念"是多义的，而且它们在抽象程度上也不尽相同。因此，观念史在就实际问题展开时是五花八门的。比如有的研究会直接将我们的生活感觉中那种切身的、抽象度很低的观念作为问题加以把握。在京都大学教哲学的九鬼周造教授，他撰写的《"意气（いき）"的构造》[1]一书便是以这种方法研究日本人生活感觉的名著。这是本非常经典的著作。他在这里讨论的"意气"，便是我们通常说"这个人很意气"或"这个人不意气"的"意气"。《"意气"的构造》通过各种文献，考察了"意气"这一日本传统观念的内部结构，以及它与"侘"（わび）、"寂"（さび）或"粹"（すい）等近似传统观念之间的关联。对于既非艺术家又非美学学者的我们而言，"意气"是我们在日常生活里未经反省便直接使用的传统观念，这类传统观念在无意识中深深地制约着我们的审美观。九鬼周造便将这种传统观念之一的"意气"提取出来，阐明了它的逻辑结构和历史发展情况。我认为这便是一个典型的观念史研究。它处理的与其说是"意气"这一词语，不如说是"意气"这一观念。而另一方面，纵观思想的历史，随着时代的推

---

[1] 意气（いき）：江户文化里孕育的一种道德理想，江户人的精神气质。九鬼周造《"意气"的构造》一书将"意气"的表征总结为：其一，对异性的媚态（美艳），其二，是傲气（基于武士道精神的侠骨、清高），其三，在于达观（以佛教非现实性为背景的超然、淡泊、潇洒）。——译注

移,同一语词的含义会发生变化。也就是说还有一种现象是,即使说着同一语词,当时代改变了,人们可能逐渐淡忘了它以前的用法,并在无意之间赋予它以新的用法和不同的内涵。观念史尤其关注这类现象。此时,随着时代的推移,同一语词的含义发生了怎样的变化,又或该语词的社会基础是如何得以保持或瓦解的,对这类问题的考察便成了观念史的一个课题。

第三种类型的思想史,是将时代精神或时代思潮作为一个整体来加以把握,并对它的历史进行叙述。"时代精神"一词本来是从德语的 Zeitgeist 翻译而来,而 Zeitgeist 本身又是在德国特定的历史和思想条件下产生的,因此它有着特定的内涵。不过,这里的"时代精神"并非如狄尔泰(Wilhelm Dilthey)使用的那种有着特殊内涵的 Zeitgeist,而是更笼统的"时代精神"。总而言之,第三种类型的思想史是以一个特定时代为对象,尽可能综合地抓住其中的政治、社会、道德、文学、艺术等各领域里出现的思考方式之间的相互关联,或这些思考方式与社会、政治状况等背景之间的关联,从而尽可能综合地把握一个时代的精神的总体结构,并更进一步地追溯它的历史推移。可以津田左右吉博士的《文学中呈现的我国国民思想之研究》(战后的版本删去了"我国"二字)为例。这是部日本思想史的古典名著,它的研究对象"国民思想"就非常宽泛。它以文学为素材,按照贵族文学时代、武士文学时代、平民文学时代的时代顺序展开叙述。它处理的并非学者的学说,而是综合地叙述了每个时代的现实生活里鲜活的人生观、政治思想、伦理思想或恋爱观等。此外,例如我们通常所说的封建意识形态、近代意识形态等，这种通过一个时代的"意识形态"来整体地把握时代并追溯其历史展开的做法，也属于这种类型的思想史。以上非常简略地陈述了一些要点，我认为以往的思想史研究从对象上来说大致可以分成这三种类型。

不过回过头来看这三种类型，可以说，在第二种观念史和第三种时代精神或时代思潮的历史研究中，已经出现了作为独立研究领域的思想史的自觉。为什么这么说呢，就最初的教义史而言，例如教会中教义的传承，大学里不同学科的学问的相继发展等，这类思想发展的历史往往以一些制度性实体为前提，与它们在一起加以把握。此外，尤其是就学说史而言，随着各种科学的发展和学科的分化，我们逐渐能够在不同科学的个别分科中把握学说演变，愈加细化地追溯思想的发展。因此，这类思想的历史自然也很难横跨或超越教会、学术界或教义及个别学科的理论等"阵地"，被自觉地把握为独立的研究领域。所以，我认为应该说，只有当有了第二种或第三种思想史的问题意识时，固有意义上的思想史才会被自觉地把握为独立的学术研究领域。

因此，以我所涉足的政治思想史这一领域为例，它可以从两个角度来加以定位。首先，政治学史、政治思想史属于广义的政治学。广义的政治学下有许多分科。比如以美国的学科分类体系来说，一般而言，所谓的政治哲学与政治思想史等一同构成了政治理论这一分科。与之并列的分科还有注重现状分析的政治过程论等。政治过程论又可以分为政党论、投票行动论等等。此外，还有行政学、比较政治论（Comparative Government）等，它们一同构成了广义的政治学。在这里，政治思想史就是政治学这一专门学科的下属分支。日本和西欧在学科制度上也同样如此。因此，我是东京大学法学部的，我在法学部的讲座制度里负责的东洋政治思想史，就是政治学·政治学史的第三讲座，第二讲座是欧洲政治思想史，在传统的讲座制度下，政治思想史被视为政治学的下属类别。

这类政治学、经济学是对学问加以反省或抽象化后形成的。除了这种甄别方法外，在更一般的层面上，还有那种贯穿了政治、经济、法律、教育、艺术、伦理等各领域的综合性人类文化活动。通常被我们称为文化史（Kulturgeschichte）的研究，处理的便是这类综合性文化活动的历史。我们也可以把这类总体性文化创造或一般性思想活动作为前提，研究其中的政治或经济面向，这样就有了作为广义文化史的下属分支的政治思想史或经济思想史。换言之，比如政治思想史，一方面可以看作政治学这一专门学科的下属分支，另一方面也可以看作是在把握那种贯穿于政治、经济、教育、艺术、宗教等各领域的人类活动时，侧重在政治这一人类活动领域里发挥作用的思想的思想史研究。如果横跨了人类活动全领域的精神史或文化史，把研究重点相对地向政治倾斜，这也是一种政治思想史。不过，这并非在讨论两种政治思想史的孰优孰劣，而是说，政治思想史可以分成这样两种类型。当问到什么是政治思想史时，两种回答都是对的。第一种政治思想史是政治学这一学科的下属分科。当然，因为政治学与经济学、伦理学等各学术领域是有关联的，所以自然会浮现出一个问题，即政治学史、政治思想史与经济学史、伦理学史等其他学科的"学史"是如何关联的？不过，这一关联是以它作为地基的政治学与经济学、伦理学间的关联为中介而来的，并非直接来源于政治思想史，而是要首先经过政治学。第二种政治思想史则不是这样，它追求的是在那种作为地基的一般性思想史之上的作为上层建筑的政治思想史。于是，我们可以联想到一种跨越了由科学催生的学科分化壁垒的大型精神活动的关联，而这便是第二种政治思想史所处理的问题。

因此，在以霍布斯、洛克等特定思想家为考察对象时，如果从第一种意义上的政治思想史出发，自然会以自然法、自然权等政治学范畴为前提，在此之上考察霍布斯或洛克的这类政治思想与时代整体的政治思想是如何关联的，或与后世的思想家，比如卢梭的自然法、自然权或者社会契约的思想有着怎样的联系。当然也不限于这种议题，但总是以这些议题为中心的。因此讲得极端些，甚至无须触及霍布斯、洛克的本体论、感觉论等基础哲学，便可直接讨论他们关于国家、政治的思想。但是，当从第二种意义上的政治思想史出发时，就洛克而言，如果不先考察洛克的这类政治思想，与他的哲学或整体思想，比如他的认识论、经济思想等之间的关联，那么问题从一开始就不成立。也就是说，洛克在他身处的时代里，是如何设定关于宇宙和人类的课题，又如何尝试解决这些课题的，像这样的整体性关联才是问题的中心。即便在这里偶然地以洛克的政治思想这一领域为研究对象，这也不过是这类根源性问题的下属小议题罢了。在从第二种思想史的立场出发时，便可以这样考虑问题，而在从第一种思想史的立场出发时，即使以同一问题为研究对象，也必须进行固有意义上的政治学研究，否则作为政治学下属分支的政治思想史便不能成立。与之相同，只有在设定了经济学范畴，对它的历史发展进行分析，作为经济学下属分支的经济学史才能成立。然而，从第二种思想史的立场出发，即使做出了类似政治、经济的区分，也是方便起见的临时区分。在这里，为了区分这两种研究方法，我的表达稍微有些极端，这两种思考方式大致便是如此。

我们以政治思想史为例，简单说明了政治思想史可以从上述两个角度来加以把握。不过正如前文提到的那样，只有从第二种思考方式出发时，才会出现"思想史是什么"的自觉意识。如果不能深切地感到突破学科分化壁垒的必要，便难以产生独立于教义史、学说史的第二种或第三种思想史的研究诉求。而这也是大学里一直以来都难以开设思想史课程的一个原因。换言之，此种意义上的思想史有着打破大学既有的学科分类横向扩张的倾向。因此它难以被顺利接纳到科系界分泾渭分明的大学体制里。[1]

不限于日本，其他国家可以说也多少面临着相同的问题。

---

[1] 为避免引起误会，我想再次强调这里不是在做价值判断，"突破学科分化壁垒的必要"并不意味着突破了就有更高的意义。不过，以学科分化为前提的思想史叙述在事实上是困难的。以我的研究领域为例，比如当我在叙述日本的中世或江户时代的"政治思想史"时，几乎不可能以"政治学"体系的存在为前提去叙述比如江户的"政治思想"。因为这类"政治学"体系和其概念工具都是西欧的产物，就尚不存在这种学科分化意识的江户时代思想而言，想要论述与"经济学史"、"伦理学史"并列意义上的"政治学史"，是行不通的。——后注

当然，每个国家的文化不同，认识到这种思想史研究的必要性的过程也会有所不同。就西欧而言，这种研究诉求可以说直到19世纪晚期才得以出现。我们在此所说的思想史，就是那种横跨了政治、经济、法律、教育、伦理等诸多领域的思想史，或直接以这类领域间的相互关联为研究对象的思想史。

我们可以通过两三个例子，简单看一下各个国家的不同情况。比如就美国而言，1922年，约翰斯·霍普金斯大学创立了观念史俱乐部（the History of Ideas Club），它的成立极大推进了这种思想史思考方式在学院范围的普及。这个俱乐部是在约翰斯·霍普金斯大学的哲学教授亚瑟·洛夫乔伊（Arthur Lovejoy）的鼎力操办下创建而成的，洛夫乔伊教授是美国思想史研究的鼻祖。观念史俱乐部非常开放，它的成员不限于约翰斯·霍普金斯大学的教授，甚至不限于大学教授，是个广泛针对对思想史有兴趣的人的集会。它最初的纲领是：通过历史学研究，探索西欧文艺领域里出现的一般性哲学概念、伦理思想或美学潮流的发展及其影响；它尤其关注文学领域里的范畴在哲学史、科学史或政治、社会运动的历史等文学以外的各文化领域里，以各种形式登场的现象，并历史地研究其中的内在关联。在创立者洛夫乔伊教授的推动下，观念史俱乐部的活动尤其是文学、艺术领域的思想史研究有了里程碑式的发展。他们采取了不同于传统文学史和传统美学史的方法，转而把文学和艺术作为素材，尝试突破狭义的文学或美学分析，剖析其中呈现的各种观念的内涵，进而追溯这些观念所呈现的内涵的历史演变。例如针对文学、艺术领域经常出现的"自然

（nature）""浪漫（romantic）"等多义词，他们便会从下述角度来加以把握：随着时代的推移，这些语词的含义演变；抑或当这些语词在文学、美学之外的各领域登场的相互关联；又或这些语词的内涵发生逆转的情况。现在的美国有被称为《观念史杂志》（Journal of the History of Ideas）的思想史研究杂志，它便是以约翰·霍普金斯大学的观念史俱乐部为依托创办的。但是在英语世界里，这种超出特殊领域的宽泛的思想史，通常都被称为精神史（Intellectual History）。

与之相对，在德国，思想史一直都被称为精神史（Geistesgeschichte）。精神史在前面提及的威廉·狄尔泰的努力下成了一个独立的学术研究领域。至于狄尔泰为什么会想到这种方法，在此就不做深入讨论了。一般认为，狄尔泰庞大的精神史研究，是在大胆打破大学的传统学科分类的基础上成立的。前面讲的观念史俱乐部是在把被束缚在传统的文学史、美学史框架里的问题，解放到更为广阔的地平上而成立的，而德国的"精神史"，则可说是在打破传统哲学史框架的基础上成立的。因此，它的研究对象都带有很强的综合性，涉及的范围除了有宗教、哲学外，还包括文学、教育、政治等各个领域，甚至是整个普鲁士国家。这类文化现象被狄尔泰理解为历史的生（Leben）的表现，他试图通过总体地把握贯穿其中的精神的作用关联（Funktionszusammenhang），来综合地理解时代精神。

狄尔泰的精神史研究后来发展出许多分支，就思想史而言，后世的德国有两个研究潮流尤为重要。其中一个是由弗里德里希·迈内克（Friedrich Meinecke）引领的历史学领域的研究潮流。迈内克提出了 Ideengeschichte，相当于上文的观念史。众所周知，迈内克的这种思想史取得了令人瞩目的成果。比如他追溯了"国家理性"从马基雅维利到第一次世界大战的思想发展轨迹，这便是一种典型的迈内克观念史。关注于观念（ideen）与各种社会性力量之间的相互作用，追溯其历史展开，便是迈内克观念史的课题。

另一种研究潮流则来源于社会学领域，即以卡尔·曼海姆（Karl Mannheim）、马克斯·舍勒（Max Scheler）、汉斯·弗莱尔（Hans Freyer）等人为代表的文化社会学或知识社会学。这一研究动向大约发轫于第一次世界大战后。尤其是知识社会学对意识形态论的深入研究，给思想史的方法带来了很多启示。当然，在意识形态论的生发谱系中，马克思有着划时代的意义，但马克思更多地将意识形态论当作一种方法，并未对其进行理论性研究。一战后的知识社会学受到马克思意识形态论的刺激，发展为一个处理思想的学术研究领域。知识社会学不仅注重思想的存在制约性，它还回避了把个别观念与社会或阶级基础直接相结合的做法，转而在两者之间设定了思考范式（Denkmodelle）和视角结构（Aspektstruktur）等中介，在这个基础上分析了诸种观念形态。这在思想史研究的历史上同样也有着非常大的意义。我的归纳过于简略了，不免有些蜻蜓点水，不过德国的思想史研究从狄尔泰出发，一方面发展出了迈内克的观念史，一方面又发展出曼海姆的精神史，时至今日，这两大研究潮流仍然在发挥着重要的影响力。

像这样，不同的国家或不同文明会有不同的情况，但无论在哪种情况下，要想将思想史独立为一门自律的学科，正如前文所述，都必须要先打破以往的学科分类。因此，在目前的情况下，仅靠一个人单枪匹马难以展开思想史研究。思想史研究需要多个知识领域的人共同协力，其中一个原因便在于此。

二

上文根据思想史在学问处理方法上的不同，讨论了三种可能的类型，为思考思想史的方法提供了若干线索。下面我想试着思考这样几个问题：作为思想史对象的"思想"，在实质上究竟蕴涵了怎样的内容？如果它包含了各种各样的内容，那么这些内容间的相互关联又该如何加以理解？

在进入这个问题前，我认为还有一个必须首先加以讨论的前提。在日语里，"思想"一词的含义非常暧昧。精神史（Geistesgeschichte）中的"精神"、观念史（History of ideas）中的"观念"也多少有着同样的问题。比如前述观念史俱乐部的另一位重要成员乔治·博厄斯（George Boas）就曾指出，"观念"一词至少有 42 种含义（George Boas, 'Some Problems of Intellectual History', in *Studies in Intellectual History*, 1953）。在日语里，"思想"一词的多义性也毫不逊色。这一点在讨论思想史时非常关键。虽然我在这里以"思想"一词为例做了说明，但其实并不限于这一个词，就目前所讨论的这种思想史而言，它所处理的语言尤其难以回避语词的多义性问题。正如前文所述，同一语词随着时代的推移会意味着不同的观念，而相反，同一观念在不同时代里也会以不同的语词来表述。这种现象屡见不鲜。

因此，譬如同一观念在不同时代里以不同的语言来表述时，还会出现这样一种情况：虽然单从语言上看两个表述完全相反，但如果结合它背后的状况来看，可以发现两者并未对立，不如说它们有着非常接近的内涵。一时想不出太好的例子，我们就以那种要尽量与一个集团的思考方式保持一致和服从的社会要求为例，做个简要说明。这种社会要求的表述，即使在同一文化圈内也会随着时代的推移发生改变。比如在战前的日本，这种要求被表述为谁的思想或谁的观念是"反国体的"。然而现在（1960年）已不再流行这种表述，它变成了完全不同的样子。比如"反民主主义的"或"是托洛茨基主义者"等等，有着五花八门的表述方式。在这种情况下，如果割裂了表述的背景，仅关注语言本身，那么"反国体的"和"反民主主义的"有着很大的差异，不如说看起来像是两个对立的观念。但是，如果结合它们的背景状况来看，可以发现这两个迥异的语词其实出自相同的状况，表现的大致是同一个要求。换言之，这两种表述都把少数派的反对意见当成是"不像话"的而加以驳斥，强迫他们与支配性意见保持一致，在这一点上它们是相通的。类似的例子不胜枚举。必须甄别实质性蕴涵和表述它的语言，其中一个理由就在于此。

相反，同一语言在不同时代里会意味着完全不同的观念。欧洲语言里的"自然（nature）"一词便是一个共通的例子。

日语中的"自然"也同样如此。虽说欧洲语言里的"自然"和日语的"自然"并不完全一致，但还是有不少共同之处，比如自古以来都是多义的。"自然"既可以指代事物的"本性"，也可以指涉相对于人类社会的自然界。此外，就"自然的"这个形容词而言，亦既有"本性的"这一意思，也有"自然生长的"意思。并且，当它们在指涉人类本性时，也都有实质上完全相反的意思。比如朱子学的"本然之性"和江户时代国学里的"自然"之"真心"，两者皆指涉人之本性，但其实际含义不如说正相反。尤其就日本而言，日本的抽象语言在以前多出自佛典，接着又从儒学经典里引入了很多词，到了明治以后，又有不少词汇从欧洲舶来，像这样，从外来文明中输入的语言很多。这也是造成下述历史现象的一大原因：即尽管使用着同样的语言，人们的理解却不同于它的本来含义。因此，尤其在日本思想史上，这种语言的变化、观念的含义演变的问题很多。

简而言之，语言与观念之间没有明确的对应关系，所以我们必须时刻警惕两者间关系的变化。也许以不同语言表述的内容，其实有着同样的态度，呈现的是同一种观念；又或者反过来，尽管用着和以前同样的语言，但在某个时代过后，表述的却是不同的思想，或与思想的对应关系发生了改变。这类情况我们必须加以注意。

基于以上考察，我们接着来讨论观念形态的分层问题。关于观念形态到底该如何分层，一说起来可能会没完没了，我认为大致可以分成下述几层来把握。

这一分层问题与前述思想史对象的区别也有着一定关系。位于最上层的，是最为高度抽象化的系统性理论、学说或教义。在这个分层上被把握为问题的教义，不是类似于一般性基督教教义，而是比如托马斯主义的教义这样抽象化了的特定教义。这类内容会被把握为最上层的问题（为了避免引起误解，容我做个说明，所谓"上层"的"上"，指的是分层结构的上部，而不代表思想价值的"高"）。位于它下部的，是关于人世间综合性想象的分层，是一些稍微综合性的观念，例如世界观或世界图景等，关于世界的或"人世间"的意象；又或稍微具体些，比如人生观也属于这个分层。我们尽可以把这种层面上的观念把握为问题。再往下走，则是处理具体问题时具体的意见、态度，例如"反对再军备"这样的观念。再往下降，即是所谓的生活情感、生活氛围、真实感等未经理性反省的生活情感。而下降到最底部，就牵扯到无意识领域的问题。这个分层结构，越往上走其系统性或抽象程度就越高；越往下走就越碎片化，与经验性的生活的直接关联度就越高。任何一个分层上的"思想"，我们都可以作为问题来考察。

那么，各层级间的相互关联又该如何把握？这本身就是个很大的问题，由于时间关系，没办法详细展开，况且我自身也仍有很多没想明白的地方。在此我将结合这一点，分享一些我在从事思想史研究时经常遇到的问题。我经常感到：当我们在把上述各层级的思想把握为思想史的对象时，因为研究者本人不清楚自己究竟把哪个层级的思想把握为了问题，所以在讨论比如思想的价值、内涵、功能和作用时，时常会出现混乱。关于这点，我自己也没办法给出非常明确的解答，但就一般而言，我认为不妨这样来处理。在思考各层级思想的相互关联时，首先可以假定一个囊括了各层级思想的、多义的"思想"作为出发点。这样一来，凡是给"思想"做向导，即赋予它目标和方向性的，就是在分层里相对靠上的思想。也就是说，目的意识性、设定了目的后的方向性，是从上层向下层渗透。相反，推进思想的那种能量则来源于相对靠下的分层，是由下层反过来向上层喷射。如果借用康德的名言，那便可以说：不以生活情感、真实感等为基础的理论、学说和教义，都是"空虚"的；相反，没有理论、学说、教义或世界观等指明方向的真实感，都是"盲目的"。换言之，空有能量，没有方向，不知道能发挥什么作用。一般而言，设定目的或方向的工作，是一个自上而下的过程，而能量则是自下而上发展的。

无论我们把握哪个分层上的思想，都会接着遇上另一个问题，即我们该以什么为基准测定思想的价值？这个问题乍一看很简单，但其实比较复杂。我认为，在我们考察思想的内涵或价值时，可以建立起以下几种尺度。其一是思想的重量。这关乎思想是否对问题做出了彻底的解答，还是止步于敷衍了事的解答上，也就是关于解答的彻底性的问题。所谓的思想，在某种意义上即是一个人在面临问题时所做的解答，因此自然需要追问这个解答的彻底程度。其二，是思想的渗透范围或流通范围。比如我们通常会说 A 思想是否对时代产生了巨大影响，在大多数情况下便是参照了这一评价标准。这关乎思想渗透，或流传到了哪里，也就是关于思想的传播范围的问题。其三，是思想的幅度。与第一个"重量"相对应，我们还可以举出"幅度"这一标准。这个标准看的是思想究竟囊括了多大范围内的问题。比如说会有这样一种情况：一个思想缺乏综合性，亦即"幅度"很窄；但它对特定问题的解答非常彻底。也就是说，从第一个标准来看，这个思想很有分量，但它的"幅度"很窄。这种情况下，衡量思想价值的尺度至少有两个，并且根据每个尺度判定的结果未必就是有关联的。换言之，有"重量"的思想未必就是包罗万象的，而有"幅度"的思想未必就有分量。因此，在讨论思想的"价值"时，究竟该诉诸哪个标准就非常关键。其四，是思想的密度。这是关于思想在逻辑分析和实证程度上的密度的问题。这个标准看起来好像与思想的重量有关系，但其实不太一样。比如以马克思的《共产党宣言》为例，它的确对问题做了非常彻底的解答。暂且不谈这个解答的好坏，总之它解答得非常彻底，但从"密度"的标准上看，它就不能与对同一问题做出解答的《资本论》相提并论。《资本论》的思想"密度"非常高。像这样，同样都是马克思的著作，诉诸不同的标准，评价结果也会有所不同。最后，是思想的多产性，即衡量一个思想究竟有多大的生产性的尺度。比如尽管某个思想在逻辑分析和实证程度上缺乏密度，或在当时的渗透范围是有限的，但因为其中包含了多产的观念，到了后来时代，由此发展出了各种不同的观念，在此意义上，它成为了思想史上的一个巨大动向。这便是思想的多产性。

像这样，我们可以设定出各种各样的评价标准。因此在说一个思想有很大的力量，或这个思想非常有价值时，我们必须清楚地认识到，究竟是依据了哪个标准下的判断，我们必须要明确这个思想究竟在哪种意义上有力量，又在哪种意义上有价值。因此，也不能轻易地论断思想的影响力。甚至连一个思想在同时代的影响力都很难简单地讨论清楚。更何况如果追问究竟是以对哪个时代的影响力为基准，问题就会变得更为复杂。

三

探讨至此，大家也许会觉得思想史是一门难以把握的学问。诚然，思想史就是如此。但纵然难以把握，思想史还是存有很多可以把握的点。结合这一点，我将简单谈谈思想史这一领域与所谓的思想论（方便起见，这里暂且称为思想论）之间的区别。两者经常被混为一谈，由此引起了很多对思想史的误解。因为这一点，思想史看上去的确非常不得要领，似乎是一门可以任意扩展其研究对象的学问。不过这不等于没有固有的学科规范，思想史并非门外汉的一时兴起，或仅凭兴趣就简单地扩大其研究对象的范围。

即使同样把过去的思想作为研究对象，我们也可以把过去的各种历史遗产从历史语境中抽离出来，当成单纯的素材，任凭主观兴趣对其自由地加工。也就是说，把历史当成"调味料"，完全脱离历史语境地议论思想。这种我姑且称之为"思想论"。这种做法当然也是有其意义，有其存在的理由的。但我认为，在日本，当我们在谈所谓的思想史或思想史研究热潮时，经常是把思想史和思想论混为一谈了。历史学家经常批判：思想史是门什么都敢说的学问，思想史家把历史当成了"调味料"，假借历史自说自话。当然，现实里也确实有应当受到这种批判的思想史研究论著。但就一般而言，我认为这种批判里有着对思想史的根本性误解。思想史研究必须建立在严谨的史料考证之上。因此，从史料的解读和史料加工方面来说，它与一般的历史学有着相通的一面。但需要注意的是，当牵涉到史料的价值问题时，思想史和"事实史"则有着很大的区别。以德川时代的《东照宫御遗训》为例。这被认为是德川家康所作，并传给德川秀忠，但其实是伪书，现在一般认为是在德川时代中期制作出来的。因为是后世的伪书，所以从幕府创立期的事实史来看，《东照宫御遗训》几乎没有任何史料价值。然而，从思想史来看，就算是部伪书，它即使没能全面地呈现出德川社会的面貌，却也至少表现了德川社会成熟期里社会价值体系的一个重要侧面，在这个意义上这是个非常有趣的史料。而这类伪书的出现本身，也有着一定的思想意义。如果从更广泛的一般性命题上看，也就是说：在思想史上，"想象"独立于"事实"，甚至可以说"想象"本身与事实在同一平面上，"想象"自身就有其真实性，而我们则必须去追问它的意义。所以，从史料价值上看，思想史未必就等同于"事实史"，但思想史也同样受制于历史考证。在这一点上，它与那种脱离历史语境，仅将历史的思想当成素材任意展开自己思想的作法是不同的。因此，我认为思想史研究者或说思想史家的工作，恰好介于以历史思想为素材展开自我哲学的"思想论"，与一般的历史叙述之间。

在此意义上，思想史家的工作与音乐领域里演奏家的工作类似。音乐通常是一种再现艺术。在这一点上，它有着不同于美术、文学的特色。就绘画而言，我们可以与绘画作品直接面对面。然而当对象是音乐时，即使我们与乐谱直接面对面，也很难感同身受。至少对普通人来说，如果不通过演奏，我们就很难把握作品的艺术性。因此，包括管弦乐指挥在内的演奏家，可以说是艺术再现者，他们不同于作曲家、画家和文学家，既不能自由地创造，也不能任意地让想象飞驰。他们基本上受制于演奏的乐谱。换言之，他们必须通过对乐谱的解读来再现作曲家的灵魂。在解读时，自然不能忽视作品的形式性结构、先行的或继承的形式，或者是其中承载的理念，又或是作品的时代背景等。在这个意义上，虽然演奏受制于演奏对象，即哪个作曲家的哪首曲子，但对于演奏者，至少对于作为艺术家的演奏者来说，演奏绝不等于对乐谱的机械再现。在这个意义上，事实上不存在所谓的对乐谱的"客观"解读。为了能艺术地演奏，就必须自己承担责任地去创造，但这并不意味着可以随心所欲地创造。如果说作曲家的作曲是一次创作，那么演奏家的工作就是一种再创造，即 nachschöpfen。

同理，思想史家的工作也并非思想的纯粹创作，而是一种二次创作。那种假借古今东西的思想家来展开自我思想的研究，不是思想史。然而那种将思想仅当成历史的给予物而作茧自缚的研究，也不是思想史。与一般性历史研究，或政治史、经济史研究所做的工作一样，思想史家自然也必须通过史料来确定事实。但只做这些，思想史无法成立。当然，连一般的历史研究也不可能完全排除掉来自历史叙述者主体建构的因素，做到彻底的"实证"主义。历史叙述毕竟不等于作为单纯事件的历史，在叙述历史时，多少都会掺杂些对史料的主体建构。然而，对思想史来说，这个因素尤为关键。比如我们就不可能忠实地再现康德或内村鉴三的思想。这是不可能的，它势必会变成我们自己的康德理解或内村鉴三理解。从反面说，我们对康德或内村鉴三的解释里，必然会含有自我的思想创作这一因素。在叙述诸如"从康德到黑格尔"之类的德国观念论的历史展开时，更是如此。因此，像贝类附着在船底那样，仅仅对作为船底的事实感兴趣的人，或无法为对象所触动而展开想象力的感觉迟钝的人，都不适合做思想史研究。但是，相反，受不了史料对对象的限制，受不了历史对象本身带给研究者的束缚的"浪漫主义者"或"独创"思想家，同样也不适合做思想史研究。思想史家的思想，始终是对过去思想的再创造。换言之，思想史家的抱负和野心，对于埋没在历史里的人来说过于傲慢了，对于脱离历史的人来说又过于谦逊了。因此，在这个过程里有两个方向性：一个是受制于历史的历史制约性，一个是对于历史的能动性——所谓"对于历史的"也就不是相对现代，而是自己相对历史对象的能动性。我们便是通过这样的辩证紧张再现过去的思想：一面是被历史所束缚，一面是对历史对象进行重新建构。我认为，这才是思想史的本来课题，同时也是其趣味所在。

四

　　鉴于时间关系，在此只能简单谈谈日本思想史的研究所面临的问题。其中一个经常被讨论的议题是，如何活用思想中的传统，或说过去的思想传统。因此我将在此谈谈思想史该如何思考这个问题，以结束本次演讲。

　　比如人们经常会说，我们必须挖掘日本的民主主义传统，将其活用在现代。这个问题之所以经常被人谈起，无疑与前文所述的日本思想的特征不无关系，即日本抽象度很高的理论、主义或世界观几乎都源出中国，而在明治以后又多从欧美舶来。因此，因为这些思想的本体都在国外，所以去研究接引这些思想的语言其含义有了怎样的变化，原本在国外的观念进入日本时又发生了怎样的改变等问题就非常重要。但是，如果只关注于思想被曲解了，或发生了变质，那么日本的思想史在某种意义上全都是对本体的曲解或误解的历史。换言之，当一个观念从孕育它的文明进入其他文明时，发生改变是理所当然的。因此，如果认为"本体"在彼岸，仅关注于"本体"发生了怎样的变形，或如何被误解，那么全都成了误解的历史，全都成了对本体的曲解的历史。当然，这种观测有其必要性，但问题不仅仅在于是否误解了思想，我们还应当去辨别这种误解究竟是能解决问题的"误解"，抑或前述那种"多产性"意义上的误解，还是其他。

　　尤其是对于中国和日本而言，它们的近代化问题总是与如何自主地应对来自欧洲的冲击这一课题紧密相连。在思想的问题上也同样如此。特别是在"开国"的初期阶段下，对欧洲思想的引进总是贯穿了一种高度的目的意识。换言之，把欧洲思想作为在特定状况下为解决特定问题的道具加以引进的自觉态度，在"开国"、近代化初期阶段里非常显著。在这种情况下，就有必要去观察：当时的人们或思想家从特定状况里提取了怎样的问题，又是如何自觉地应对这些问题的。在这个应对过程中，新思想自然会应运而生。因此，虽说这个过程会引进欧洲的思想，但如果仅仅诉诸于前述那种与本体的偏离这一标准，那么这一引进往往是不准确的，甚至显得有些胡闹。但是，这个胡闹行为本身在很多时候则有着积极的意义。例如本杰明·史华慈（Benjamin I. Schwartz）教授曾这样评述中国的思想：清末，严复引入了孟德斯鸠的思想和赫胥黎的进化论，由此创造了一个新思想。它在中国近代思想史上有着巨大的影响力。将18世纪法国孟德斯鸠的思想与19世纪下半叶的进化论相结合的做法，本来是很奇怪的。从欧洲思想史的发展脉络来看，这是一种严重的逻辑混乱。然而，如果关注严复是如何理解、如何把握当时中国的状况，又是如何尝试克服或解决这些困难，并内在地理解他有意识地将欧洲思想作为应对这种状况的手段加以使用的过程，那么自然可以理解他同时引进孟德斯鸠和赫胥黎的思想的做法。

日本的自由民权思想也有过同样的经历。日本的自由民权家大量引进了卢梭、密尔、斯宾塞等人的思想。不仅卢梭和密尔的思想大相径庭，密尔和斯宾塞的思想也有很大差异。在这一点上，在引进密尔和卢梭的思想时，的确对其有所误解。但是，如果关注他们是在什么状况下作为解决什么问题的道具来引进密尔的思想，便会清楚地发现明治初期的思想家有着很强的主体性，他们也非常自由。在这个意义上，我们不能简单地批判他们将卢梭、密尔和斯宾塞的思想杂糅在一起的做法。以欧洲思想史为标准，比较在进入日本后其内涵逐渐发生了怎样的改变，这一做法本身也有其必要性。但是，如果不去观察他们如何提出问题，如何在解决问题的过程中把欧洲的近代思想当成道具加以使用的，那么日本的自由民权思想史都将变成对欧洲思想误解的历史，从而使我们的思考止步不前。甚或会催生出所谓的"匮乏理论"，即那种认为欧洲有日本却没有，日本什么都没有的思考方式。接着，为了反驳这类"匮乏理论"，思想史研究上还会出现那种在日本"固有"的思想中寻找欧洲思想的对应物的研究动向。

因此，在面对挖掘过去的思想传统这一问题时，我们应当回到思想的出发点，去关注在思想破壳而出时那里蕴含的不均衡的、可以前往任何方向的可能性，而不是去看思想到达的结果。如果仅从思想到达的结果出发去判断思想，在此意义上挖掘思想性传统（比如民主主义的传统或革命传统），那么可挖掘的内容寥寥无几。结果就出现了日本果然没有民主传统或革命传统的结论；或者反过来，人们掘地三尺地去寻找带有这种倾向的思想。正是因为只从人类思想活动到达的结果出发来看思想，才会陷入这样的困境。

此外，这种思考方式还经常与线性的进步观相结合。在这种情况下，从思想发展的结果来把握思想，当然就意味着从现在的标准和现在到达的结果出发去判断过去的思想。那么从现在出发判断思想会有怎样的结果呢？比如我们经常会听到这样的评价：虽然他走到了这里，但他停了下来，那里是他的极限。仅采取这种评价方法，还会出现这样的说法：虽然亚里士多德是伟大的，但他不懂量子力学，在这一点上他有局限性。这虽然是个笑话，但在逻辑上就是如此。答不上来当时的状况下还未出现的问题，这是理所当然的。那时有着怎样的问题，或没有怎样的问题，同时代的人在应对这些问题时，是以怎样的广度和深度做的解答？这些才是我们应当处理的问题。只有在这样的历史脉络中进行比较，才能够讨论一个思想家所拥有的相对的"独创性"或相对的缺陷。因此，以现在到达的结果为基准去审判过去，或以基于现在的想象的评价标准去重构过去，难以让思想史结出丰硕的成果。

我们要关注思想在孕育过程中的混沌状态，应当回到思想的起点或它还未得到充分发展的阶段，去关注那里包含的各种要素以及能够前往任意方向的可能性。于是，如果在下一个历史阶段或时代里，其中一种可能性的存在感变得极其微弱，我们当然就要去追问，这究竟在多大程度上，是由思想内在的或思想家内在的原因造成的？然而如果以结果来判断，那么就容易陷入那种理解——因为在结果上没往这个方向发展，所以就认为该思想本来就不存在往这个方向发展的可能性。从结果论里自然就会出现"胜者为官军"的认识，致使我们难以充分学习过去的丰富思想的本来内涵。再举个极端的例子，比如在追问是进步还是反动时，我们必须去看：在结果上成了社会的反动思想的思想，在其发轫阶段是否含有进步的契机？或反过来，从结果上看体现了革命性的运动以及影响了运动的思想，在发轫阶段，是否孕育了与实际结果完全相反的可能性？虽说这对于一切思想史来说都适用，但鉴于日本的思想史大多是既有思想的导入史，这对于日本思想史来说就尤为重要。像日本思想史这样，各种思想杂糅混居其中，未必具备完整结构的传统，为了引出其中思想性传统的生产性，就不能错过思想孕育过程中蕴含的不均衡的可能性。

因为从自己的研究里找例子非常方便，在此就以我最近的研究为例。人们经常把儒教的君臣道德和日本武士的主从关系道德放在一起加以比较，并得出结论：日本特别强调"君虽不君，臣不可不臣"。众所周知，欧洲的封建主从关系显然是契约关系。而儒教本来的君臣关系的思考方式，尽管与欧洲的情况不同，但也带有双边契约的色彩。儒教的"君若不君，则去"，在忠诚义务的解除上，就显得理智而干脆。与之相对，在日本，从战国武士的主从关系到德川时代的幕藩式君臣关系、国学里对天皇的忠诚，再到明治以后的天皇制下对天皇的忠诚，虽然主从关系的性质历史地发生了改变，但相对而言，始终有一种强调"从者—臣下—臣民"单方面的、无条件的忠诚的倾向。这也经常被当作日本君臣关系里双边契约的因素很弱，对君主的盲目服从或奴隶式屈服的因素更强的一个证据。美化这种主从关系的人，会称之为"献身的道德"。诚然，如果仅从现实的结果，即前述那种思想到达的结果，或在现实里占支配地位的结果来看，那么确是如此。换言之，所谓的"君虽不君,臣不可不臣"就是在教人们,无论君主是暴君还是仁君,都要对君主表示绝对的服从。从这一点来看,将它视为强调臣下一方没有主体性,必须盲目服从的教训,也是无可厚非的。尤其是在德川时代,不能否认的是,随着幕藩式的家产官僚体制的逐步整顿,以及战国时代里的那种武士流动性的逐渐丧失,这一道德的确在现实上发挥了这样的历史作用。

然而,在仔细研读文献后可以发现,由"君虽不君,臣不可不臣"的道德所导出的态度,并非全都是对君主的盲目服从。那里恰恰孕育了不均衡的可能性。为什么这么说呢,"君若不君,则去"是契约性的,如果君主失格,臣下可以选择离开,是非常松散的关系。但在这一点上,它也就无法导出去改变君主这一积极的要素。"自由"态度的反面即是无责任。然而,因为"君虽不君,臣不可不臣"这一道德以绝对的、命运般的主从关系为前提,所以臣下也会把无论君主有多失格也不能离他而去当成自己的宿命,不管发生什么都会留在那里侍奉君主。于是,自然就会反过来产生一种无论如何也要规劝君主的强烈的能动态度。在这里,谏诤这一契机在君臣关系里就变得极为重要。虽然谏诤是来自中国的观念,但中国通过设置谏官对其加以制度化,这反而削弱了它作为实践性道德的效果。在日本,谏诤里就包含了将因不能任意离开而导致的走投无路转化为能动实践的思考方式。因此到了幕末,德川幕府体制中被动恭顺的契机变弱,吉田松阴等人用"忠义的逆焰"的表述揪出了这一能动的契机。即使从整体上看,这种活用方法并未占据主流,但我们也不能因此一概而论地断定"君若不君,则去"就是自由的,"君虽不君,臣不可不臣"就是对权威的服从,"君虽不君,臣不可不臣"里还是包含了不均衡的可能性。

这一可能性还可以一般化到个人与集团的关系上,比如我们从属于一个集团,必须对该集团奉献忠诚,如果集团变坏了,我们既可以转身离去选择淡泊的自由,也可以采取谏诤到底的态度。在这种情况下,甚至连这种看上去最权威屈从的命题,也能像这样导出与服从权威相反的态度。在此意义上,我们有必要重访过去的思想传统的可能性。如果不经过这样的努力,仅以结果论来看问题,那么对传统思想的活用,就会如战中或战前常见的那样,成为针对"外来"的"本土"思想,最终召唤回最恶劣的意义上的那种国粹主义;如若不然,就会转而去强求没有的东西,挖地三尺地寻找本来就寥寥无几的例子来牵强附会,奉之为"传统"。如果着眼于思想不均衡的可能性,那么虽然这些可能性从结果上看没能得到发展,但在思想的起点上却指向了不同于现实结果的方向。或者借用前述进步与反动的例子来说,从结果上看是反动的思想里也包含了进步的契机。我们可以以这种方式来把握问题。如果不挖掘这种可能性,就没办法挖掘日本的思想性"传统",而即使做了挖掘,也不是我们谈论的那种受历史制约的思想史研究,而是极为胡闹的议论。

(1960 年 10 月 3 日于国际基督教大学)

后记

一

本书收录了我从1949年到1977年间所写的日本思想史论文。撇开最后两篇不论，主要的研究对象是从幕藩体制的解体到明治国家的完成这段历史时期。并且，除最后一篇外（关于这点后文将会解释），这些论文都发表在由筑摩书房发行的月刊杂志、讲座系列或全集上。不过，本书没有按照论文初刊的顺序编纂。因此这里将首先按照论文初刊的顺序重新排列，并标明各论文初刊时的题目和出处。

——日本近代思想史中的国家理性问题（一）（《展望》杂志1949年1月号），见文末的"1992年补记"

——《福泽谕吉、内村鉴三、冈仓天心集》解说（《现代日本文学全集》第51卷，1958年）

——开国（《讲座现代伦理》第11卷《转换期的伦理思想[日本]》，1959年）

——忠诚与反叛（《近代日本思想史讲座》第6卷《自我与环境》，1960年）

——思想史的思考方法——类型、范围、对象（武田清子《思想史的方法与对象》创文社，1961年）

——幕末认识方式的变革——以佐久间象山为例（《展望》杂志1965年5月号）

——历史意识的古层（《日本的思想》第6卷《历史思想集》解说、第一章，1972年）

——日本思想史中的问答体谱系（木下顺二、江藤文夫编《中江兆民的世界——读〈三醉人经纶问答〉》，1977年）

虽说出于内容方面的考虑，本书收录的论文并未按初刊顺序编排，但其实也没有什么特殊的布局考量。这里收录的篇什都是作为独立的论文起草，主题也都是在起笔时定的。因此在执笔时，我从未考虑过这些论文相互间的关系，该如何将它们统合到一起。不过，借此次出版机会重读这些论文时，我发现本书的主要论文（第一论文到第六论文）涉及的历史时期几乎是重合的，而它们的基本视角也有许多相通之处（这些共通性也使本书的论文在史料引用上有所重复，此是一弊端）。因此，我便将这一领域里的论文打包在一起，按照研究对象的时代顺序做了重新排列。之所以要把《忠诚与反叛》论文放在卷首，是因为这篇论文的篇幅最长，涉及的历史时期也长，从武家社会的出现到20世纪初。我认为，思想史只能是问题史，暂且不论这篇论稿的好坏，它鲜明体现了这种问题史的特征。当然，这绝不意味着，其他几篇论文都与"忠诚与反叛"这一主题有关。我将"忠诚与反叛"作为书名，只是按照欧美论文集的惯例，将所收论文的一个篇名取作书名罢了。

二

　　不同于旧作，在本书的编纂过程中，我并未给各论文添加冗长的补注（《日本近代思想史中的国家理性问题》是个例外）。然而，正如我反复指出的那样，由于每篇论文都是在不同的场合下写的，因此作为作者，我有义务为各论文的由来和刊载出处加以最基本的说明。下面我将按照本书的目录逐个说明各论文的发表原委，至于内容就不做深入解说了。方便起见，我将以第一、第二论文来指称。

　　第一论文《忠诚与反叛》最初发表在由小田切秀雄主编的《近代日本思想史讲座》第六卷（1960年）。包括小田切在内的十位作者在"自我与环境"的统一主题下就不同的问题展开论述，本文即是其中一篇。《近代日本思想史讲座》系列原计划出版八卷，1959年出版的第一卷《历史的概观》（家永三郎编）拉开了讲座系列的序幕，这样陆续出版有七卷。第二卷《正统与异端》最终未能出版，使得该系列时至今日仍未完结。我身为第二卷的主编，对此负有全部责任，在此对被我拖累的筑摩书房和讲座系列的各执笔者致以深深的歉意。

　　虽说按照前述的原则，我不会再补充《忠诚与反叛》论文的内容，但我想简单介绍一下我执笔的初衷。在下笔时，我原本打算写到无政府主义，尤其是无政府主义的代表思想家大杉荣，论述他的"抵抗哲学"的划时代意义及其难以否定的思想弱点。虽然我还保留有若干手稿，也许该借此机会完成文稿，但这既不符合本书的整体旨趣，我现在的身体和精神条件也不允许，所以论文最终还是保留了初稿的样子。

第二论文如"附记"所述，原本是我受邀参加"信浓教育会"在长野县松代町的松代小学举办的象山逝世百年纪念集会时所做的演讲。最后以《日本思想史上的佐久间象山》为题分两次发表在《信浓教育》杂志的1964年12月号和1965年2月号上。最后在已故白井吉见先生的强烈要求下，转载到了《展望》杂志1965年5月号上。借转载的机会，我全面修改了《信浓教育》上的旧文，还更改了标题，最后得到的便是这篇论文了。

第三论文原刊于《讲座现代伦理》的第11卷《转换期的伦理思想（日本）》（1959年）上。该论文后经翻译刊登在西德的期刊 *Saeculum* 上（Verlag Karl Alber Freiburg / München；XVIII，Heft 1-2, 1967），德语标题为"Kaikoku-Öffnung des Landes. Japans Modernisierung"。译介的原委我就不甚了解了。

第四论文如前所述，我在文末加了"1992年补记"，敬请参照。

第五论文是为由"山本安英之会"主办的研究会所写的。该会以木下顺二和江藤文夫为中心，在1975年1月至同年6月，邀请了以桑原武夫为首的数人，围绕中江兆民的《三醉人经纶问答》（岩波文库版）展开了系列讲座。我在其中以"日本思想史中的问答体谱系"为题（3月17日）进行了演讲，算是《三醉人经纶问答》的补论。1977年年末，这些成果被收集到木下、江藤编纂的《中江兆民的世界》（副标题"读《三醉人经纶问答》"）中，由筑摩书房发行出版。第五论文也被收录在该书里。这次我为论稿加了新的副标题"中江兆民《三醉人经纶问答》的位置"，就是为了说明"问答体的谱系"这一主题是作为《三醉人经纶问答》的前奏曲而设置的。

第六论文原本是为筑摩书房版《現代日本文学全集》第51卷《福泽谕吉、内村鉴三、冈仓天心集》写的解说。本卷是1958年出版的，本文的初刊年份仅次于《国家理性》一文，非常久远，但因涉及了大正时期的内容，所以我把它放在了中江兆民论文之后。

下文将会综合说明本书在收录论文时的修改方针，不过，第六论文里有一处修改的性质比较特殊，并且与翻译问题有关，我想读者可能会感兴趣，因此我稍稍岔开话题，在这里给大家介绍这一修改的原委。在论文结尾处，我引用了席勒的一句话："一旦灵魂开口言说，啊，那么灵魂自己就不再言说"（参见本书第288页，"魂が語りはじめたとたんに、ああ、魂はもはや語らない"）。这是从筑摩全集里的"魂が語るや否や、あゝ、魂はもはや語らず"修改而来的。这个修改不单是为了让文章的表述更通顺，也是考虑到曾经引起的误会。在本论文发表后，亚洲经济研究所的英文机关报 *The Developing Economics* 的1966年12月号，刊登了该论文的英文译文，英文标题是"Fukuzawa, Uchimura, and Okakura——Meiji Intellectuals and Westernization"。然而，当我看到样稿时，让我惊讶的是，席勒的这句话被译成了，"灵魂说话与否？啊，灵魂已不说话了"（因为手头没有当时的英文稿件，现把那句话重新译为日文：魂は語るかどうか、ああ、魂はもはや語らない）。我在这里使用的"や否や"，相当于英文里的"as soon as…"，我原以为这很自然，直到我看到这个误译，才意识到"や否や"换成口语就是"かどうか"（whether or not）。虽说"や否や"是个惯用语，但我深受汉文训读体影响的文体也的确过于古板了。因此在本论文集编纂时，我就把它改成了现在的样子。顺带一提，席勒的原文是，Spricht die Seele, ach, spricht die Seele nicht mehr!

上述的第一论文到第六论文是本书的主要内容，本书副标题即取义于此。就与本书主旨的关系而言，第七和第八论文属于补遗或附论，即 Appendix。不过，编辑部强烈反对在目录里使用"补遗"或"附论"，理由是就日语的语感而言，这可能会让读者理解为是"附带的"东西，从而不予以重视。因此，为了说明这两篇论文的性质有别于前面六篇，最后在目录上加了"***"以示区分。

"后记"的开篇也有提及，第七论文是作为筑摩书房《日本的思想》系列的第六卷《历史思想集》（1972 年）的解说（标题为《日本历史观的历史》，与石田雄、植手通有共同执笔）的第一章而写的。按照我最初的构想，之后还会有《伦理意识的古层》和《政治意识的古层》，是一个三部曲。但只有《历史意识的古层》作为上述系列其中一卷的解说单独发表出来，其余两部因为我的懒散最终未能问世。不过关于政治意识的"古层"或说"执拗低音"，我曾写了题为"The Structure of Matsurigoto: the *basso ostinato* of Japanese Political Life"的英文论文，发表在牛津大学已故教授理查德·斯特利特的追悼论文集（*Themes and Theories in Modern Japanese History*, Sue Henry and Jean-Pierre Lehmann ed., The Athlon Press, 1988）里。这篇英文论文的日文要旨曾作为研讨会的记录，在"新日本奖学会"的非公刊机关报《百华》第 25 号（1985 年）上刊登过，标题为《关于日本思想史的诸问题》。此外，关于"古层""执拗低音"这些用语以及我在其中的方法意识，请参照武田清子《被遮蔽的日本文化》（岩波书店，1984 年）中收录的拙稿。

最后一篇论文《关于思想史的思考方法——类型、范围、对象》最初收录在武田清子编纂的《思想史的方法与对象——日本与西欧》（创文社，1961 年）中。这篇论文是一篇演讲稿，源于国际基督教大学在 1960 年 10 月举办的一次研讨会上的演讲稿。在本书收录的论文里，唯独这篇论文是由筑摩书房之外的出版社出版的。在本书编纂过程中，承蒙这本书的编辑武田清子与创文社的大力支持得以转载，在此深表谢意。

关于思想史的方法，除了本文外，我还写过一篇《探寻思想史的方法》（《名古屋大学法政论集》第 77 号，1977 年）。

这篇论文从思想史的方法出发，整理了我从大学时代以来在学问上的困惑，包含了很多个人回忆，而且这并非一篇特别聚焦于日本思想史的文章，因此在本书编纂过程中，取而代之选取了国际基督教大学研讨会的旧文。虽说这篇论文的发表时期很早，但不如说与本书收录的主要论文是几乎同一时期的作品，并且文中有一部分很偶然地与《忠诚与反叛》论文相应，所以最终决定将其置于卷尾。本来一次演讲能够阐发的内容有限，而思想史的方法这种大问题，也并非一两篇论文能阐释清楚。恳请读者把它看成是我在这一领域里的实践经验的一个小小记录。

三

因为本书没有"凡例"，下面我将对每篇论文在用字、用语和史料引用上的原则做个统一说明。作为前提，首先简要说明一下我对旧文进行增改的方针。

简而言之，尽量注意文章与文意的区别，就文章和语句而言，我不仅修改了误植处，还改了不够准确的表述，整理了文体的混乱，必要处还进行了长达数行的改写，不过我都注意不要让增订改变了论文的原意或原旨趣。当然，尊重原论文的同一性，不代表我认为原论文就算不加修改放在今日也仍然有效。本书收录的论文，不仅在执笔时期上相差了三十年之久，更何况从今日来看，最新的一篇论文也是十五年前的旧作。这期间，我关于同一主题的构想、研究方法和着力点也自然会有所改变。虽然视角与方法的变化未必就意味着改善，但反过来，不变化或无变化也不等于停滞。尽管如此，如果我不刻意保持原文文意的同一性，任意地进行增改，那么无论是有意还是无意，大概都难以避免我以今日或一段时间后的观点和着力点，来重新诠释各论文执笔时我的初衷。我认为至少在人文、社会科学领域，尤其是思想史这一领域里，无论是什么作品都该尊重其固有的历史性。所谓历史性，并非单指历史的"限制"这一消极因素。至于"因为太老了所以不行"这种判断，本来就是"非对即错"的一个变奏。这里的历史性指在一定历史条件下，某个论述或作品从特定的侧面或特定角度来参与了"真实"的状态。从特定的"侧面"或"角度"研究，必然会同时带来某种"偏向"。如果否定了这一点，要么陷入自我欺瞒，将自己提升到"不能被把握"的认识者——即神的位置，要么堕入相对主义的无垠泥沼中。就算是秉持着"忠实于真理"这一至上的学问良心，在对旧稿进行无节制的增改时（在我尊重的前辈的作品中，这种情况并不鲜见），也会在上述意义上损害作品的历史性。

虽说如此，由于这种在修订"限度"上的自律，本身就令人左右为难，因而在尊重执笔时的思路的基础上做增订，意外地很消耗精力。如果忽略我做事很慢这一点，这便是我花了长得出乎意料的时间来校订这本书的一个原因。不过，现在回过头看，尽管没有从我现在的思路出发对原稿做全面的修订，但也不能肯定地说只做了纯技术的修改，订正了误字、更正了引文上的错误等等，最终的结果有些不伦不类。虽然我也担心文体的古板，但文体和论文的旨趣与结构是密不可分的。于是最终，我也只是以易懂为原则，修改了文章读起来不通顺的地方，整理了文章的前后关系不够清楚的地方。

在这种修订方针的前提下，下面列出文章的用字、用语原则作为本书的"凡例"。

1. 除引文外，一律使用新字和新假名。

2. 为了照顾非专业研究的读者，在引文中加了句读和浊点，并适当增加了注音假名。平假名、片假名混用的地方统一为平假名。汉文体的引文，有的地方做了汉文训读，有的地方只加了返点。书信里的"不取敢""被下度"等候文的惯用语，也都一一加了返点。

3. 书籍及杂志名用双重括号，论文标题名用一重括号。

4. 卷数、年号、年月全部用汉字表示，比如"一〇"都统一为"十"。不过西历则另当别论。

5. 在引用思想家的文本时，如果各论文完稿后，该思想家的著作出了修订版、新的著作集或全集，本应按照最新版重新整理引文，但因这个任务实在繁杂，所以包括页数在内，均以执笔当时的版本为准。

6. 论文初刊时，注都集中在文末，为方便阅读，已将其分散在相关段落后。此外，本次新加的注释（遵循前述编辑方针，数量很少）标记为"后注"。

7. 若无特殊说明，文中的着重点皆为丸山所加。

四

最后，我将介绍一下本次出版的来龙去脉，并对相关人员致以诚挚的谢意，结束这一冗长的"后记"。

大约在七八年前，时任筑摩书房编辑部长的中岛岑夫向我提出了本书的出版计划。尽管我与中岛氏自他担任《展望》复刊时的主编起就有很深的交情，但还是没有接受他的盛情邀请。这是因为前文也有所提及，就我与筑摩书房的关系而言，我在《近代日本思想史讲座》第二卷，由丸山编的《正统与异端》没能出版这件事上负有重大的责任，这在我一直是沉重的精神负担，我总认为应当先完成这个讲座系列，再涉足其他出版计划。这个想法至今未变。因此，我绝没有想过以本论文集的出版，来补偿我在讲座系列上的失职。不过，说实话，这两三年来，我的心境有了变化，我不再执着于先后顺序，而是尽量做能完成的东西。一是因为我的身体条件不断变差，二是因为近一两年来，我的许多同辈好友和知己都匆匆离世了，这让我开始不安，没了底气。不过，令人无言以对的是，我的工作进度实在太慢。事实上，我本就因《近代日本思想史讲座》一事而心怀愧疚，并且直接负责的编辑胜股光政也说过，"不管怎样，先做个试稿，在试稿的基础上慢慢来吧……"，然而从我最初拿到样稿以来，还是过去了一年有半！尽管我的确有很长时间未接触日本近代的研究，但也不能以此为借口。其间，胜股对我报以无限的宽容和理解，既无埋怨，也从未以强迫的口吻向我催稿，总是在第一时间回应我的要求和委托，我甚至都羞于表达感谢。当然，背后还有筑摩书房默默地给予我的莫大的支持。

仰仗着这种宽容，我厚颜无耻地拖延。我的这一"业障"不仅表现在本书的刊行上，回过头看，这里收录的每篇论文在执笔时，也都或多或少地带有这种"业障"。在阅读样稿时，我都一一回想起来了。各篇稿件的策划人和编辑，还有承蒙关照的筑摩书房相关的人的样貌也都浮现在我的脑海里，不免生起了怀旧之情。其中，臼井吉见和松田寿已经与世长辞。在这之后冈山猛接替了他们，参与了本书收录的大部分论文的编辑工作，我给他添了不少麻烦。此外，"象山"论文的编辑是前文曾提到的中岛岑夫，"古层"论文除了冈山外，还麻烦过《历史思想集》的编辑高城修，他们都给我留下很深的印象。还要感谢在各篇论文的执笔过程中，给过我建议和启发的数不清的学友们。如果没有编辑和学友或直接或间接的鼓励，恐怕本书是难以得见天日的。

最后，成蹊大学的植手通有教授在我以前的著作上便给予过不少帮助，在本次出版中，他自发地帮助检查了全部样稿，并提出许多建议。当然，最终书稿的责任全部在我，在此再次感谢植手教授在百忙中抽出时间慷慨相助。

1992年春 丸山真男

解说

川崎修

一

《忠诚与反叛》一书是丸山真男生前亲自参与编纂的最后一部著作（除《丸山真男集》外），主要收录了丸山1960、1970年代的代表性论文。

无论是肯定还是否定丸山真男的成果或诸种言论，鲜少有人会不承认他是战后代表性的学者和知识分子。那么，对于读者来说，丸山是怎样的作者呢？

众所周知，丸山起初是作为日本政治思想史的研究者，正式开启学术研究生涯。《日本政治思想史研究》一书中收录的诸篇论文正是其代表性的成果。对政治思想史研究者而言，丸山首先是位日本政治思想史研究者。丸山本人在生前也反复强调，这才是他本来的活动领域。并且，丸山在这个领域里留下的成果，无疑在当时有着里程碑式的意义。

不过，使丸山的影响力超出了他的专业领域，即作为"知识分子"，对日本政治思想史研究以外的政治学及其他人文社会科学领域的爱好者，乃至大众传媒和一般公众有着巨大影响力的，则是丸山对同时代国内外政治形势的分析，以及在现实政治上的发言（《超国家主义的逻辑和心理》等代表性成果被收录在《现代政治的思想与行动》中）。所谓"丸山政治学"——尽管丸山生前一直在否定这一说法——指的正是丸山在这个领域里的工作。的确，在某个时期以后，丸山本人开始将这个领域里的活动称为"副业"，不断强调这并非他的本职工作。然而，在现实里，《现代政治的思想与行动》曾经是学生们的"必读文献"，同时代人对丸山的赞赏和批判，也多指向了被他称为"副业"的工作，这同样也是一个不争的事实。

那么，丸山的"本业"与"副业"之间有着怎样的关系呢？诚然，两者间的关系，可以说是面向行家的工作与面向一般的工作，或说作为专业研究人员的工作与作为知识分子的工作。更进一步，如丸山在晚年曾屡次强调的那样，"副业"可说是他在1940、1950年代在日本政治形势的分析领域缺乏专业研究者的情况下，到该领域的临时出差。

但是，在两者之间还充分存在着更为有机的联系。首先，丸山对时局的讨论本身，明显是基于他对日本、中国及西洋的政治思想史的知识而展开的。在此意义上，如果没有本职工作，毫无疑问便无法展开"副业"。不过，就丸山而言，反过来不也同样可以这样说吗？换言之，如果没有"副业"的魅力、展开"副业"的能力，那么恐怕也就没有那个持续吸引我们的"丸山真男"以及他的本职工作。这与丸山始终将思想史把握为"问题史"并加以实践密切相关。早在《日本政治思想史研究》的各篇论文中,他就有意识地把思想史把握为问题史,这些论文便是把日本从皇国史观的日本思想史图景中拯救出来的一个尝试。并且《日本的思想》和他反复展开的福泽谕吉论,也无疑是这种"问题史"研究的成果。"历史是现在与过去之间永无止境的对话"是 E. H. 卡尔的名言,现如今,像丸山这样自觉地公开地将此付诸实践的思想史家已经为数不多了。而本书《忠诚与反叛》收录的论文,便淋漓尽致地展现了丸山作为问题式思想史家的力量与魅力。

二

在此意义上,本书是最具丸山真男特色的作品。不过,颇具悖论意味的是,也正因此,本书尤其是核心论文《忠诚与反叛》,有着不同于广泛流传的丸山真男形象的一面。至少我是这样认为的。

简而言之,这篇论文是试图以解释学的方式重新找回在江户时代被"家产官僚化"了的、在近代化中遭到彻底遗忘的原初的、根源的武士精神("身为战斗者的武士的精神气质")。也就是说,这是挖掘日本历史中的"公民美德"的"纪念碑式的历史"(尼采意义上的),是假托被历史遗忘的"英雄们",在同时代里为他们的精神招魂的"叙事诗的理论"(谢尔登·沃林 [Sheldon Wolin] 意义上的)。这不禁让人联想起阿伦特、海德格尔和尼采那壮大的"思想史",从政治理论上来说非常刺激人心。不过，这里浮现出的丸山真男的形象，与对他褒贬不一的人们所广泛共有的（尽管他们使用的表述不同）通俗的、作为"近代主义者""战后启蒙的旗手"的"丸山真男"形象是完全不同的。

这种不同在《忠诚与反叛》这篇论文里具体体现在以下几个方面。第一，这篇论文在方法上采取了一种"保守主义"。诚然，丸山（并非一般意义上的"讨厌日本"）一直苦心孤诣地在日本思想中寻找积极的内容，熟悉他对荻生徂徕和福泽谕吉的评价的人对这一点并不陌生。不过，与其说这篇论文讨论的是具有"近代"性的卓越思想家，不如说它以解释学的方式重新发现了被视为日本武士社会正统政治实践或传统（当然，"传统"经常是被创造的，因此在这里自然会出现关于什么才是正统传统的争论）的"谏诤"，并以此来批判日本的"近代化"与现状。从思想内容上看，这可说是日本版的"共和主义"，其叙述方式甚至可以说体现了一种保守主义。

第二点，潜伏在丸山思想中的"荒"魂，在这篇论文里全面走到台前。正如前述所言，这篇论文以"武士"精神来与官僚制精神对峙。诚然，从他在《超国家主义的逻辑和心理》《军国支配者的精神结构》这两篇文章中对日本军国主义指导者的"平庸之恶"（正如日后阿伦特在纳粹的中间管理层中发现的那种）的猛烈攻击上，也可以看出丸山对官僚制精神的强烈反感；而丸山勾勒的近代市民中潜藏的那种战斗性，则与他在《日本的思想》等作品中对支撑着民主主义的"精神贵族主义"的强调也是相通的。不过，在《忠诚与反叛》一文里，这些精神的登场方式比在任何作品里都要直接。

第三，从以上两点中不难发现，丸山的思想与欧洲 20 世纪（尤其是 1920、1930 年代）的思想及当代政治哲学具有很强的同时代性。《忠诚与反叛》一文中所展现的学问方法和存在主义式人物形象，完全不同于通俗的"近代主义"，它显然内在了一种脱胎于 1920、1930 年代思想的对近代的思想质问。从这些特点来看，这篇论文亦可看作近年来迈克尔·沃尔泽（Michael Walzer）在《阐释和社会批判》一书中提倡的那种内在于文化的社会批判，这种尝试在日本极为罕见。

三

本书另一篇核心论文是《历史意识的"古层"》，这是丸山 1970 年代的代表作。这里提出的日本思想史图景，即不变的实体（"势"）在历史中展开的同时，又灵活地改变着其形态（"相继变迁"）的日本思想史图景，在双重意义上是"超"历史主义的：一方面，这使无限的"历史相对主义"成为可能；另一方面又通过否定作为独立的过去的历史，使"历史"的观念本身成为不可能。这既是关于日本思想史的独特俯瞰图，同时又带有对日本思想史全盘批判的语气，而它本身也是一种散发着阴郁魄力的历史存在论。与其说这篇论文研究的是一般意义上的思想史文本，不如说探讨的是日本思想史的思考范式本身，这个独特的方法加重了它的历史哲学色彩。

在讨论《忠诚与反叛》这篇论文时曾提到1920、1930年代的思想对丸山的影响，就某种意义而言，"古层"论文里也可以看到这样的影响。例如从"势（いきほひ）"的存在论，尤其是该文的"结语"部分对尼采的提及中，明显可以看到生命哲学的影子。（说句题外话，这一小节不禁让人联想起亚历山大·科耶夫的"历史的终结"，还有一时甚嚣尘上的"日本是最先进的后现代国论"，非常有趣。）不过，就这篇论文的"影响关系"而言，丸山的素养仓库里储存的1920、1930年代的思想因素，似乎并非偶然出现在表面。无论是生命哲学还是"尼采式"虚无主义，无疑都在日本1930、1940年代的思想中承担了特定的政治角色。很难想象丸山会没有意识到这层背景。如果是这样，我们可以推测，这些思想因素的"影响"是丸山在意识到同时代思想的情况下有意为之的结果。这样一来，"古层"论自然会与1920、1930年代的思想有某种相似性。不过，问题只是这样吗？其实这似乎还与后述的那种对《历史意识的"古层"》本身的评价有关。

《历史意识的"古层"》在丸山为数不多的论文中，大概是最具魅力和魔力的作品之一。诚然，这篇著作有着暴露日本思想史隐蔽秘密的魄力。但另一方面，它似乎也与一种宿命论式的绝望难解难分——尽管丸山本人曾强烈地否定这一点。

近年来，经常可以看到年轻一代，尤其是政治学之外的专业研究人员，讨论并质疑丸山真男身上的"民族主义"。至于这类议论在多大程度上、在哪种意义上是妥当且有意义的，可以有不同的立场。就某种意义而言，这篇论文的确可以说是丸山作品中最具"民族主义"色彩的一篇。当然，这并不意味着丸山在礼赞日本或"日本式的东西"。也不是说，在考察日本的"个性"时，方法上难免会沾染上些"民族主义"色彩。问题在于，到底价值判断层面上的批判，有没有将超历史的"日本式的东西"予以实体化了。（关于这一论点，请详细参考国民文化会议编《丸山真男与市民社会》[世织书房，1997年]，石田雄基于详细考察展开了有力的批判。本小节也深受石田议论的启发。）

正如丸山本人在《原型、古层、执拗低音》这篇论文（《丸山真男著作集》第12卷。同卷还收录了古层论的姊妹篇，即本书后记里提到的《政事的结构——政治意识的执拗低音》）中所说，他出于该如何探讨日本思想史的方法论上的关心，展开了对"古层"的考察。据他所言，不能仅以时间顺序追溯日本思想史内在的"纵向"变化，还需要同时考虑"文化接触"的契机，讨论对"横向"冲击的应对方法，否则就不能准确地勾勒出日本思想史图景。丸山对"文化接触"的关心，在本书收录的《开国》等论文里也有所体现。那么在反复的"文化接触"中不断变化的日本思想，其不变的性质和"个性"是什么？丸山的"古层"论正是为了回答这一问题的方法。不过，这个构想不禁让人联想起那种，将思想史分为日本"本土的"思想对"外来"思想（国学者式的！）的图式。但是，丸山的意图当然并不在此。丸山不仅深刻地认识到日本文化本来的杂种性，还对一切有着复杂结构的文化本来的杂种性有着很深的认识。并且，按照丸山的说法，这个"古层"的方法是为了克服内发与外发这一二元论的手段。也就是说，这一方法不是为了分辨日本思想史中"本土的"和"外来的"思想要素，它关注的是日本在接受"外来"思想的方法上表现出的独特的个性。换言之，不是在把不变的和变化的对立起来，它关注的是变化范式的不变性，而贯穿于日本史的从未改变的对外来思想的接受范式即是"古层"（或"原型""执拗低音"）。这可说是一个把"日本式的东西"加以超次元化的尝试。于是，通过"古层"的方法，丸山发现了日本独特的思维方式，这种思维方式根本上是机会主义的，它使对外来思想做出无尽的机会主义式反应成为可能。

正如前文所述，"古层"这一方法原本是为了克服内发与外发这一二元论的手段。在此意义上，正如丸山本人所说的那样，它并非文化决定论。但是，正如经常为人所指出的那样，我们不难从这篇文章里感受到日本的思想和历史逃不开"宿命"。而恰恰是这一点使论文有了独特的感染力，甚至带上了一种"危险"性。

问题在于，"古层"的实在论色彩过于浓重。换言之，"古层"论令人生畏的危险气息，来源于"古层"的起源与生成的不透明。就某种意义而言，这在丸山的工作中也实属罕见。这是因为丸山思想史或"政治学"的魅力恰恰在于，他将被视为"实在"的对象分解为具有相关性的诸要素，并阐明了这些要素生成与解体的逻辑。用现在的话来说，丸山的精髓在于"反本质主义"。例如《忠诚与反叛》一文便淋漓尽致地发挥了这一点。也就是说，那里贯穿着这样一种视角：看似是民族的传统，实则是各种相冲突的思想或观念的互动（竞技的契机！）。相比之下，"古层"论要"本质主义"得多。诚然，正如前文所述，日本式的东西的"个性"被予以超次元化了。但是，这不也意味着，另一方面，"外来"与"内发"的二元论也在超次元的维度上得到了保留吗？若非如此，鉴于"古层"自身的杂种性，对它的分析本来也应该是可能且必要的（探究其生成与解体的逻辑）。然而，"古层"论文中对"古层"本身的讨论，只是一种"描述"。"古层"被当成了一种"实在"的"东西"。而不存在生成或解体的东西，即是"本质"或"存在"。不过，说到底，主张有不变的"古层"就一定意味着是先验的吗？如果不是，追问它的理由究竟有多大的说服力？恐怕还有很多值得讨论的地方。

话虽如此，针对民族国家主义、女权主义等"后现代主义"语境下的"本质主义"批判，一种常见的反批判是：在批判实践上，将民族性和性别意识加以"实体化"的方法有策略优势。实际上，丸山将"日本式的东西"予以"实体化"，也可以从这样的"策略"角度来辩护。换言之，例如一夫一妻制虽然没有实体，却仍然有着和实体一样的巨大影响力，这种情况下，我们可以把它作为"实体"来处理。我认为丸山的"古层"论就有着这样的问题意识。当然，我们也可以用广为人知的反批判来予以反驳：这最终只会让你与批判对象成为共谋而已。总而言之，在这种意义上，《历史意识的"古层"》不仅在具体的文本解释上引发了许多争论,在政治理论的意识上,也同样富有争议性。

四

如前所述,丸山真男经常在"战后启蒙"的概念下被人讨论。但是,说到底"启蒙"究竟意味着什么?按照康德的说法(及福柯对此的批判),启蒙是"敢于明智",也就是"大胆地运用自己判断力的决心和勇气"。换句话讲,启蒙既不是对既定的尺度和模型的服从或追随,更不是对伟大知识人权威的服从。

然而,当在使用"战后启蒙"这一说法时,无论是持肯定还是否定的立场,都矮化了启蒙的原本意义。诚然,丸山的著作在结构上,不乏以西欧近代的历史与社会为尺度、模型,并以此来批判性地审视日本的历史和现状。也可以说,这些讨论的背后,都隐含着一种普遍史的发展模型。而这与"所谓的启蒙"的意象无疑是一致的。

不过在今日,如果想让"启蒙"的观念在谈论丸山时变得有意义,或者应该说让"启蒙"这一观念本身具有现实的意义,那么,就必须得将这个观念从普遍史的发展模型或与之密切相关的它所特有的(将以权威"知识人"为中心的单方向的知识传递加以正当化的)交流模型中解放出来,也就是说,必须回到"敢于明智"的原点及其多样性上。并且,事实上,在丸山的各种成就和言论的核心里一以贯之的,不正是这种意义上的启蒙吗？要做到"敢于明智"，就必须打破成为常识的社会—历史观。而丸山正是"异化"这种常识和现状的高手。制造出这种常识和现状的，有时是皇国史观，有时是马克思主义，有时又是平板的"现实主义"。而所谓的"近代主义"，所谓的"启蒙"，确实是异化的一种手段。但是，异化常识和现状的视角并非只有一个。说到底，随着异化的对象的改变，异化方法也应当随之改变。而《忠诚与反叛》和《历史意识的"古层"》不正是这样一种异化的尝试，或说启蒙的尝试吗？

这种意义上的启蒙，会带有主观性，甚至是机会主义的色彩。也就是说，"敢于明智"的方法并非是唯一的，难免会带上特殊性。换言之，对这个问题该采取怎样的态度，是没有现成答案的。但是，考虑到丸山在政治判断上对实用主义的强调，这一点也是不足为奇的。

无论是怎样优秀的思想家，他的工作都无法摆脱时代的烙印。尤其是在政治、历史等人直接参与的事情上，更是如此。正如丸山所说，本书收录的论文，或丸山的其他著作也绝非例外。因此，读者在阅读这里收录的文本时，有必要保持谨慎的"历史意识"。无论是把丸山的著作当作"教典"来捍卫，还是反过来，基于事后的认识对其加以指摘，将丸山真男当作"踏绘"的做法都是极为愚蠢的。

然而，那些被奉为政治哲学经典的作品，尽管受制于成书的时代和情境的历史性，仍然超越了历史性束缚，给不同时代和不同情境带来启示。丸山的著作，尤其是本书所收录的论文，正是这种意义上的政治哲学作品，也必将持续予我们以启迪。这次，轮到我们与丸山的作品进行对话，或通过丸山的作品"与过去进行对话"。

（本文在《丸山真男著作集》第15卷月报[1996年，岩波书店]所录《丸山真男的"保守主义"与"启蒙"》一文的基础上增订而成。）

译后记

"日本人为何选择了战争？"这是日本近代以来绕不开的追问。讲座派和战后历史学从经济基础、权力结构出发，对天皇制展开了严酷清算；实证主义历史学多通过梳理宫中、府中、军部等势力的具体政治过程来考证分析；而从人的"思想结构和心理基础"入手，剖析内在要因，批判天皇制而大放异彩的，则是丸山真男和所谓的丸山学派。

日本败战后的第一个春天，丸山从这一问题出发，以《超国家主义的逻辑与心理》（1946）一文为起点，逐渐在战后日本舆论界崭露头角。他一反战中隐忍的抵抗姿态，高举战后民主主义的大旗，以知识分子的身份对现实的社会政治大加批判，积极推动了战后日本的民主化和"近代化"。我们亦不难从1950年代的和平问题、1960年代安保斗争的演讲、集会上看到他的身影。

尽管如此，这个领域的活动被丸山称为"副业"（2018年重译的《现代政治的思想与行动》便集中了他在该领域的成果）。而被丸山视为"本职"工作的，则是他在学术领域里开创的日本政治思想史研究。丸山从日本近世儒学的传统中求索近代思维的形成,《日本政治思想史研究》(1950年初刊,已有中译本)便是其中一例典型。随着时间的推移,他在该领域里的研究重点也逐渐从近代思维的形成,转向探索近代天皇制和支撑它的精神结构,继之以综合地考察日本人的思维样式。

翻阅《忠诚与反叛》(1992年初刊)所收录的论文,我们既可以看到丸山研究重点的转移,也可以看到他作为知识分子和思想史研究者的这两种面相。这是一部兼具战后知识分子的精神气质,又充分展现了学术研究者缜密分析能力的著作。用为本书做解说的川崎修的话说,《忠诚与反叛》一书是"最具丸山真男特色的著作"。这本书也是丸山生前亲自参与编纂的最后一部著作,从最初的策划到最终出版一共历时八年。丸山精心选取了从思想史角度切入分析日本近世近代转型期的6篇论文和2篇有关方法论的文章。最早的一篇问世于1949年,最晚的一篇发表于1977年,执笔时间横跨近三十年。从这本书中,我们既可以窥见丸山基于当下的社会现实而对研究课题转移的路径,亦可看到他始终如一的与读者积极对话的一面。

书中收录的论文都是独立的,有着不同的写作环境和问题意识。如果把问题简单化,那么可以说这里考察的是:从幕末到近代民族国家形成期,面对日本被迫卷入国际社会、向近代民族国家转型的状况,日本的各种认识主体在思想上是如何认识、如何应对的。我们不妨将问题拆分为两类:其一,面对幕末的国际冲击所带来的深刻危机,佐久间象山、横井小楠等人如何在新形势下重新诠释传统范畴、转变认识世界的方式、打破"封闭社会"的思考方式（第2、3篇论文），儒学者、国学者又如何以传统资源为中介，理解国际社会的诸多崭新观念、重构世界图景（第2、3、4篇论文）。其二，面对近代民族国家形成期中被唤醒的恶魔，这其中有哪些有责任的认识主体，而这些主体又如何抵抗恶魔的低语？日本的开国之路虽然最终导向了毁灭，但回头望去，这条路上内含了哪些"开放社会"的契机、孕育了哪些能动的要素、具备了哪些向良好的方向发展的可能性？

丸山和竹内好等战后知识分子经常把1945年的战败看成日本的另一个开国，在这个意义上，他们在从战后出发审视近世近代的开国时，都在实践着卡尔的那句"历史是现在与过去之间永无止境的对话"。从丸山身上，我们也不难看出，他总是立足于"当下"，亦即从他身处的战后社会出发，来把握过去的思想资源。不仅如此，他还引导作为认识主体的读者去思考，对生活在当下的我们而言，该如何从过去的思想资源里学有所得，如何从过去的历史过程里读取关于当下的问题与意义。

从今日的研究成果出发，我们尽可对丸山提出各种批评。以史学领域为例，丸山所谓的儒学"体制教学"论早已为尾藤正英的《日本封建思想史研究》（1961）、渡边浩的《近世日本社会与宋学》（1985）等研究所纠正；而丸山将近世视作"处处都人为精心设计过的封闭社会"的认识（第3篇论文）、对近世自治组织的评价等，与现在的史学研究也多有龃龉。但时至今日，这些论文仍能为我们带来诸多思想史研究的启示，闪耀着难掩的光芒，不失为极有魅力的论文。在这里，我作为译者不妨抛砖引玉，简单谈谈最出彩的《忠诚与反叛》和《历史意识的"古层"》这两篇。《忠诚与反叛》的议题最能体现丸山作为知识分子的社会责任，而《历史意识的"古层"》无疑充分展现了他身为思想史家的想象力，当然，这两篇论文带给我们的远不止这些。

《忠诚与反叛》是本书的第一篇论文，书名亦出于此。看到这个题目，读者可能会联想到武士的"无条件"忠诚，抑或天皇制下的"无责任"忠诚，或许还会将两者划上等号。在这里，武士的忠诚被丸山把握为无条件的忠诚（静态忠诚）与行动主义（动态忠诚）的悖论性结合。与儒教"君若不君，则去"的臣从道德或欧洲的主从契约关系相比，武士的主从关系诚然更强调侍从一方的侍奉，但武士"臣不可不臣"的主从道德，并非只表现为卑躬屈膝的奴隶式屈从或韦伯的官僚制式的恭顺，这个政治态度还会在一定条件下转变为通过积极的行动让"君主"成为"真君主"的动态忠诚。武士的精神气质（ethos）被丸山把握为一种忧愤、自主与有骨气的谏诤精神，这既是楠木正成和赤穗浪士"在任何情况下都固执到底，殉其所信"的"抵抗精神"，亦是吉田松阴的"忠义之逆焰"。这种反抗精神是立足于对原理或具体个人忠诚的反叛，是有着内在束缚感与自发性的辩证张力的反叛。

文章梳理了在幕末维新期、自由民权期、明治二三十年代以及日俄战争后的不同历史阶段，武士的封建忠诚被回收至明治天皇制的过程中，各个认识主体是如何通过重新定义"忠诚与反叛"这种政治伦理来焕发行动主体的能动性，以此抵抗体制一方的顺逆逻辑或所谓的天皇制忠诚。福泽谕吉和民权派一面以封建忠诚中的"天下为公""从道者兴"等公共原理为中介，质疑明治政府的合法性，一面又以封建忠诚里的自主性、抵抗精神和行动主义为据点，寻找能够自觉地把国家命运引为己任、真正忠于国家的能动主体。进入明治后期，天皇制的合法性基本得到确立，封建忠诚里静态的身份意识和恭顺精神为新的"臣民之道"所吸收，而继承了反抗精神的基督徒乃至明治时期的国粹主义思想家，则通过将原初的封建忠诚设置为官僚式服从精神的反命题，与天皇制下形式化的伪忠君爱国对峙。

丸山借他所讨论的人物之口指出：是不服从主义掀起了维新革命，淬炼出了近代日本。但同时他强调，这种抵抗精神是历经了自我内在的忠诚相克与纠葛后的反叛，所以应当注意，体制意识形态上的进步与反动，与自我内在结构上的顺从与抵抗，是两个不同维度的问题。日本的近代化一方面瓦解了封建忠诚及其社会基础，另一方面也不断消解着这种抵抗精神。到了明治末年，不少"左翼"革命运动，尽管从体制维度来看是反叛的，但在个人维度上却意味着恭顺；而如三宅雪岭等"右翼"国粹主义者的忠君爱国，反倒始终建立在抵抗与谏诤的哲学上。丸山指出：卸下了自我内在的责任、挣脱了束缚后的反叛，只会是自我天性的爆发和肉体的乱舞，这种性质的反叛行动终究无法避开20世纪30年代那样的集体转向，更无法有效回击天皇制的专权。丸山对忠诚与反叛内在结构的剖析，直指1930年代左翼人士的集体"转向"。

丸山在文中反复提到一个悖论：如果说武士精神气质里的"能动性在于'无忠节者亦终无叛意'，那么反过来，我们是否还能期待，连谋反都不会的'无气无力'之人民，会真正对国家心怀忠诚？"他从个人内在的精神结构出发剖析"忠诚与反叛"这种政治态度，试图从那个"无责任体系"里唤醒一种有责任感的行动主体。

《忠诚与反叛》论文的行文风格并非平铺直叙，原文本身也如一股"逆焰"般充满了能量。遗憾的是，译成中文后的论文，如同朽木撞钟，声音喑哑浑浊，难以还原本应有的那种清脆、有穿透力的声音。而《历史意识的"古层"》（1970）与《忠诚与反叛》正好相反，其叙述好比植物自然生长，石头生出苔藓，呈现的是一种平和中的力度。如果拿音乐比喻，《忠诚与反叛》就是呐喊的摇滚乐，每个节奏都掷地有声；《历史意识的"古层"》则是和谐的交响乐，通过不同乐器间的协奏，演绎出另一种有力度的乐章。

丸山真男是一位古典乐爱好者，经常把一些音乐术语引入思想史领域。在本书的第8篇论文《关于思想史的思考方法》（1961）中，丸山将思想史家的工作类比为音乐领域里的演奏家，而"执拗低音"这个音乐术语，则被丸山发展为一种思想史研究的方法。在中国，这种方法经由本国思想史研究者的介绍逐渐走入大众的视野。它是葛兆光老师思想史研究的"他山之石"(《谁的思想史?为谁写的思想史?》),也是王汎森先生在近代思潮里重访的那种"执拗的低音"。不同的是,王汎森假借丸山的这一概念重访的是"过去一百年新思潮及反新思潮主导之下,被挤到边缘的历史及文化论述",是"被新思潮压抑下去的学术论述",是"被忽略的面相"(《执拗的低音》)。而丸山的"古层""原型""执拗低音"(同一个概念的不同称呼),与其说是过去或被追捧或被摒弃的具体思想资源,不如说是日本文化基底里无意中形成,又在无意中影响日本人的思维样式。

日本文化有很强的杂糅性,自古以来便从中国大量吸收了源于儒、释、道等等的各种观念,维新以后又从西欧世界摄入了诸种思想。在这些文化接触的过程中,对外来的文化原型做出"曲解",进行"修正",使它们发生"日本化"的思维样式,便是"持续奏鸣的执拗低音",这是日本文化中"不变"的部分。每个时代的主旋律或许不同,外来的佛教、儒教、西洋思想等轮番登场,但执拗的低音却从未间断,并渗透到主旋律之中。

丸山是如何捕捉这个执拗低音的?它既是丸山像本居宣长那样,从神代里寻得的,又是丸山通过梳理在从古至今的文化接触中,日本对外来观念做出的"曲解"和"修正"范式中找到的。《古事记》和《日本书纪》将包含了宇宙起源神话的民族神话编入一以贯之的"历史"中,记纪神话的记述方式也因此介于纯粹的神话与历史叙述之间,并对日本人理解历史事件的方法产生了决定性影响。基于这种假设,丸山从记纪神话的

用字遣词里找出了生成（なる）、次（つぎ）、势（いきほひ）这三个基础范畴。

有机物自然地发芽·生长·增殖的"生成（なる）"，以"なりゆく（变迁）"的形式成为一个表现历史进程的日语基本范畴，指代那种"随着时间的推移而出现的变化"，用这种词汇把握的变化被认为与人的主体行为无关，被理解为一种自然的、客观的变化。"次"的背后则是一种"把世界把握为时间序列上的线性展开"的顽固构想。当"次（つぎ）"以"相继（つぎつぎ）"的形式成为固有的历史范畴时，我们熟悉的那种"万世一系"式的血统的无穷连续性也就此成为共识，并在日本的历史意识中扮演起永恒者的角色。丸山又从《古事记》的"天地初发"一词里找到了"势（いきほひ）"，这是世界基于"芦芽破土而出"的生命能量而相继生成（つぎつぎとなりゆく）的趋势，是一种单方向的无限展开，一种客观上难以改变的发展方向。这三个不同维度的历史范畴，又以"つぎつぎとなりゆくいきほひ（相继生成之势）"的形式约束了日本人的历史意识。

日本在与异国发生文化接触时，这些执拗的低音便会对吸纳而入的诸观念进行细微调整，甚至偶尔会在无意间，将旋律的整体基调都带上"和风的"韵味。这既让复古主义（遥远的过去成为历史的规范）难以在日本扎根，也与进步史观（未来的乌托邦为历史赋予目标与意义）不能完全和解。在古层中充当历史图景核心的，既不是过去，也不是未来，而是"现在"。过去是可以无限回溯的生成，而未来是满载了源自过去能量的

"现在",是从"现在"开始的"初发"。丸山通过梳理文献,证明这种以"现在"为中心的历史乐观主义,不仅体现在从古至今的历史意识上,还广泛渗透于日本人的生活态度里。

但丸山对这些"和臭"的梳理,不是对传统模式毫无保留的回归,抑或寻找日本文化的主体性,从保守主义的立场出发鼓吹日本文化的"固有性"。寻找深藏在日本人思维方式中的执拗低音,是为了与经济高度增长后的日本社会现实进行对峙,是为了找到辩证法上的否定对象,从而真正地活用"传统"。原计划的古层三部曲(历史意识、政治意识、伦理意识的古层),最后只有历史意识的古层完成了。1996年在丸山的葬礼上,小提琴家天满敦子演奏了巴赫的《恰空舞曲》,这首以执拗低音为主题的乐曲,仿佛象征了丸山这一执着又未完的课题。

在丸山亲自编纂的《忠诚与反叛》问世前,该书所收录的《近代日本思想史中的国家理性问题》(1949)、《福泽谕吉、冈仓天心、内村鉴三》(1958)、《关于思想史的思考方法》(1961)三篇论文和《忠诚与反叛》论文(1960)的前三节,已经由学林出版社的《福泽谕吉与日本近代化》(1992年初刊,区建英编纂、翻译)而为中文读者所知晓。但将丸山编纂的《忠诚与反叛》作为完整作品译介到中文世界的,这是首次。

上海文艺出版社的肖海鸥编辑引进本书,很长时间都未找到合适的译者,在上海图书馆沙青青老师的推荐下,我不自量力地投了一份简历。管理丸山版权的丸山真男纪念比较思想研究中心向来对译者很挑剔，而我无论从翻译经验还是学术积累来看都资历太浅，我的具体研究对象和研究方法也都与丸山和该书有一定距离，投出简历时根本没想到这个重任真的会落到自己肩上。丸山真男的思想史专著不好译，特别是该书的第七论文《历史意识的"古层"》，无论是其晦涩难懂的行文，还是西方哲学史脉络里的诸种概念工具，又或是他所引用的各个时代不同类型的史料，我本该有自知之明地知难而退。但作为丸山的忠实读者，这又是一个无法拒绝的诱惑，最终还是惴惴不安地接下了这个任务。

这一年的翻译经历，既令我痛苦，也因智性挑战而让我兴奋、充实。除了准备研究报告的3个月外，我几乎全情投入在翻译工作中，每篇论文都重复改了多遍。但一想到在翻译过程中帮助过我的师友们，还是觉得现在的译稿配不上他们的善意。

对原文的理解一有困惑，我便去请教橘川俊忠和安田常雄老师。橘川俊忠是东大斗争时期丸山真男的学生，专攻日本近世政治思想史。安田常雄曾任丸山真男和鹤见俊辅创办的思想的科学会会长，专攻日本近现代思想史。特别是橘川老师，仅就"古层"论文便用了整整一下午为我答疑解惑。今年疫情期间，因出行受限，我们改用邮件联络，每次橘川老师都会第一时间详细地解答我的疑惑。

我还要感谢我所在的东京大学日本史学研究室的师友们，特别是贺申杰、张郭原、铃木智行等人，在翻译过程中给予了我莫大的支持与帮助。初稿完成后，上海图书馆沙青青老师、东京大学王钦讲师、九州大学顾明源博士、京都大学吉琛佳博士参照原文分别读了部分篇目，提出了大量宝贵的修改意见。我的前同事黄子超也总是不厌其烦地回答我的提问，给出了许多宝贵的建议。最后要特别感谢我的好友吴晗怡，她对中国近代思想史的理解和张弛有度的语言表达一直是我的榜样，要把日文的各种抽象表述从日语的思想史脉络里抽出来，置换到中文的学术语境里是一个十分困难的过程，这一年间在与她的交流里我学到了很多。在这个意义上，这项翻译工作是一根绳子，将人与人连接在一起。

但因为我的愚钝和懒散，译稿仍有许多不完善的地方，恳请广大读者批评、指正。

2020 年 4 月于本乡

图书在版编目（CIP）数据

忠诚与反叛：日本转型期的精神史状况／（日）丸山真男著；路平译. -- 上海：上海文艺出版社，2021
ISBN 978-7-5321-8034-9

Ⅰ. ①忠… Ⅱ. ①丸… ②路… Ⅲ. ①思想史－研究－日本 Ⅳ. ① B313

中国版本图书馆 CIP 数据核字 (2021) 第 136112 号

CHUSEI TO HANGYAKU TENKEIKI NIHON NO SEISHINSHI TEKI ISO
By Masao Maruyama
Copyright © Tokyo Woman's Christian University 1998
Chinese translation rights in simplified characters arranged with CHIKUMASHOBO LTD.
著作权合同登记图字：09-2019-569

出 品 人：毕　胜
责任编辑：肖海鸥
装帧设计：彭振威设计事务所
内文制作：常　亭

书　　名	忠诚与反叛：日本转型期的精神史状况
作　　者	［日］丸山真男
译　　者	路　平
出　　版	上海世纪出版集团　上海文艺出版社
地　　址	上海绍兴路 7 号 200020
发　　行	上海文艺出版社发行中心发行 上海市绍兴路 50 号 200020　www.ewen.co
印　　刷	苏州市越洋印刷有限公司印刷
开　　本	880 × 1230　1/32
印　　张	13.25
插　　页	2
字　　数	274,000
印　　次	2021 年 8 月第 1 版　2021 年 8 月第 1 次印刷
Ｉ Ｓ Ｂ Ｎ	978-7-5321-8034-9/K.434
定　　价	68.00 元

告读者：如发现本书有质量问题请与印刷厂质量科联系 T：0512-68180628